PATSY L'AMOUR LALOVE (HRSG.)

SELBST-HASS & EMANZI-PATION

DAS ANDERE IN DER HETEROSEXUELLEN NORMALITÄT

QUERVERLAG

Dieses Buch wurde möglich gemacht durch die freundliche Unterstützung der Hannchen-Mehrzweck-Stiftung sowie der Homosexuellen Selbsthilfe e.V.

hms
Hannchen
Mehrzweck
Stiftung
schwul-lesbische Stiftung
für queere Bewegungen

HOMOSEXUELLE
SELBSTHILFE E.V.

Umschlag und grafische Realisierung von Sergio Vitale

Druck und Weiterverarbeitung: Finidr
ISBN 978-3-89656-246-3
Printed in the Czech Republic

Bitte fordern Sie unser Gesamtverzeichnis an:
Querverlag GmbH
Akazienstraße 25, 10823 Berlin
www.querverlag.de

„don't give up on the dream,
don't give up on the wanting,
and everything that's true“
Placebo, 2006

Für Fabian Lindhorst

Inhaltsverzeichnis

Zum Sammelband

Patsy l'Amour laLove

Selbsthass ist ein scharfer Begriff, der vielerlei Reaktionen hervorruft. Widerstände, die sich unter anderem auf den Wunsch zurückführen lassen, sich nicht mit der Ablehnung sich selbst gegenüber auseinandersetzen zu müssen. Dieser Sammelband möchte sich von der Angst, in dieser Auseinandersetzung auf Widerspruch zu stoßen und Unangenehmes aufzuspüren, nicht bannen lassen. Allen nachfolgenden Beiträgen ist gemein, dass sie Emanzipation oder einen möglichen Weg zu ihr darin sehen, sich dem Selbsthass zu stellen, ihn bewusst zu machen oder zumindest einen differenzierten Blick auf ihn zu werfen. Das gilt nicht bloß auf individueller Ebene. Der Hass auf das Andere ist, wie es immer wieder deutlich wird, ein aktuelles und gesellschaftliches Problem. Häufig tritt er auf der Oberfläche nicht als Hass zutage, ist zuweilen, wenn auch nur notdürftig, unter einer brüchigen Toleranz versteckt.

Die Beiträge

Zum ersten Mal liegt mit diesem Buch eine Sammlung vor, die Beiträge zu Selbsthass und Emanzipation von insbesondere Schwulen, Lesben und Transmenschen vereint. Daraus folgt, dass die Arbeiten recht unterschiedlich ausfallen. Sowohl was ihre Form als auch was ihre Herangehensweise an das jeweilige Thema sowie den theoretischen und politischen Zugang betrifft. Unter vielem anderen gehört dazu die Schreibweise identitäts- und geschlechtsbezogener Begriffe, in welchen sich für einzelne Autor_innen Aspekte ihres politischen Aktivismus widerspiegeln. Daher wurde ihnen in dieser Hinsicht freie Hand gelassen mit der Bitte, dies entsprechend zu erklären, sofern der Schreibweise eine Bedeutung zugewiesen wird. Insbesondere bezüglich des Genderns, also, ob mit _, Binnen-I, mit * oder im generischen Maskulinum geschrieben wurde. Darüber hinaus finden sich unterschiedliche Schreibweisen von: Transmenschen, Trans*Menschen, trans Menschen. Auch hierin können sich unterschiedlichste politische Strategien äußern, deren Erläuterungen in den Artikeln zu finden sind.

Die Beiträge lassen sich außerdem grob in wissenschaftliche Artikel, (teilweise subjektive) Essays und Fotoarbeiten unterscheiden. Da sich die Inhalte meines Erachtens am besten aus den Werken selbst erschließen, gebe ich in dieser Begrüßung lediglich einen kurzen Überblick.

Der erste Teil des Bandes führt in den Gegenstand ein. Nach einem einleitenden Text, in dem ich begründen möchte, weshalb Selbsthass als Thema wichtig genug ist, um ein Buch dazu zu veröffentlichen, folgt ein Gespräch mit Martin Dannecker, in dem er Fragen zum Zusammenhang von Sexualität und Scham sowie Hass und Emanzipation beantwortet. Andrea Trumann wirft einen Blick auf die Konstitution von Männlichkeit in unserer Gesellschaft und deren notwendige Gebundenheit an das Andere. Darauf folgend schließt Benedikt Wolf mit der Frage, ob es heterosexuellen Selbsthass geben kann und weshalb eine solche Vorstellung ganz grundlegende Probleme aufwirft. Mit dem Beitrag von Dragan Simicevic und Rahada folgt eine Fotoserie, die eigens für dieses Buch erarbeitet wurde. Sie veranschaulicht, dass es in der Auseinandersetzung mit Selbsthass und Emanzipation weder nur düster noch ausschließlich freudestrahlend zugehen kann, wenn man nicht entscheidende Aspekte missen möchte.

Um einen möglichst differenzierten Zugang zu ermöglichen, wurden größtenteils Texte angefertigt, die sich separat mit Selbsthass und Emanzipation bezüglich Schwuler, Lesben und Transmenschen auseinandersetzen. In Bezug auf schwulen Selbsthass und schwule Befreiung gehe ich zunächst darauf ein, dass in der heteronormativen Männlichkeitskonstitution Schwulenfeindlichkeit bereits enthalten ist und wie sich dies auf das Schwulsein auswirken kann. Marco Ebert widmet sich der schwulen Dating-Plattform *GayRomeo* und der sexuellen

Freiheit sowie Unfreiheit, die sich – hier exemplarisch – in der schwulen Subkultur äußert. Die Berliner Trümmertunte Polly Puller wirft in ihrem Essay einen Blick zurück auf ihre westdeutsche Jugend in den beginnenden 2000ern und ihren Versuch, das Schwulsein mit einer vermeintlichen Bisexualität zu überdecken. fink berichtet schließlich von seiner ersten Fummelerfahrung, wohin sie ihn führte und was ein Blick in den Spiegel im grünen Kleid mit Selbsthass und Emanzipation zu tun haben kann.

Panne Pepper eröffnet die spezifisch weiblichen Perspektiven auf das Thema dieses Buches. Sie erzählt von ihrer Entwicklung hin zu einer selbstbewusst promisken Frau, die von einer gesellschaftlich eingepflanzten Selbstablehnung geprägt war. Manuela Kay berichtet daraufhin aus einem dezidiert lesbischen Blick davon, was es in dieser Gesellschaft nach wie vor bedeutet, eine Kampflesbe zu sein. Zu dem klischierten stolzen Auftreten der Butch kommen zahlreiche Erfahrungen, die einen Scham lehren sollen, von welcher man sich aber – wie Kay betont – emanzipieren kann. Antonia Netzer bietet einen historischen Abriss der Bedeutung des Begriffs „Lesbe“ für Lesben und solche, die sich nicht als Lesben bezeichnen wollen. Wie kommt es, dass es teilweise selbst in emanzipatorischen Lesbenzusammenhängen eine Ablehnung „des Lesbischen“ gibt?

Selbsthass und Emanzipation bei Transmenschen eröffnet ein höchst komplexes, heiß diskutiertes Feld. Das liegt insbesondere an den aktuell geführten, transaktivistischen Diskussionen, die von heftigen politischen Richtungskämpfen getragen sind. Till Amelung wirft auf genau diese polarisierten Kämpfe einen analytischen Blick und befragt sowohl konservativ-biologistische als auch „progressiv“-queere Herangehensweisen auf die darin enthaltene Selbstablehnung – sowie darauf, welche Alternativen es geben könnte. Daria Majewski verdeutlicht das geschilderte spannungsgeladene Verhältnis für viele Transmenschen, das oft eine versuchte politische und identitäre Vereinnahmung meint, anhand der beiden Pole „Dreckshomo“ – „Queerikone“, die auf Transmenschen je nach Kontext angewandt werden. Erik Meyer geht als Berater für Transmenschen grundsätzlich der Frage nach, was internalisierte Transfeindlichkeit in unserer Gesellschaft bedeutet.

Der Sammelband schließt mit zwei Beiträgen, die als Erweiterung der Perspektive gedacht sind und sich nicht oder nicht ausschließlich Schwulen, Lesben oder Transmenschen widmen. Dirk Sander geht auf die Gesundheit sexueller Minderheiten ein, ohne dabei einen normativen Begriff von Gesundheit zu bestätigen. Er befragt die aktuelle Situation danach, wie eine Besserung erzielt werden kann und was eine Bewegung weg vom Selbsthass für ihn bedeutet. Sama Maani erweitert die Perspektive des Bandes mit seinem Essay, in dem er grundsätzliche Überlegungen zum Glauben anstellt. In aktuellen linken Debatten wird häufig vergessen, dass Religionskritik nicht bloß in Ordnung, sondern für eine Kritik des Patriarchats und der Heteronormativität dringend notwendig ist. Dass gerade beim Glauben Halt gemacht wird vor der Forderung danach, das Subjekt zu befreien, lässt auf ein zumindest einseitiges Verständnis von Emanzipation blicken, das auch die eigene Möglichkeit zu größerer individueller Freiheit missachtet.

Am 12. Juni 2016 schoss Omar Mateen in dem Club *Pulse* in Orlando um sich, tötete 49 Menschen und verletzte 53 der größtenteils homosexuellen Gäste. In den darauffolgenden Tagen stellte sich heraus, dass Mateen den Club häufiger besucht haben soll. Statt sich dem Hass auf Homosexuelle zu widmen, konzentrierten sich daraufhin einige Berichte auf „schwulen Selbsthass" als mögliches Tatmotiv. In dem abschließenden Artikel dieses Bandes hebe ich den Unterschied zwischen Homosexuellenhass und schwulem Selbsthass hervor, was für die Beurteilung des Attentats in Orlando von zentraler Bedeutung ist.

Nach dieser kurzen Begrüßung wünsche ich, auch stellvertretend für die weiteren Autor_innen, viel Freude, Ärger und Anregungen beim Lesen dieses Buches.

Patsy l'Amour laLove, September 2016

Selbsthass und Emanzipation

Das Andere in der heterosexuellen Normalität

Patsy l'Amour laLove

Heute begegnet man Feindseligkeit häufig damit, die Vorurteile der Feindseligen abbauen zu wollen. In einigen Schulaufklärungsprojekten treten daher Homosexuelle und Transmenschen vor die Schüler_innen und versuchen ungefähr Folgendes zu vermitteln: „Schaut her, wir sind normal – genauso wie ihr!" Betont asexuell fällt die Selbstdarstellung aus. Dass es mit ihrer Normalität nicht weit her ist, bezeugt jedoch schon der exhibitionistische Gestus, mit dem sie sich als die Anderen präsentieren. Sie treten ja ausdrücklich als Homosexuelle und Transmenschen vor die Schulklassen. Indem sie trotzdem auf die eigene Normalität pochen, können sie sich im Grunde höchstens als die Normalen unter den Anormalen präsentieren. Solche ganz normalen Homosexuellen und Transmenschen legen ihre Differenz gegenüber den wirklich Normalen nur zum Schein auf dem Schulhof ab. Wirklich normal kann nie jemand sein, doch verläuft eine Differenz zwischen jenen, die dem gesellschaftlich anerkannten Bild von Normalität eher entsprechen, und jenen, zu denen Homosexuelle und Transmenschen gehören, die als solche als unnormal gelten[1]. Man kann die normative Bevorzugung der Heterosexuellen in dieser Gesellschaft, die die Normalen erst zu solchen werden lässt, zwar verleugnen. Sie bleibt dennoch bestehen. Eine solche, zwangsweise missglückende Normalisierung der eigenen Person, wie sie in der Behauptung, so normal wie alle anderen zu sein, versucht wird, muss letztlich als Unterwerfungsgeste verstanden werden: Das Gefühl, normal zu sein, ist nur zu dem Preis zu haben, sich den gängigen Vorstellungen von Normalität anzupassen. Die Homosexualität, um deren Akzeptanz doch eigentlich geworben werden soll, soll möglichst weit in Richtung ihrer Unkenntlichkeit verblassen. Eine solche Rechnung aber geht nicht auf.

Schlussendlich ist mit dieser Strategie für niemanden etwas gewonnen. Nicht nur, weil die Homosexuellen und Transmenschen am Ende ebensolche bleiben. Auch ist es ja nicht bloß das Vorurteil an und für sich, das es zu problematisieren gilt, sondern die Ablehnung und der Hass, sprich, der mit dem Vorurteil verknüpfte und schlechterdings unreflektierte affektive Gehalt. Ein Konflikt zwischen Menschen, die sich begegnen, ist nie auszuschließen. In der Begegnung ist man immer mit dem Anderen in seiner Differenz konfrontiert, worin unbewusst der für alle Menschen schmerzliche Prozess der Individuation aufscheint. Aus psychoanalytischer Sicht wird das in der Wahrnehmung des Kleinkindes allumfassende Lust-Ich unter anderem durch die Objekte um es herum mit Unlustregungen konfrontiert, sobald es lernt, dass das Andere ein Anderes ist, gar eigenständig und nicht nur als Teil des Lust-Ichs besteht[2]. Erwachsene Menschen können mit der Differenz des Anderen in aller Regel umgehen und sie aushalten. Bei Homosexuellenfeindlichkeit wird jedoch eine kollektive pathologische Verfassung der Gesellschaft deutlich: Erwachsene verweigern etwas, das man für gewöhnlich schon während der Kindheit erlernt, nämlich den Anderen anders sein zu lassen – auch wenn es unangenehm sein mag. Das bedeutet auch: Der Hass auf Homosexuelle und Transmenschen entsteht nicht erst aus der Interaktion zwischen ihnen und Heterosexuellen beziehungsweise Cismenschen[3]. Dass mit einem – gemessen an dem normativen Wahnsinn – etwas nicht stimmt, weiß man schon früh. Für die Scham darüber, anders und nach gesellschaftlichen Maßstäben schlechter zu sein, braucht es das Vorurteil nicht. Der Hass auf Homosexuelle benötigt keinen konkreten Homosexuellen, es reicht die Projektion. Der Hass ist dem Vorurteil vorgängig und kann demgemäß nicht einfach durch Abbau des Vorurteils aufgelöst werden.

Was gleichermaßen allen homosexuellen und transsexuellen Schulaufklärungsprojekten gemein ist – egal, ob sie die beschriebene Strategie des Abbaus von Vorurteilen verfolgen oder der Differenz und dem Sexuellen größere Bedeutung beimessen –, lässt sich in genau dem kritisierten Moment der versuchten Herstellung einer nicht herstellbaren Normalität festhalten. Die Sehnsucht, die sich in ihm äußert, sich nicht mehr als Andere schlechter fühlen zu müssen, ist im Angesicht des normativen Drucks, der uns allen widerfährt, nachvollziehbar. Darüber hinaus jedoch beinhaltet die Behauptung, Homosexuelle und Transmenschen seien so normal wie alle anderen, etwas Wahres. Solange das, was als normal gilt, als gesund und wertvoll bewertet, das Anormale demgegenüber als krank und falsch abgewertet wird, verschließt sich die Behauptung einer Differenz ein Stück weit der deskriptiven Darstellung, wenngleich dieselbe der sozialen Realität angemessener wäre. Die Differenz zwischen Heterosexuellen und Homosexuellen wird dem subjektiven Empfinden und der gewaltvollen gesellschaftlich vermittelten Erfahrung nach nämlich mit einer Stigmatisierung verbunden. Vor diesem Hintergrund bedeutet „Wir sind so normal wie ihr!“ eigentlich „Wir sind nicht schlechter als ihr!“. Eine sehr wichtige Botschaft, die nicht alle Menschen für selbstverständlich halten. Doch könnte der engagierte Mut, der für die Überwindung, sich als Lesben, Schwule und Transmenschen vor einer Schulklasse zu präsentieren, ohnehin notwendig ist, auch dazu genutzt werden, der Versuchung einer Anpassung nicht nachzugeben. Sinnvoller wäre es stattdessen zu betonen, dass Homosexuelle anders als Heterosexuelle und Transmenschen anders als Cismenschen sind, unter denselben wiederum ebensolche Unterschiede bestehen, ohne mit solch einer Feststellung alle zu etwas Gleichem machen zu wollen, das sie nun mal nicht sind, und dass diese Unterschiede nicht dazu tauglich sind, die einen höher und die anderen niedriger zu bewerten. Bei solch einer Herangehensweise müsste unweigerlich Sexualität eine bedeutsame Rolle spielen. Das wiederum ist mit Sicherheit ein entscheidender Grund dafür, dass der Schein der Normalität dem Beharren auf Differenz vorgezogen wird.

Das Problem beginnt also, wo in dieser Gesellschaft die Differenz nicht ausgehalten wird. Stattdessen äußert sich ein manifester Hass als schlechte Konfliktbewältigung. Dieser Hass ist nicht willkürlich, er richtet sich nicht gegen Heterosexuelle als Heterosexuelle, sondern gegen diejenigen, die dem als Normalität gesetzten Maßstab nicht entsprechen. In unserem Falle also Homosexuelle und Transmenschen. Ich möchte mich vor diesem Hintergrund noch einmal der Strategie, dem Hass dadurch zu begegnen, Vorurteile abzubauen, anhand eines Beispiels widmen: Ist durch eine Aufklärungsstunde das Vorurteil der kurzhaarigen, aggressiven Kampflesbe im Lederlook, die viel Bier trinken und gut pöbeln kann, einmal erfolgreich abgebaut, wäre damit ja ein Ziel dieser Strategie erreicht. Durch ihre Verleugnung kann die besagte Kampflesbe aber nicht aus der sozialen Realität getilgt werden – glücklicherweise. Trifft nun also die frisch aufgeklärte, vorurteilsbefreite Person auf eine Lesbe, die ihres Erachtens dem geschilderten Klischee entspricht, so käme sich die Aufgeklärte von den Aufklärern und deren behaupteten Normalität bestenfalls belogen vor. Viel mehr noch muss ihr die Klischee-Lesbe aber nun als eine erscheinen, die ihr nicht so konfliktfrei als normal gelten kann, wie es die Aufklärer_innen gegenüber den Schüler_innen darstellten. Diese hier, so würde die Schlussfolgerung lauten, muss wohl eine der unnormalen Lesben sein und zu einer schlechten Sorte Lesben gehören. Als „schlechter" würde das Unnormale ganz von selbst bewertet werden, denn der Hass, der gesellschaftlich gegenüber dem Unnormalen besteht, wurde bei dem Versuch, das Vorurteil abzubauen, leider vergessen. Die fehlende Auseinandersetzung mit dem Hass scheint fast eine Mode geworden zu sein. Beispielhaft kann dafür das neuere Konzept der „Gruppenbezogenen Menschenfeindlichkeit" genannt werden, das den Ursprung der Stigmatisierung in einem diffusen Begriff von „Ideologien" fasst und sich ansonsten mit der Aufzählung und Nomenklatur unterschiedlicher Diskriminierungsformen zufriedengibt.

Ohne ein weiteres konstruiertes Beispiel lässt sich die Strategie des Abbaus von Vorurteilen aber anhand jener problematisieren, die sie vertreten und ausführen. Indem Homosexuelle und Transmenschen in Schulaufklärungsprojekten als Vorbilder dafür auftreten, wie normal und brav wir doch seien, verleugnen sie nicht bloß einen Teil ihrer selbst, sondern diskreditieren unweigerlich all jene, die aus ihrer besonders faden Fantasie einer Normalität der Anderen herausfallen. Im Grunde spielt man der Stigmatisierung von Homosexuellen und Transmenschen mit so einem Vorgehen, sei es auch noch so gut gemeint, in die Hände. Gerade vor dem Hintergrund der andauernden, rechten Anfeindungen der letzten Jahre gegenüber Schulaufklärungsprojekten, die sich gegen Homo- und Transfeindlichkeit einsetzen, sollte man sich in einer sinnvollen Aufklärungsarbeit davor hüten, eine Unterwerfungsgeste an die Normalität zu inszenieren, indem alles Sexuelle und Besondere, insbesondere all das, was lustvoll am Anderssein ist, ausgespart und verleugnet wird. Dieser Umgang der Anderen mit ihrem Anderssein aber ist als symptomatisch für diese Gesellschaft zu bezeichnen. Das Symptom, das aufgrund der anhaltenden Feindseligkeit entsteht, ist der kontinuierliche Versuch, die eigene Differenz zu verleugnen. Dabei schaffen die besagten Schulaufklärer_innen bereits durch ihren Auftritt die Grundlage für einen sinnvollen Dialog, indem sie, ohne es zu wollen, als die Anderen auftreten. Die Chance läge darin, das eigene Anderssein als solches innerhalb eines normativen gesellschaftlichen Vakuums zu begreifen, das zu leugnen die Stigmatisierung nicht aufhebt, sondern ganz im Gegenteil einer Kapitulation gleichkommt.

Emanzipation und Anpassung

Die Toleranz der Gesellschaft, die Lesben, Schwule und Transmenschen sich selbst gegenüber heute empfinden, ist einerseits in der realen Verbesserung gesetzlicher, strafrechtlicher und sozialer Anerkennung begründet. Andererseits übersieht man in der Vorstellung, alles sei gut, allzu gerne, dass diese sich vor dem Hintergrund einer Scheintoleranz abbildet, die nicht nur brüchig ist, sondern den Hass nur zu verdecken vermag. Martin Dannecker differenziert 1978 in *Der Homosexuelle und die Homosexualität*: „Was wirkliche Toleranz von Scheintoleranz unterscheidet, ist ihr Wissen um das noch Differente und das

Akzeptieren des Anderen als Anderen." (Dannecker 1991: 65) Insofern geht der voreilige Schluss, es sei doch bereits alles gut bestellt, mit Unterordnung und Verleugnung einher: „Um der Segnungen der Toleranz habhaft zu werden, tun Homosexuelle so, als seien sie wirklich gleich oder als sei ihnen bereits gelungen, auf ein Verhalten zu verzichten, welches die Toleranz nicht duldet." (Ebd.: 69) Schließlich wird die Toleranz oder das Festhalten an ihrem Bestehen durch Homosexuelle und Transmenschen mit dem Preis der Einebnung in die Normalität bezahlt, die am Ende überhaupt nicht glücken kann. Toleranz funktioniert so lange, wie der Schein der Anpassung gewahrt bleibt, und ist vor diesem Hintergrund, wie schon erwähnt, brüchig. An der Differenz werden insbesondere jene Aspekte unterschlagen, die nicht mit der sozialen Norm vereinbar sind, worunter vor allen Dingen das Sexuelle etwa an der Homosexualität zu fassen ist. Dass Homosexualität nicht mehr derart rigide tabuiert ist wie vormals, so konstatiert Dannecker 1987 in *Das Drama der Sexualität*, führt nicht zwangsläufig zu einem Selbstbewusstsein in der Differenz: „Denn erst damit [mit der Enttabuierung der Homosexualität] kamen Elemente des homosexuellen Lebens an die Oberfläche des gesellschaftlichen Bewußtseins, die vorher vom Tabu zurückgehalten wurden. Eine Rückkehr hinter dieses Tabu ist nicht mehr möglich, freilich jedoch ein Rückfall in die rachsüchtige Verfolgung." (Dannecker 1987: 48)

Dass die Stigmatisierung weiterhin besteht, lässt sich wohl am einfachsten an dem Allgemeinplatz ablesen, dass das Coming-out bis heute für die wenigsten Homosexuellen und Transmenschen ohne Konflikte vonstattengeht. Grund dafür sind homosexuellen- und transfeindliche Ressentiments etwa der Eltern. Für die Umsetzung von Emanzipation werden derweil unterschiedliche Strategien vorgeschlagen. Manch einer sieht in einer angeblich zunehmenden Normalisierung im Sinne eines Unsichtbarwerdens die geglückte Selbstbestimmung. Unsichtbar ist man als Normaler selbstverständlich nicht, man wird jedoch nicht als das besondere Andere wahrgenommen, sondern einfach wahrgenommen. Eine frappierende Ähnlichkeit hat die Vorstellung von Selbstermächtigung durch

Unsichtbarkeit mit den Diskussionen im sogenannten *Tuntenstreit* in der westdeutschen Schwulenbewegung der 1970er Jahre. Eine der beiden Streitparteien machte keinen Hehl daraus, dass zu auffällige Schwule und Tunten in ihren Augen der schwulen Emanzipation schaden würden – da sie die normale Bevölkerung unnötigerweise erschreckten. Der Gehalt dieser Position lässt sich als Symptom bis in die Gegenwart nachvollziehen, wenn beispielsweise über zu schrille CSD-Paraden, die zu versauten Ledermänner oder die zu promisken Schwulen geschimpft wird. Vereinzelte rechte und reaktionäre Homosexuelle und Transmenschen, deren namentliche Nennung ihnen, wie schon zu oft passiert, ungemäße Beachtung schenken würde, ersehnen sich entsprechend einen Marsch der Normalen herbei, der einen ihres Erachtens unzeitgemäß lustvollen CSD ersetzen solle. Ihnen gelten die Geflüchteten und „Ausländer" ebenso als Gefahr für ihre imaginierte homosexuelle Normalität wie die Tunten, die ihrer schrillen Schminke und der Karikierung dessen, was es in dieser Gesellschaft immer noch bedeutet, schwul zu sein, nicht müde werden. Dabei sind, wenn man von einer schwulen Normalität sprechen möchte, doch eigentlich gerade die Tunten ein integraler Bestandteil davon. Um die soziale Realität geht es diesen Rechten jedoch nicht. Ihr Normalitätsbegriff ist einer, der normiert, weil er der gegebenen Normalität zuvorzukommen sucht. Entsprechend geht es in ihrer rassistischen Ablehnung nicht um homo- und transfeindliche Gewalt oder religiös fundierte Feindseligkeit, wie sie behaupten. Und auch bei Tunten und anderen schrillen Unnormalen geht es ihnen nicht darum, dass die Tunten schwule Emanzipation verhindern würden. In beiden Fällen haben sie vielmehr ein geeignetes Ventil für ihren Hass auf das Andere gefunden. Bei den unnormalen Homosexuellen und Transmenschen handelt es sich hierbei besonders deutlich um eine Ablehnung der eigenen unliebsam unnormalen Anteile. Verleugnen lässt sich die Differenz vielleicht, mit magischem Denken ist sie aber nicht zum Verschwinden zu bringen, womit sie in Wirklichkeit auch bei den scheinbar normalen Homosexuellen und Transmenschen bestehen bleibt.

Anstatt auf der ohnehin vorhandenen Differenz zu beharren, bevorzugen viele symptomatisch die Beschwörung einer größtmöglichen Normalität, die die Ablehnung eigener Sehnsüchte und die Anpassung meint. Daraus lässt sich wiederum mitnichten ableiten, dass all jene Lesben, Schwulen und Transmenschen, die etwa ein bürgerliches Erscheinungsbild bevorzugen und mehr oder weniger finanziell abgesichert leben (wollen), die Feinde der Emanzipation seien. Dass einer solchen Vorstellung eine Verkürzung zugrunde liegt, sollte nicht weiter erklärungsbedürftig sein. Die „radikale" Vorstellung, dass „die" als bürgerlich wahrgenommenen Homosexuellen und Transmenschen allesamt gegen das Andere hetzen, ist Ergebnis ressentimenthaften Denkens. Die Verleugnung eigener Wünsche und Regungen, die Bestandteil dieser Ablehnung bürgerlichen nicht-heterosexuellen Lebens ist, steht dem oben angeführten Hass gegen Tunten in nichts nach – abgesehen von der Infamie, den ideologischen Mehrwert aus der als emanzipatorisch missverstandenen Ablehnung alles Bürgerlichen abzuschöpfen. In nicht wenigen queerfeministischen Politgruppen wird der weiße bürgerliche Schwule in aller Regelmäßigkeit zum schlimmsten Feind erkoren. Beispielhaft wetterte der *Kreuzberger CSD*, der zuvor als *Transgenialer CSD* bekannt war, in seinem Aufruf 2015 unter dem Motto „Keine pinke Camouflage – Queer bleibt RADIKAL" gegen das „schwul-christliche Abendland" mit seinen wohlhabenden weißen Cis-Schwulen, die „schwulen Manager", die man sich voll Abscheu als „[v]on oben umarmt, kuschelnd mit Staat und Großkonzernen" (KCSD-Orgagruppe 2015) vorstellte. „RADIKAL" zu bleiben bedeutet wohl, einen klaren Feind auszumachen, wobei die Verbindung von antisemitischen und schwulenfeindlichen Ressentiments nun nicht gerade als besonders originell bezeichnet werden kann[4]. Ist das weiße schwule Paar mit Vorgarten im Reihenhaus erst einmal, soweit es mich betrifft, eher zu beglückwünschen als in irgendeiner Weise abzulehnen, bricht sich hier eine Mischung aus uneingestandenem Neid und schwulenfeindlicher Verachtung Bahn und wird in eine ahistorische, brachial politisierte Form gepresst. Die Vorzüge schließlich, die Lesben, Schwule und

Transmenschen heute in einigen Großstädten im historischen Vergleich genießen können, werden zum Marker der eigenen Unterdrückung. Als wäre es ein Privileg, wenn ein Schwuler einigermaßen glücklich leben kann, und als würde es irgendjemandem etwas nützen, würde er dieses vermeintliche Privileg verlieren.

„Schwul" ist also nicht bloß auf Schulhöfen ein beliebtes Schimpfwort. Ähnlich wie in der verächtlichen und zugleich absurden Betitelung des Abendlandes als „schwul-christlich", dient die Imagination des privilegierten Homosexuellen als Negativ der eigenen progressiv queeren Haltung und ermöglicht zugleich die internalisierte Ablehnung der (schlechteren) Homosexualität. Der hier beispielhaft hervorgehobene Sprachgebrauch ist kein Zufall, sondern Ausdruck dessen, was in so vielen queerfeministischen Politgruppen gedacht, geschrieben und getan wird. Selbsthass und Ressentiment lassen sich – um nur ein gängiges Beispiel zu nennen – ebenso in dem Ausdruck der „Homonormativität" finden. Homonormativität meint normative Maßstäbe unter Homosexuellen, etwa Schönheitsideale, die mit dem Wort benannt und kritisiert werden sollen. Viel richtiger wäre allerdings deren Bezeichnung als Heteronormativität. Diese äußert sich, wovon dieser Sammelband in vielerlei Weise berichtet, in einer heteronormativen Gesellschaft auch unter Homosexuellen. Die Heteronormativität verweist als Begriff allerdings auf den tatsächlichen Ursprung des normativen Maßstabes, nämlich den Wahnsinn der heterosexuellen Normalität dieser Gesellschaft. Weshalb aber dann das unnötige Affix „Homo-"? Schließlich doch nur zur Vergewisserung, dass man zu diesen schlechteren, weil vermeintlich reaktionären Homosexuellen nicht gehört, ohne dabei zu merken, dass man die eigenen, uneingestandenen Wünsche zwar auf das bürgerliche Andere projiziert hat, aber doch nicht so recht losgeworden ist.

Selbsthass unter Lesben, Schwulen und Transmenschen kann als Bestandteil einer kollektiven Neurose begriffen werden, die sich bis heute mit einem ähnlichen, kontinuierlich vorgebrachten Gehalt äußert. Nicht zufällig habe ich zunächst beispielhaft

Strategien und Positionen hervorgehoben, die sich zumindest selbst als emanzipatorisch ausgeben. Gerade dort, wo mit dem Gestus der Befreiung eine Unterwerfung vollzogen wird, tritt die Selbstverständlichkeit besonders deutlich zum Vorschein, mit der das unliebsame Andere im Eigenen zugunsten des mindestens verfehlten Ziels, gut und normal zu sein, verleugnet oder gehasst wird. In der Zumutung des Konflikts aber, den die Differenz und ein Bewusstsein über sie hervorruft, liegt die Möglichkeit einer Emanzipation. Das bezieht sich sowohl auf den Umgang mit sich selbst als auch mit den Anderen: „Das bei allen Unterschieden Gleiche an Homosexuellen kann von den anderen ebenfalls nur dann begriffen werden, wenn diesen das immer gespürte und von ihnen oft zum Vorurteil vergröberte andere nicht vorenthalten wird. Die hier gemeinte Dialektik kann sich nur im Umgang der Menschen miteinander entfalten, und konkret nur dann, wenn jeder zu dem steht, was er will und was er ist." (Dannecker 1987: 49)

Hass und pathische Projektion

Meinen Erörterungen und insgesamt der Herausgabe dieses Buches liegt ein Verständnis von Selbsthass und Emanzipation zugrunde, das ich im Folgenden anhand einiger miteinander zusammenhängender Grundannahmen konturieren möchte.

Der Begriff Selbsthass schürt, wenn ich ihn in Vorträgen, Workshops und Artikeln gebrauche, regelmäßig Widerstände. Er sei zu hart, übertrieben. Während er als analytische Kategorie selbstverständlich etwas Überzeichnendes aufweist, damit er der Beschreibung dienen kann, so halte ich ihn darüber hinaus für deutlich genauer als Begriffe wie „internalisierte Homonegativität" oder „internalisierte Homophobie". Weder handelt es sich um eine diffus *negative* Einstellung, wenngleich diese eine Rolle spielt, noch um eine Angststörung, die eine *Phobie* wäre, wenngleich Angst durchaus Bestandteil des affektiven Vorgangs in der Ablehnung des Anderen sein kann. Zwar meinen „Homonegativität" und „Homophobie" dasselbe, doch macht ein

Begriff wie „internalisierte Homosexuellenfeindlichkeit" und der daraus resultierende „Selbsthass" auf das schwerwiegende Problem, eben die Feindseligkeit und den Hass, aufmerksam.

Wie sich schon dieser Selbsthass nicht unbedingt unmittelbar als solcher ausweist, so muss man sich von einem gängigen, eher oberflächlichen Verständnis von Hass lösen, um keine vereinfachenden Schlussfolgerungen vorzunehmen. Sigmund Freud schreibt 1915 in *Triebe und Triebschicksale*, dass Hass und Liebe in „keiner einfachen Beziehung zueinander" stehen, nicht ursprünglich ihr jeweiliges Gegenteil sind, sondern „sich unter dem Einfluß der Lust-Unlustrelation" (Freud 1915: 230f) erst dazu formiert haben. Sie haben „verschiedene Ursprünge" (ebd.: 230) und Entwicklungen durchlaufen, sind jedoch gleichermaßen über ihre zumindest erlebte Polarität eng miteinander verknüpft, wie Freud auf der Suche nach einem Verständnis der beiden Pole und ihres Bezugs zueinander in *Jenseits des Lustprinzips* betont (vgl. Freud 1920: 57f). Schließlich differenziert er 1923 in *Das Ich und das Es* nochmals, „daß der Haß nicht nur der unerwartet regelmäßige Begleiter der Liebe ist (Ambivalenz), nicht nur häufig ihr Vorläufer in menschlichen Beziehungen, sondern auch, daß Haß sich unter mancherlei Verhältnissen in Liebe und Liebe in Haß verwandelt." (Freud 1923: 271) Diese Umwandlung ist nach Freud möglich, weil sie in der Psyche zugleich Gegensätze abbilden und in einem engen, ambivalenten Verhältnis zueinander stehen; sie verhalten sich nicht bloß reaktiv zueinander, wie der Psychoanalytiker Hans-Dieter König hervorhebt, sondern spiegeln Konflikte des Subjekts in ihrer Ambivalenz wider (vgl. König 2014: 40). Anders ausgedrückt: Psychoanalytisch betrachtet wird im Hass die konflikthafte Ambivalenz, in der sich das Subjekt im Individuationsprozess befindet, den jeder Mensch durchlebt, deutlich: „Das Objekt wird dem Ich, wie wir gehört haben, zuerst von den Selbsterhaltungstrieben aus der Außenwelt gebracht, und es ist nicht abzuweisen, daß auch der ursprüngliche Sinn des Hassens die Relation gegen die fremde und reizzuführende Außenwelt bedeutet. Die Indifferenz ordnet sich dem Haß, der Abneigung als Spezialfall ein, nachdem sie zuerst als dessen

Vorläufer aufgetreten ist. Das Äußere, das Objekt, das Gehaßte wären zu allem Anfang identisch. Erweist sich späterhin das Objekt als Lustquelle, so wird es geliebt, aber auch dem Ich einverleibt, so daß für das purifizierte Lust-Ich das Objekt doch wiederum mit dem Fremden und Gehaßten zusammenfällt." (Freud 1915: 228f) Der Hass kann sich indes „zur Aggressionsneigung gegen das Objekt, zur Absicht, es zu vernichten, steigern." (Ebd.: 229) In Bezug auf einverleibte oder introjizierte Anteile kann der Hass also dem Wunsch dienen, unliebsame Anteile sozusagen wegzuhassen oder zu vernichten.

Nun ist man den Vorgängen des Hassens nicht einfach unterworfen. Man kann sich diesen Vorgängen insofern bewusst werden, als sie das Bewusstwerden durch bewusstseinsfähige Regungen, Wünsche und Gedanken zulassen. Darüber hinaus ist es möglich, durch Reflexion abzuwägen, ob der Hass angebracht ist. Dass es ganz grundlegend Konflikte im Subjekt gibt, ist also nicht von der Hand zu weisen, doch *ist* das Subjekt nicht der Konflikt, sondern handelt ihn aus und ist ihm nicht im Sinne einer Handlungsunfähigkeit unterworfen. Entsprechend ist Hass in der Selbstbehauptung und Individuation begründet, führt damit jedoch nicht zu einem unvermeidbaren Ausagieren gegenüber der Außenwelt und den Anderen als möglichen Repräsentanzen dessen, was das Lust-Ich stören könnte. So ist es mit einem psychoanalytischen Verständnis von Hass der Selbsthass und der Hass auf Andere nicht in dem Sinne zu naturalisieren, dass damit Homosexuellen- und Transfeindlichkeit gerechtfertigt werden könnten. Ganz im Gegenteil vermittelt die Psychoanalyse ein Verständnis vom Hass als Affekt, von dem sich der zur Reflexion begabte Mensch nicht leiten zu lassen braucht. Das Reflektieren gelingt insbesondere dann, wenn ein Bewusstsein über Hass, Konflikte und Ambivalenz besteht.

Homosexuellen- und Transfeindlichkeit ist der Hass auf den homosexuellen beziehungsweise transsexuellen Anteil am Anderen, der dadurch zum genuin Anderen und auf dieser Grundlage zum Gehassten wird. Dabei muss es sich nicht zwingend so verhalten, dass dieser Andere tatsächlich homosexuell oder transsexuell ist. Es reicht die Projektion. Projiziert wird ein gewisser Anteil seiner selbst, der unliebsam anders ist und mit Homosexualität und Transsexualität in Verbindung gebracht wird. Max Horkheimer und Theodor W. Adorno heben in *Elemente des Antisemitismus* zunächst die Gewöhnlichkeit eines solchen Vorgangs, insbesondere der Projektion, hervor: „In gewissem Sinn ist alles Wahrnehmen Projizieren." (Horkheimer/Adorno 2006: 196) Dass jemand etwas projiziert habe, ist also für einen Vorwurf dieser Person gegenüber nicht geeignet. Die Vermutung oder Kenntnis darüber, dass das Gegenüber homosexuell oder transsexuell sei, ist noch keine Stigmatisierung. Dabei handelt es sich zunächst um eine Differenzierung. Einhergehend mit einer Reflexion kann über eine solche Differenzierung das Bewusstsein über sich und andere als eigenständige Subjekte beziehungsweise Objekte geschaffen werden, obwohl man gezwungenermaßen nur von sich ausgehend wahrnehmen kann: „Die Unterscheidung geschieht im Subjekt, das die Außenwelt im eigenen Bewußtsein hat und doch als anderes erkennt. Daher vollzieht sich jenes Reflektieren, das Leben der Vernunft, als bewußte Projektion." (Ebd.: 198) Bei einem „Ausfall der Reflexion" (ebd.: 199) kann der Andere in seiner Differenz nicht mehr ertragen werden: „Die Störung liegt in der mangelnden Unterscheidung des Subjekts zwischen dem eigenen und fremden Anteil am projizierten Material." (Ebd.: 196) Es kommt zur „falschen" (ebd.) oder „pathischen Projektion" (ebd.: 201), mit der man sich die Umwelt ähnlich macht und die „Übertragung gesellschaftlich tabuierter Regungen des Subjekts auf das Objekt" (ebd.) vornimmt. Wofür man sich selbst moralisch schuldig spricht, wird projiziert, wodurch eine „Spiegelung der eigenen Verdrängung" (Freud 1946: 92) sichtbar wird, wie Anna Freud es ausdrückt. Die verbotenen Regungen in einem selbst werden zur Verhinderung eines Schuldgefühls nach außen projiziert. Entsprechend fasst die Politikwissenschaftlerin Ljiljana Radonic für den Vorgang der pathischen Projektion zusammen: „Infolge [...] moralisierender Erziehung werden nichtzulässige Gefühle verdrängt, ihr Bewußtwerden muß ständig abgewehrt werden. Das erfordert einen großen Energieaufwand, so daß es eine enorme Erleichterung darstellt, eigene, nicht zugelassene Gefühle bei erster Gelegenheit auf ‚fremde' Andere zu projizieren […].“ (Radonic 2006: 87)

Die „Auswahl des Ansatzpunktes für die Unterbringung seiner eigenen unbewußten Regungen“ (Freud 1946: 94), so Anna Freud, verläuft nicht willkürlich, worauf Adorno und Horkheimer ebenfalls hinweisen (vgl. Horkheimer/Adorno 2006: 196). In diesem Sinne argumentiert Benedikt Wolf (vgl. Wolf 2016) in diesem Band, dass es den Selbsthass der Heterosexuellen als Heterosexuelle nicht geben kann, da sich diese ihrer als normal geltenden sexuellen Veranlagung sicher sein können. Entsprechendes konstatieren Martin Dannecker und Reimut Reiche 1974 in *Der gewöhnliche Homosexuelle*, wenn sie zwischen dem Tuntenhass der Schwulen und dem Schwulenhass der Heterosexuellen unterscheiden, obwohl beides auf derselben heterosexuellen Normierung beruht (vgl. Dannecker/Reiche 1974: 335).

Der Hass auf Homosexuelle hängt mit der kulturellen und individuellen Verdrängung der eigenen Homosexualität zusammen (vgl. Dannecker 1978: 47), was nicht bedeutet, dass „eigentlich“ alle manifest homosexuell sind, sondern dass beispielsweise manch manifest heterosexueller Mann es nicht aushalten kann, dass seine latenten Wünsche von einem anderen manifest ausgelebt werden – wenn auch nur in seiner Projektion[5]. Hass beinhaltet eine Tendenz hin zur Vernichtung des verhassten Objekts. Das lässt sich im manifesten Hass, der einen trifft, wenn man nicht normal genug daherkommt, immer wieder in besonderer Heftigkeit erleben. Dass es etwa in Berlin oder anderen Großstädten mit liberalem Image möglich sei, sich überall offen schwul zu zeigen, ist nicht bloß eine naive Illusion, sondern vielmehr eine Verleugnung oder aber ein verkürzter Schluss, welcher dem Wunsch, dass gegen alle soziale Realität doch wirklich alles gut sei, so wie es ist, das Wort redet.

Identifizierung mit dem Angreifer

Die pathische Projektion verläuft nicht geradlinig von *den* Heterosexuellen zu *den* Lesben, Schwulen und Transmenschen, sondern zeitigt Hass auch „untereinander“. Insofern kann Selbsthass gerade an der Ablehnung beispielsweise einer Lesbe gegenüber der anderen Lesbe, der lesbischen Subkultur oder dem Lesbischsein an und für sich abgelesen werden. Die Projektion eigener Anteile auf Andere hat eine erleichternde Wirkung, man kann die Schuld, die mit den moralisch nicht anerkannten Regungen in Verbindung gebracht wird, sozusagen durch die Projektion abtreten. Bei Homosexuellen und Transmenschen spielt, da sie die gezeichnet Unnormalen sind, zusätzlich die Identifizierung mit der Normalität eine sichtbar wichtige Rolle. Was ich zuvor als Unterwerfungsgeste bezeichnet habe, entspricht einer Art vorauseilendem Gehorsam, der so manche zu dem Versuch veranlasst, sich in einer Weise *normal* zu verhalten, die nur noch als verzerrte und ungewollte Karikatur der Imagination heterosexueller Normalität bezeichnet werden kann.

In der Schwulenbewegung der 1970er Jahre griff man zur Erklärung und sicherlich auch zur politischen Polemisierung dieses symptomatischen Verhaltens auf Anna Freuds psychoanalytischen Begriff der „Identifizierung mit dem Angreifer“ zurück. Anna Freud bezeichnete damit eine spezielle Kombination aus Introjektion und Projektion (vgl. Freud 1946: 93). Man verhält sich dabei wie ein gefürchtetes Objekt, um dessen Gefahr zu bannen (vgl. ebd.: 86). Anna Freud zieht hierfür klinische Beispiele aus ihrer psychoanalytischen Praxis heran. So erzählt sie von einem Volksschüler, der seinen Lehrer zur Weißglut bringt, indem er auf Tadel und Ermahnung mit Grimassen antwortet. Sie stellt fest, dass es sich dabei um eine Nachahmung der von diesem selbst unbemerkten Gesichtszüge des Lehrers handelt: „Der Junge, der dem Tadel des Lehrers standhalten soll, bewältigt seine Angst durch unwillkürliche Nachahmung des Zornigen. Er übernimmt selber seinen Zorn und folgt den Worten des Lehrers mit dessen eigenen, nicht wiedererkannten Ausdrucksbewegungen. Das Grimassieren dient hier also der Angleichung oder Identifizierung mit dem gefürchteten Objekt der Außenwelt.“ (Ebd.: 85f) Deutlich tritt in allen ihren Beispielen ein Hierarchiegefälle hervor. Die Identifizierung als prophylaktischer Angriff nimmt die befürchteten Sanktionen und Anklagen sozusagen unter der Umkehrung der Vorzeichen vor. Die Schuld, sei sie auch nur eine antizipierte, muss dann nicht mehr ertragen werden und die Sanktionen sind bereits erteilt. Die aus dem autoritären Ungleichgewicht entstandene Ohnmacht wird gelindert, da man an der Macht des Aggressors durch die Identifikation teilhaben kann.

Vor diesem Hintergrund kamen die bewegten Schwulen zu Beginn der 1970er Jahre zu dem Schluss, dass Schwule ihren Selbsthass mittels ihres Tuntenhasses und des Hasses auf zu offen schwule Schwule ausleben, wodurch sie sich mit dem Angreifer, der heterosexuellen Normalität, identifizierten. Die Frankfurter Gruppe RotZSchwul (Rote Zelle Schwul) veranschaulichte diese These in ihrem Grundlagenpapier 1972, welches großen Einfluss auf zahlreiche Schwulengruppen in anderen deutschen Städten hatte, wie folgt: „Die ‚Tunten' werden von einem nicht gerade kleinen Teil der Homosexuellen für ihre schlechte Lage in der Gesellschaft verantwortlich gemacht, was eine schlichte Umkehrung der Fronten bedeutet: der Verfolgte, die ‚Tunte', wird als Verfolger wahrgenommen und der eigentliche Aggressor wird als strenger, aber gerechter Vater akzeptiert, dessen Forderungen man sich zu beugen hat." (RotZSchwul Frankfurt 1972b) Entsprechend heißt es in dem Film *Nicht der Homosexuelle ist pervers, sondern die Situation, in der er lebt* aus dem Jahr 1971 von Martin Dannecker und Rosa von Praunheim: „Trotzdem hasst ein Schwuler den anderen, denn er sieht in ihm sein eigenes Unglück. Statt gegen eine Gesellschaft zu kämpfen, der sie ihr Unglück verdanken, geben sie sich lieber selber die Schuld." (Praunheim 1971) Anstatt unter Schwulen die moralische Schuld auf den nächsten im jeweiligen Moment und Erleben Unnormaleren oder Anderen zu übertragen, solle man sich, so die politischen Schwestern der Zeit, auf den eigentlichen Ursprung der Unterdrückung konzentrieren. So ruft die Westberliner Polit-Tunte Lydia 1973 im Zusammenhang des „Tuntenstreits" in ihrem Diskussionspapier fast schon verzweifelt aus: „Der Aggressor sitzt woanders!!!" (Lydia alias Detlef B. 1973: 6)

Als ein Beispiel für die Identifizierung mit dem Angreifer galt das Begehren gegenüber dem heterosexuellen Mann, der so zum Idealbild erkoren und dem Schwulen immer vorgezogen werde. Darin äußere sich der Wunsch, selbst nicht mehr schwul sein zu müssen, da man sich mit dem heterosexuellen Mann oder vielmehr der Imagination davon identifiziere. Problematisch daran ist nicht, einen heterosexuellen Mann zu begehren. In der Bevorzugung eines Heterosexuellen aber, die bis heute unter Schwulen die Regel ist, äußert sich eine Identifikation mit Heterosexualität und eine Abwehr des eigenen Schwulseins, die mindestens auffällig genannt werden kann. Begehren schließlich ist ohne Identifizierung nicht denkbar – und so stellt sich die Frage, weshalb gerade der heterosexuelle Mann gegenüber dem Schwulen bevorzugt wird. Entlarvend in diesem Zusammenhang ist die Wendung „hetero-like", die auf dem schwulen Onlineportal *GayRomeo* als Gütesiegel gehandelt wird und darauf hinweisen soll, dass man nicht zu schwul und daher noch einigermaßen begehrenswert sei.

In dieser schwulenpolitischen Verwendung des Begriffs „Identifikation mit dem Angreifer" gilt der Heterosexuelle als Aggressor. Sofern damit die heterosexuellen Subjekte in dieser Gesellschaft gemeint sind, ist diese Vorstellung irreführend und verkürzend. Sie erzeugt ein ebenso falsches Feindbild wie das des weißen Cis-Schwulen, der von vielen Queerfeministen_innen so verabscheut wird. Meint das Bild des heterosexuellen Angreifers die heterosexuelle Normalität, so ruft das Bild „des Heterosexuellen" immer noch unnötigerweise einen klaren, personalisierten Feind hervor. Es geht schließlich nicht um ein manifestes Subjekt, dem wir Homosexuellen- und Transfeindlichkeit zu verdanken haben. Die Identifizierung muss sich nicht zwangsläufig auf eine konkrete Person richten, sondern kann auch eine Aggression selbst betreffen, unter der man die heterosexuelle Normalität fassen kann, wie Anna Freud hervorhebt (vgl. Freud 1946: 87). Darüber hinaus ist es nicht das heterosexuelle Gegenüber, das sozusagen den ersten Impuls dazu setzt, ein problematisches Verhältnis zum eigenen Schwul-, Lesbisch- oder Transsein zu entwickeln.

Das Bewusstsein darüber, dass mit einem gegenüber den Normalen etwas nicht ganz richtig sei, entsteht schon früher, die Scham und Unsicherheit sind den Auswirkungen in der Interaktion vorgängig, sonst wären die anhaltenden, schwerwiegenden Selbstzweifel sowie beispielhaft die angeführte kollektive Neurose der Schwulen, einander aufgrund des zu schwulen Schwulseins abzulehnen, nicht derart gravierend. Dannecker spricht daher von einem „erschütternden kollektiven Sozialisationsprozess" (Dannecker 1991: 85), der das Entscheidende sei.

Wie die pathische Projektion hat auch die Identifizierung mit dem Angreifer eine erleichternde Funktion. Sie entlastet von Schuldgefühl oder drohender Sanktion. Dannecker verwies 1985 in seinem offenen Brief an Rosa von Praunheim in der linken Monatszeitschrift *konkret* auf eben diesen Umstand: „Wie jede Identifikation wirkt auch die Identifikation mit dem Aggressor entlastend. Zu bekommen ist diese Entlastung jedoch nur um den Preis der Unterwerfung." (Dannecker 1985: 16) Praunheim hatte kurz zuvor im *Spiegel* einen Artikel veröffentlicht, in dem er die Schwulen und sich selbst der Promiskuität und insgesamt einer zu hemmungslosen Sexualität in Zeiten von AIDS anklagt[6]. 1984 gab es AIDS noch nicht lange in der öffentlichen Wahrnehmung; der alte Hass auf Schwule wurde allerdings in rasanter Weise wieder salonfähig. Praunheim entsprach insofern mit seinem Artikel dem Wunsch, dieses ganze unnormale Schwulsein zu verteufeln und sich an ein moralisch passableres schwules Dasein anzupassen. Damit aber war niemandem geholfen, außer vielleicht reaktionären und rechten Sexualfeinden und Moralaposteln, die sich, wie damals Peter Gauweiler von der CSU, eine Internierung und Zähmung unartiger Schwuler herbeifantasierten.

Entsprechend groß sind meine bereits geschilderten Bedenken bezüglich des vorauseilenden Gehorsams gegenüber den erstarkenden Reaktionären. Schließlich willigt man mit dieser Form der Anpassung, in der man das Sexuelle und alles Differente möglichst auszusparen sucht, in die eigene Unterdrückung ein.

Überwindung und Emanzipation

Selbsthass gehört zu den inneren Konflikten, von welchen kein Mensch frei ist. Lesben, Schwule und Transmenschen durchleben solche Konflikte allerdings unter anderen Vorzeichen. Schließlich sind Begehren und Geschlecht nicht so ohne Weiteres abänderbar. Homosexuelle haben früh ein Bewusstsein dafür, dass das „Problem" nicht bloß in ihrer Sexualität, sondern in ihrer homosexuellen Sexualität liegt. Dem gegenüber steht bei Problemen mit sexueller Scham im Falle von Heterosexuellen deren sexuelle Orientierung nicht im Vordergrund. Homosexuelle haben dann dieses Thema zusätzlich zu bewältigen. Nicht etwa, weil Homosexualität an und für sich etwas Problematisches wäre, sondern weil sie durch den gesellschaftlichen Druck der heterosexuellen Normalität zu einem Problem wird.

Selbsthass äußert sich nicht nur darin, dass sich jemand ganz bewusst hasst, so dass es von außen unmittelbar sichtbar wird, sondern sowohl in der Haltung dem Anderen gegenüber als auch in der – wenn auch nicht unbedingt intendierten – Verleugnung des eigenen Andersseins. Jeder Mensch ist mit den ihm eigenen unbewussten Konflikten konfrontiert. Ebenso ist die Sexualität nicht ohne ihre konflikthaften Anteile zu denken. Die Sexualwissenschaftlerin Sophinette Becker äußerte sich 2015 entsprechend in einem Interview: „Auch Heterosexualität ist nicht gesund. Sexuelle Lust ist nie ganz harmlos, Sexualität ist ein Konfliktfeld, es wird nie wie Essen und Trinken sein." (Simon 2015) Und allgemeiner fasst es Anna Freud 1946: „Das Ich des Menschen ist seinem Wesen nach überhaupt kein geeigneter Boden für ungestörte Triebbefriedigung." (Freud 1946: 46) Der Selbsthass der Homosexuellen ist dennoch spezifisch, da die einen „wegen ihrer Triebrichtung geächtet [sind] und […] in einem normativen Vakuum [leben], die anderen dagegen wissen, wie sie zu sein haben und daß es damit seine Richtigkeit hat." (Dannecker/Reiche 1974: 355)

Das Verbotene oder als Verbot Empfundene, das also, was Scham, Schuldgefühl und Selbsthass auslösen kann, ist unabdingbarer Bestandteil von Sexualität und von Lust: „Ebenso wie die Kategorie Lust sich nur vermittelt über die Kategorie Unlust erschließt, ist das subjektive Erleben von Lust auf sein Negativ verwiesen, um fühlbar zu werden. Die nur mit sich selbst identische Lust ist keine. Sexuelle Lust ist von der Einschränkung, vom unlustbereitenden Verbot nicht zu trennen." (Dannecker 1987: 28) Die Frage, die sich daraus ergibt, lautet dann, ob es möglich ist, die lebensgeschichtlich individuell und gesellschaftlich eingepflanzte Schamgrenze zu überwinden. Auf das Sexuelle bezogen, bedeutet eine solche Möglichkeit wiederum nicht, dass sich alles Konflikthafte in Wohlgefallen auflösen würde: „Sexualität haben können wir zwar nur dann, wenn es uns gelingt, das Verbot zu überlisten oder ihm zu trotzen. Wir können das Verbot jedoch nicht aus unserer Sexualität verbannen." (Ebd.) Entsprechend kompliziert erscheint auch der Weg hin zur Emanzipation von Homosexuellen und Transmenschen. Zu aller Unterschiedlichkeit dieser Gruppen und ihrer Probleme durch die heterosexuelle Normalität tritt die Differenz der einzelnen Subjekte. Sind schon die sogenannten Normalen einander untereinander unnormal, wird der positive Selbstbezug für Homosexuelle und Transmenschen, die als auf eine ganz deutliche Art und Weise unnormal gelten, ungemein schwieriger.

Lässt man sich von der Scham, anders zu sein, da man zum Anderen gemacht wurde, bannen, ist keine Selbstermächtigung denkbar. Es ist auch ohne Verleugnung der widrigen gesellschaftlichen Umstände und der daraus zum Teil resultierenden Konflikte möglich, sich durch den bewussten Umgang mit Scham und Selbstablehnung die Möglichkeit einer Emanzipation zu eröffnen. Das bedeutet eben nicht, in einer spannungslosen, konfliktbefreiten Welt zu leben, sondern sich innerhalb dieser in seiner ganz spezifischen Differenz ausdrücken und präsentieren zu können. Davon, ohne Angst verschieden sein zu können, kann in der vorherrschenden gesellschaftlichen Ordnung noch lange nicht die Rede sein. Ein Schritt der Emanzipation ist es vor diesem Hintergrund zunächst, Projektionen als solche wahrzunehmen und die Herkunft ihres Gehalts in einem selbst anzuerkennen. Das würde mit einschließen, sowohl das Verhältnis zum Anderen in der manifest anderen Person als auch in einem selbst zu reflektieren. Der britische Psychoanalytiker Ronald Britton schließt seine klinische Studie *Emanzipation und Über-Ich* mit der Bemerkung: „Wo Über-Ich war, soll Ich werden." (Britton 2005: 25) Britton betont die Möglichkeit einer Selbstermächtigung des Ichs, insofern es nicht umhinkommt, die vom Über-Ich ausgehenden Gebote und Anforderungen zu bearbeiten, ihnen jedoch nicht ausgeliefert ist, sich von ihm also nicht bannen zu lassen braucht: „Wir können nicht umhin, ein Gewissen zu haben, wir können das Über-Ich nicht abschaffen, aber wir sind darauf angewiesen, es auf seinen Platz zu verweisen. Und das heißt, ihm zu verwehren, der absolute Herrscher darüber zu sein, was real und was wahr ist." (Ebd.) Das Urteilsvermögen darüber, ob ich mich, so wie ich bin, anerkennen kann, obliegt keiner äußerlichen Instanz, sondern mir selbst (vgl. ebd.: 13). Dass man nicht Herr im eigenen Haus ist, bedeutet nicht, deshalb nicht im Dachstuhl die Möbel umstellen zu können.

Damit ist die Emanzipation des Subjekts nach Britton eine Zurechtweisung des Über-Ichs – ohne dessen unmögliche Abschaffung. Der gesellschaftlich verankerten Stigmatisierung von Schwulen, Lesben und Transmenschen ist in der aktuellen Situation nicht zu entkommen. Sie plagt die Unnormalen, die zu Unnormalen gemacht wurden, zusätzlich im ohnehin konflikthaften Alltag. Die heterosexuelle Normalität und ihre Grausamkeit zu verleugnen, entspricht magischem Denken, was für manche schön klingen mag, am Ende aber eine Selbstverleugnung bedeutet. Schließlich könnte es theoretisch tatsächlich besser sein. Die Stigmatisierung der Unnormalen ergibt keinen Sinn außerhalb des normativen Wahns. Dem Ich-Ideal als Teil des Über-Ichs, das sich auch an normativen Maßstäben orientieren kann, muss man nicht zu entsprechen suchen. Es ist möglich, die heterosexuelle Normalität zurechtzuweisen, auch wenn man sie nicht abschaffen kann. Insofern ist auch eine Emanzipation von ihr möglich, gerade dann, wenn Scham und Selbsthass bewusst gemacht und nicht verleugnet werden.

Anmerkungen

1 Homosexuellen- und Transfeindlichkeit beziehungsweise Homo- und Transphobie werden mittlerweile häufig in einem Atemzug genannt. Dabei fehlt zumeist eine Differenzierung, welche Ablehnung welche Gruppe betrifft, obwohl es durchaus Unterschiede gibt. Die eigenen Anteile, die projiziert werden, sind inhaltlich jeweils andere bei Homosexuellen und Transmenschen. Schwule und Lesben werden vor allen Dingen wegen ihrer Triebrichtung geächtet, was auf Transmenschen, deren Geschlechtsrepräsentation im Vordergrund der Ablehnung steht, nicht ohne Weiteres übertragbar ist. In meinem vorliegenden Artikel wird dieser Differenz nicht zur Genüge Rechnung getragen, da sich sonst zahllose Beispiele aneinanderreihen müssten. Auch werden zur Gegenüberstellung in diesem Artikel häufig nur die Heterosexuellen, nicht aber die Cismenschen genannt. Nichtsdestotrotz spreche ich von Homosexuellen *und* Transmenschen, da sie im Anderssein innerhalb der heterosexuellen Normalität, die den cisgeschlechtlichen normativen Wahnsinn einschließt, verbunden sind. Differenzierte, voneinander getrennte Auseinandersetzungen mit Transmenschen, mit Lesben und mit Schwulen finden sich in diesem Sammelband in den nachfolgenden Artikeln.

2 Sigmund Freud führt dazu 1930 in *Das Unbehagen in der Kultur* aus: „Es entsteht die Tendenz, alles, was Quelle solcher Unlust werden kann, vom Ich abzusondern, es nach außen zu werfen, ein reines Lust-Ich zu bilden, dem ein fremdes, drohendes Draußen gegenübersteht. Die Grenzen des primitiven Lust-Ichs können der Berichtigung durch die Erfahrung nicht entgehen. Manches, was man als lustspendend nicht aufgeben möchte, ist doch nicht Ich, ist Objekt, und manche Qual, die man hinausweisen will, erweist sich doch als unabtrennbar vom Ich, als innerer Herkunft." (Freud 1930: 424f)

3 Dannecker betont in seinem erstmals 1978 veröffentlichten Artikel *Menschenbild und Sexualwissenschaft* die Wichtigkeit des Sozialisationsprozesses gegenüber den sekundären Erfahrungen in der sozialen Interaktion: „Zumindest für jene sozialen Normen, die mit einem totalitären Durchsetzungsanspruch unterlegt sind – und hierzu ist der Zwang zur Heterosexualität wohl immer noch zu rechnen –, lassen sich die Reaktionen auf intendierte ‚abweichende' Handlungen antizipieren. Was im Interaktionsprozeß mit verschiedenen Gruppen und Individuen erfahren werden kann, ist in dieser Hinsicht sekundär und beschränkt sich in der Hauptsache auf die Erfahrung der graduell abgestuften negativen Sanktionierung. Daß es nicht erst einer homosexuellen Handlung und einer negativen Reaktion auf sie bedarf, damit sich ein besonderer Lebenslauf konstituiert, wird in der Phase des homosexuellen coming out offensichtlich." (Dannecker 1987: 90)

4 In dem zitierten Aufruf wird Bezug auf das so genannte „Pink Washing" genommen: Demnach sei es abzulehnen, wenn sich Staaten und Unternehmen in ihrer Werbung LGBT-freundlich geben, da sie sich damit

pink waschen, also nur zum Schein als fortschrittlich ausgeben würden. Im Zentrum stehen dabei Werbekampagnen des Staates Israel, der durch „Pink Washing" bloß seine Besatzungspolitik überdecken wolle. Dass dort Homosexuelle freier leben können als in sämtlichen benachbarten Staaten, führt unter Queer-Aktivist_innen nicht zu Freude oder Anerkennung, sondern zu einem Groll gegenüber dem Zionismus (vgl. Biskamp 2010; Ströhlein 2012).

5 Die latente Homosexualität ist darüber hinaus nicht als latente manifeste Homosexualität zu verstehen. So ist auch in diesem Sinne der „Vorwurf" falsch, *eigentlich* seien doch alle heterosexuellen Männer schwul. Vielmehr werden unbewusste Regungen wachgerufen, die aus dem negativen Ödipuskomplex entstanden sind, also dem Begehren des männlichen Kindes gegenüber dem Vater und darin die Reaktionen des Vaters auf das Begehren des Sohnes.

6 Praunheim lieferte insbesondere sexualmoralische Thesen: „Männer allgemein sind dazu erzogen worden, Sex als aggressiven Akt zu sehen. Schwule Männer haben das übernommen und sich ein promiskes Verhalten angewöhnt. Im Angesicht von AIDS kann das tödlich sein. Warum viele von uns Sex nur als Konsum sehen, warum wir uns oft nur als Objekte betrachten […], das sind Fragen, die wir untereinander klären müssen, und dazu reichen unverbindliche Kneipengespräche nicht. Auch wenn das moralisch klingt, ich habe nichts gegen Moral, wenn sie uns hilft zu überleben. Es geht nicht nur um die Entscheidung eines jeden einzelnen für sich selbst, es geht um die Gemeinschaft, denn jede Ansteckung, die wir verursachen, kann fahrlässige Tötung bedeuten." (Praunheim 1984: 228)

Die Schamgrenzen überwinden

Ein Gespräch über Lust, Sex, Scham und Hass

Martin Dannecker im Gespräch mit Patsy l'Amour laLove

In der Schwulenbewegung der 1970er Jahre galt die Auseinandersetzung mit Selbsthass als bedeutsamer Schritt zur homosexuellen Emanzipation. Mit seiner Polit-Gruppe RotZSchwul formulierte Martin Dannecker theoretische und politische Thesen, die sich mit der Unterdrückung der Schwulen differenziert auseinanderzusetzen suchten. Dabei spielten Selbstablehnung und ihre Herkunft in der heterosexuellen Gesellschaft eine zentrale Rolle. In seiner Arbeit als Sexualwissenschaftler und Therapeut blieb Dannecker dem Grundsatz verpflichtet, auf der Differenz zu beharren und dabei die Stigmatisierung abzulehnen. Während der hitzigen und emotionalen Diskussion zu AIDS in den 1980er Jahren forderte er die Schwulen weiterhin dazu auf, sich nicht aus Angst vor Repression anzupassen und der heterosexuellen Normalität vorauseilend zu unterwerfen. Auch in seiner aktuellen Forschung zu Cybersex und Drogen untersucht er das Sexuelle und das Schwulsein – ohne zu glorifizieren. In einem Gespräch widmete er sich für *Selbsthass und Emanzipation* Fragen zur Selbstablehnung, dem Zusammenhang von Lust und Scham in der Sexualität und dem Hass.[1]

Ist Sex ohne Scham möglich?
Nein. Sexualität ganz ohne Scham ist undenkbar. Das hat mit den frühen Erfahrungen zu tun, als sich in der infantilen Sexualität etwas regte und Fantasien auftauchten, die unbewusst geworden sind. Nicht nur im Außen passiert also etwas, sondern – und das ist ja das Interessante – auch im Innenle-

ben des Kindes spielen sich Fantasien ab, auf die es wiederum reagiert. Wenn man von Scham spricht, ist damit immer etwas gemeint, das nicht integriert werden konnte, und das kann man auf Irritationen in dieser frühen Phase zurückführen. Ein gutes theoretisches Bild dafür liefert der französische Psychoanalytiker Jean Laplanche mit seinem Begriff der „rätselhaften Botschaften". Ohne eine determinierende Biologie zu beschwören, entwickelt er eine interaktive Triebtheorie. Es geht darum, dass in dem Interagieren zwischen Kindern und Erwachsenen in der Körperpflege immer auch etwas von der erwachsenen Sexualität vorhanden ist, das auf die kindliche Psyche einwirkt. Das führt zu Irritationen, denn für das Kind, das keine erwachsene Sexualität hat, sind dies rätselhafte Botschaften. Zum Teil werden diese integriert, manche aber bleiben desintegriert und tauchen dann als Quelle von Scham auf. Als soziologischer Sexualwissenschaftler bin ich darüber hinaus fest davon überzeugt, dass es auch bei sexuellen Kontakten und Begegnungen unter Erwachsenen zum Austausch von rätselhaften Botschaften kommen kann. Denn auch da passiert ja immer wieder Neues und Irritierendes, wodurch Scham auftaucht, die noch nicht routiniert eingemeindet beziehungsweise abgespalten ist.

Scham und Lust entstehen also nicht erst in der Interaktion.
Alles, was körperlich zwischen zwei Menschen geschieht, also jede Interaktion zwischen Kind und Pflegeperson oder anderen Personen, ist von Anfang an von Fantasien begleitet und mit diesen belegt. Das ist eine unabdingbare Grundeinsicht der Psychoanalyse. Man kann sich das zunächst schwer vorstellen, aber man reagiert immer auch auf Fantasien. In der Interaktion entstehen diffuse Fantasien, die selbst wiederum Gefühle auslösen können. Konkret und etwas platt ausgedrückt wären mögliche Übersetzungen für solche Fantasien: Was will ich, was fühle ich gerade, wo geht mein Begehren hin? Die Antworten darauf in der Fantasie können sehr irritierend sein, und sie begleiten die Sexualität, wenn sie lebendig ist, bis an das Ende des Lebens.

Gemeinhin werden negativ erlebte Affekte wie Scham oder die Irritationen, von denen du sprichst, nicht unbedingt mit Lustvollem in Verbindung gebracht, sondern eher als Beeinträchtigung der Lust.
Wenn die Scham übergroß würde, so wäre sie natürlich imstande, die Lust zu beeinträchtigen oder im Extremfall sogar unmöglich zu machen. Aber es ist durchaus denkbar und gelingt ja in vielen Fällen auch erfolgreich bei erwachsenen Menschen, die Scham zu überwinden. Also, dass man trotz des Schamgefühls dieser Scham standhält – und dann beeinträchtigt sie die Lust nicht bloß, sondern bringt ganz im Gegenteil ein großes Gefühl hervor.

Dieses Schamgefühl funktioniert nicht ohne gesellschaftlichen Kontext, sondern steht eng mit dessen Normen in Verbindung. Sind also die Normen der Gesellschaft ebenso integraler Bestandteil der Sexualität?
In allen Kulturen herrscht ein normativer Zugriff auf die Sexualität, nirgends wird die Sexualität frei fluten gelassen. Aber das Interessante des Innenlebens ist ja gerade, dass es durch Fantasie immer die Potenzialität gibt, gegen einen normativen Zugriff auf die Sexualität anzugehen und diesen zu überschreiten. Es gibt einen von mir oft zitierten, weil so geliebten Satz des französischen Philosophen Georges Bataille: „Man stelle sich vor, es ist verboten, sich zu lieben." Das bedeutet, dass allen Individuen die Aufgabe gestellt ist, das Verbot zu überschreiten, wenn sie Sexualität haben wollen. Ich bin bis heute davon überzeugt, dass dieses Überschreiten ein wichtiges Lustelement ist. Das ist das Paradoxe an dem Verbot. Die Sexualität und Lust rein physiologisch oder triebtheoretisch im alten Sinne zu betrachten, ist also nicht ausreichend. Man muss erkennen, dass man imstande dazu ist, sich das, was normativ nicht gestattet wird, selbst zu gestatten und mit anderen die Schamgrenze zu überschreiten. Das macht einen enormen Teil sexueller Lust aus.

Bedeutet das, wir brauchen das Normative, um Lust zu erleben?
Nein. Diesen Schluss sollte man nicht ziehen, das würde ja die Norm affirmieren. Gleichzeitig ist das eine interessante Frage.

Es wäre aber schlechte Spekulation, wenn man sich auszumalen versuchte, wie es wäre, wenn es keinen normativen Zugriff auf Sexualität gäbe. Denn diesen Zugriff und diese sich beständig verändernden Vorstellungen von sexueller Normalität und dem richtigen Umgang mit dem Körper gibt es nun mal.

In Teilen der Linken der 68er-Generation gab es solche sexualutopischen Vorstellungen. Man ging davon aus, dass man eine bessere Sexualität haben könnte, wenn nur die Verbote abgeschafft würden.

Ja, diese Vorstellung hat es gegeben. Da wurde auf eine banalisierte Weise Wilhelm Reich aufgegriffen – nicht ganz zu Unrecht aber. Er vertrat die Ansicht, würde man die Einschränkung des Trieblebens durch die Gesellschaft zum Verschwinden bringen, könnte sich die Sexualität in ihrer strahlenden Potenz präsentieren. Kräftig und lustvoll. Das ist natürlich eine ganz merkwürdige biologistische Vorstellung, so als ob da irgendetwas im Menschen eingepflanzt wäre, was an und für sich eine Gestalt hat und strahlt, sobald man die Verbote wegnimmt. Laplanches Theorie ist da differenzierter und geht davon aus, dass es *an sich* nichts gibt, das nicht durch Interaktion hergestellt wird. Körperliche Interaktion ist immer auch sexuelle Interaktion, die Lustempfindungen verursacht und uns, eben weil sie Lust macht, erschrecken kann. Das Erschrecken ist eine wichtige Quelle der Scham, so bildet sie sich aus. Man erschrickt über das eigene Begehren, und dann muss man sehen, ob der Schrecken so groß ist, dass er die Überhand bekommt. Das war früher sehr viel häufiger der Fall bei schweren Über-Ich-Konflikten, so dass die Menschen zu lustvoller Sexualität überhaupt nicht imstande waren vor lauter verinnerlichten Normen.

An mehreren Stellen hast du davon geschrieben, dass Homosexuellenfeindlichkeit nicht zuerst in der Interaktion deutlich wird, sondern sich in den Subjekten schon früher ein Bewusstsein über die Feindseligkeit zeitigt – also auch ein Bewusstsein darüber, dass es häufig als falsch angesehen wird, anders zu sein. Ist also auch die Scham der Lust vorgängig?

Ich glaube, dieser Punkt ist ganz wichtig, denn nur so macht ein Titel wie *Selbsthass & Emanzipation* Sinn: Anders wird man erst durch Zuschreibungen. Man wäre so oder so anders. Gäbe es jedoch kein Außen, das auf dieses Anderssein durch Blicke zugreift – abwendende oder erstaunte etwa durch enge Bezugspersonen – oder massive Sanktionen, so könnte sich das Anderssein möglicherweise relativ konfliktlos entwickeln. Diese Reaktionen auf das Anderssein in der gegenwärtigen Kultur lassen Zweifel aufkommen bei denjenigen, auf die abwertend geblickt wird. Sie zweifeln daran, ob sie noch geliebt werden. Insofern ist das schon sehr wirkungsvoll und macht dann das vorher konfliktlose Anderssein, etwa das Abweichen von klischierten Geschlechterrollen, zu einem Problem. Damit ist die Aufgabe gestellt, sich zu fragen, wie man mit dem eigenen Anderssein umgeht: Mache ich daraus ein „Programm" oder aber will ich es zum Verschwinden bringen. Je nachdem, wie die gesellschaftliche Übermacht auf der einen Seite und die psychische Kraft auf der anderen Seite aussehen, wird das jeweils unterschiedliche Ausgänge nehmen.

Nicht alle Homosexuellen und Transmenschen berichten von Ablehnung in ihren Familien. Wenn man beispielsweise in einer Familie aufwächst, die Homosexualität und Transsexualität ganz liberal nimmt, hat das Normative dann nicht trotzdem Einfluss auf das Subjekt? Macht es also überhaupt einen Unterschied, in was für einer Familie man innerhalb einer heteronormativen Gesellschaft aufwächst?
Es macht schon einen großen Unterschied, wie jeweils reagiert wird. Doch das Wichtige daran ist – und das sollte man auch nicht vergessen: Eine manifest liberale Haltung gegenüber einem schwulen Sohn oder einer lesbischen Tochter, gegenüber deren frühen homosexuellen Äußerungen, die nicht so recht verstanden werden, sagt noch nichts über die innere Haltung der Eltern aus. Was sich im Unbewussten der Individuen abspielt, wird in der Interaktion szenisch präsent. Deshalb kommt es ja durchaus häufig dazu, dass Kinder liberaler Eltern nichtsdestotrotz Schwierigkeiten in der Phase ihres Coming-

outs haben – mit diesen liberalen Eltern. Diese Schwulen und Lesben spinnen nicht. Was sie erleben, geht auf etwas Subtiles zurück, das mit dem Anderssein verknüpft ist und im Coming-out einen Begriff bekommt. Am Anfang ist es ja wirklich diffus. Da gilt es als anders, wenn ein Junge stricken will. Und der würde, gäbe es nicht die Geschlechterklischees, einfach stricken und sich nichts Besonderes dabei denken. Wenn jetzt aber nur zwei Jungs in einem Strickkurs mit lauter Mädchen sitzen, macht das natürlich eine Differenz. Ich muss mich dann sozusagen anders verorten, und auch die liberalsten Eltern würden das dann kommentieren. Der Umgang mit den frühen Manifestationen des sexuellen oder geschlechtlichen Andersseins macht schon einen großen Unterschied, den ich an einem Beispiel deutlich machen möchte. Ein junger Mann, für den ich ein Bundeswehrgutachten erstellen sollte, kam eines Tages zu mir. Er ist in einem liberalen Elternhaus aufgewachsen und hatte einen relativ milden Coming-out-Konflikt. Als Kind spielte er am liebsten mit Puppen, und die Eltern ließen ihn gewähren. Als er in die ödipale Phase kam, wurden die Normalitätsvorstellungen stärker, und die Eltern fanden das alles doch ein bisschen zu viel. Sie schenkten ihm daraufhin Barbiepuppen. Er erzählte mir wirklich strahlend: „Da hab ich mir die weiblichste ausgesucht – und dann war es auch gut." Das heißt, die Eltern haben nicht mehr sanktioniert. Sie haben zwar interveniert, aber sie waren über ihren prähomosexuellen Jungen nicht wirklich irritiert. Das fand ich beeindruckend. Er sagte mir sehr souverän: „Ich kann ja nicht zur Bundeswehr gehen. Ich bin so feminin." Er hat also den weiblichen Anteil nicht als etwas Idiosynkratisches erlebt, sondern hat seine als feminin geltenden Anteile integriert. So etwas geht also. Wenn ein Junge, um auf das Beispiel zurückzukommen, also strickt und das selbstverständlich tut, bekommt die Handlung eine andere Bedeutung, als es die Norm der Gesellschaft vorsieht. Das Klischee kommt zum Tanzen. Und wenn wir die Klischees zum Tanzen bringen, machen wir Räume auf. In den Beispielen macht sich darüber hinaus deutlich, weshalb ich Schwierigkeiten mit der aktuellen homosexuellen Aufklärung und der Aufklärung über Transgender habe: Sie setzt zu sehr am Kognitiven an, zu sehr an der Gegenwart, zu sehr am Bewusstsein. Damit bekommt man die Phasen, in welchen relativ früh, also bei den prähomosexuellen oder prätranssexuellen Kindern, normativ eingegriffen wird, nicht zu fassen. Bis heute.

Wie sähe eine andere Form von Aufklärung aus?
Eine andere Form der Aufklärung darf mit ihrem Appell, eine Flexibilität gegenüber unterschiedlichen Repräsentanzen von Männlichkeit und Weiblichkeit zu akzeptieren, nicht erst in der Pubertät ansetzen. Das muss früher passieren, um beispielsweise zu verhindern, dass Kinder, die mit anderen als den klischierten Geschlechtsrepräsentanzen aufwarten, nicht zu Jugendpsychiatern gebracht werden. Das haben wir derart häufig nur noch bei Kindern. Die Umgebung, seien es die Eltern oder der Kindergarten, reagieren in der Regel irritiert, wenn da ein Junge zu weiblich oder ein Mädchen zu männlich ist. Und sie nehmen sich dann das Ziel, diese Abweichung zum Verschwinden zu bringen, weil sie als Geschlechtsidentitätskonflikt verstanden wird. Obwohl das eigentlich oft nur die Ausfaltung einer prädisponierten homosexuellen oder trans Entwicklung ist und mit Geschlechtsidentitätskonflikten nichts zu tun hat.

Zu ähnlichen Reaktionen kommt es auch, wenn sexuelle Handlungen unter Kindern beobachtet werden.
Das ist sozusagen die andere Seite der Aufklärung oder der Entabuierung. Im Schatten des Tabus war das ja in bestimmten Generationen sehr viel leichter möglich, dass Kinder miteinander sexuelle Erfahrungen machen konnten, weil darüber einfach nicht gesprochen wurde und weil man darüber auch nicht sprechen musste. Die allgemeine Aufklärung über Sexualität hat zu einem Geständniszwang geführt, der alles beleuchten möchte. Im Zuge der gigantischen Missbrauchsdebatte wird nun überall eine riesengroße Gefahr gewittert, wo sich infantile Sexualität unter Kindern äußert, weil das vorschnell mit einer Gefahr für die sexuelle Entwicklung in Verbindung gebracht wird. Infantile Sexualität unterscheidet sich deutlich von der

erwachsenen Sexualität. Doch was die Kinder machen, erinnert manche fatal an die Sexualität der Erwachsenen – so dass sie an Missbrauch denken, obwohl etwas unter Kindern passiert, was mit Missbrauch nichts zu tun hat. Das heißt, es wird heute ein kontrollierender Blick auf die kindliche Sexualität gerichtet und das durchaus auch im liberalen Gewand.

Selbsthass ist ein Thema, das sich unter Homosexuellen und Transmenschen generationsübergreifend zeigt. Gleichzeitig sagen viele, dass sie Auswirkungen der heterosexuellen Normalität auf sich selbst nicht wahrnehmen, sie keine Selbstablehnung und keine Scham bezüglich ihres Andersseins kennen. Ist das eine Verleugnung?
Nein, nicht durchgängig. Ich glaube, das kommt immer auf den Grad an. Bei den ganzen Skalen, die es mittlerweile zur Messung *internalisierter Homonegativität* gibt, ist ja auch zu fragen, welches Interesse dahinter steht, eine weite Verbreitung von Homophobie nachzuweisen. Das ist zumeist erst einmal ein emanzipatorisches, weil man das Phänomen aus der Welt bringen möchte. Allerdings tauchen in den Befragungen zu solchen Statistiken bemerkenswerte Items auf. Beispielsweise die Aufforderung zur persönlichen Einschätzung des Satzes: „I feel comfortable about being seen in public with an obviously gay person." Wird dieses Item zustimmend beantwortet, gilt das als Kriterium internalisierter Homonegativität. Um das in dem Zusammenhang einer solchen Studie gelten zu lassen, muss man viele Vorannahmen bereits getroffen haben. Stimmt ein Studienteilnehmer dieser Aussage zu, so ist das nämlich nicht unbedingt Ausdruck einer internalisierten Homonegativität. Wenn ich mich in bestimmten sozialen Zusammenhängen nicht als erkennbarer Schwuler wohlfühle, weil es eine feindselige Reaktion darauf geben könnte, dann ist das unter Umständen ein Ausdruck von Realangst und keine irrationale Angst. Unter bestimmten Umständen wäre also zu problematisieren, weshalb die Realangst verleugnet wird. Gleichzeitig ist die Scham über das Anderssein in der jüngeren Generation meines Erachtens zwar schwächer geworden, es muss allerdings noch etwas da sein. Das Coming-out in seiner bisherigen Form verschwindet

ja nicht. Also das Zusätzliche am Coming-out, das über den üblichen pubertären Konflikt hinausgeht, den alle durchmachen müssen, wenn sie ihr Begehren integrieren wollen. Die zusätzliche Angst davor, abgelehnt zu werden, ist nicht aus der Welt. Und so gibt es auch noch den Versuch, jede Äußerung, die man selber beispielsweise für schwul hält oder für schwul gehalten werden kann, zu unterdrücken und zu verbieten. Wäre das nicht mehr vorhanden, würden wir mehr offene Homosexualität sehen und nicht nur in bestimmten Bezirken. Ich habe diese Differenz schon immer mit einem nicht geringen Ärger wahrgenommen, sobald es Frühling wird. Überall sieht man die verliebten heterosexuellen Paare mit allen Zeichen des Verliebtseins, die sie der Welt demonstrieren. Ich sehe aber, wenn ich durch die Welt flaniere, kaum verliebte Schwulenpaare, jedenfalls keine, die der Welt zeigen wollen, dass sie verliebt sind.

Wenn so eine Zurückhaltung aus Scham und nicht aus real begründeter Angst stattfindet, so würden sich die meisten, die sich zurückhalten, dagegen wehren, dass das etwas mit Scham zu tun hat. Ist diese Scham also auch eine unbewusste?
Das ist gut möglich. Sie wird unbewusst, und es kommt zu diesem Zwang, einem unbewussten Bild zu entsprechen. Das kann zu einem Automatismus werden. Daher ist es mit dem Verständnis darüber schwierig. Allgemein wird nur auf Bewusstes und Bewusstseinsfähiges rekurriert. Da kommt man in der Diskussion oft nicht weiter. Das kann man in einem Text entschlüsseln oder rekonstruieren, aber in der Diskussion führt das häufig zu unfruchtbarem Streit. Daraus wird dann schnell ein Wettstreit der gelungeneren Art, schwul zu sein. Und dem misstraue ich inzwischen. Doch es bleibt wahr, allem kognitiven Geleier zum Trotz: Das Ich ist nicht Herr in seinem Hause. Es ist sexuell und emotional besonders schwierig, Herr in seinem Hause zu sein. Das macht das Leben manchmal sehr anstrengend – aber auch so interessant. Die Scham oder den Selbsthass aber als Vorwurf zu formulieren, führt zu einem schwer auflösbaren Clinch über das richtige Schwulsein. Man kann so eine Auseinandersetzung dem gegenüber auch als Einladung formu-

lieren. Auf der politischen Ebene, in einer politischen Analyse ist das wiederum anders. Indem man etwa betont, dass es ganz offenkundig immer noch so ist, dass beispielsweise Schwules von Schwulen ausgegrenzt wird, weil es sich um etwas Schwules handelt. Das ist ein Ausdruck des schwulen Selbsthasses. Dieser Selbsthass ist als kollektive Erscheinung aus der gesellschaftlichen Diskriminierung und der Ausgrenzung entstanden. Diesen Zusammenhang kann man provokant sichtbar machen. Das finde ich fruchtbar und augenöffnend.

Als Schwuler und Tunte ist mir vor allen Dingen die häufige und harsche Ablehnung von Tunten geläufig. Nun habe ich auch auf Lesbenpartys die Erfahrung gemacht, dass sich Lesben dort aggressiv abfällig über andere Lesben mit Bezug auf deren lesbisches Auftreten äußern. Dabei geht es meiner Wahrnehmung nach immer um Attraktivität und damit zusammenhängend um Weiblichkeit oder Männlichkeit. Also gar nicht so sehr anders als bei den Schwulen, nur dass es dann die Kampflesben trifft?
Also einerseits darf man sich da nichts vormachen: Man findet nicht alle Menschen sexuell attraktiv. Ein Grund der harschen Ablehnung ist sicher auch die Klage, dass man nicht findet, was das Begehren gerade will. Andererseits ist die Analogie ganz stimmig, und solche aggressiven Reaktionen können auch etwas mit Selbstablehnung zu tun haben. Die Kampflesbe repräsentiert das Klischee, das auf sie projiziert wird. Auf dieses Klischee reagieren einige Lesben und heterosexuelle Männer aggressiv. Das ist der alte Konflikt, und da lässt sich die Parallele zu den Tunten ziehen. Die Frage ist dann also, wie eine Lesbe mit der männlichen Repräsentanz und den eigenen Fantasien von Männlichkeit zurechtkommt. Bei der aggressiven Reaktion gegenüber Tunten geht es sehr deutlich um die Ablehnung der eigenen verleugneten Weiblichkeit, die durch die aggressive Ablehnung an ihnen bekämpft wird. Kampflesben und Tunten werden zu den Repräsentanzen der eigenen verleugneten Seite der Subjektivität gemacht. Bei Transgender ist das ganz ähnlich. Und auch bei ihnen spielen das Begehren und der Wunsch sowie der Zweifel daran, begehrenswert zu sein, eine entschei-

dende Rolle. Es gibt keine Geschlechtervorstellung ohne die Vorstellung von Begehren.

Wenn das Begehren dabei eine so große Rolle spielt, dann müssen Heterosexuelle diesen Konflikt auch haben.
Ja, aber natürlich. Schau die heterosexuellen Filme und Romane an. Da geht es die ganze Zeit um die Frage: „Was hat der, was ich nicht habe? Was hat die, was ich nicht habe?" Das ist das Allgemeine an der Sache. Damit haben es auch Schwule, Lesben und Transgender zu tun. Das Spezifische und Zusätzliche ist, dass stärkere Zweifel darüber aufkommen, ob man begehrenswert und also liebenswert ist. Durch die andere gesellschaftliche Positionierung bei sexuellen Minderheiten taucht immer auch die Frage auf: „Bin ich noch liebenswert, wenn ich sage oder zeige, dass ich schwul, lesbisch oder transgender bin?" Und da ist es wichtig, die Verkopplung des Begehrtwerdens und des Geliebtwerdens zu sehen. Es ist ja eine schreckliche Vorstellung, wenn man von sich sagen müsste: „Ich bin liebenswert, auch wenn ich nicht begehrenswert bin." Das wäre eine ganz tragische Position.

In der Schwulenbewegung der 1970er Jahre wurde sexuelle Emanzipation als wichtiges Ziel formuliert. Wie sieht für dich sexuelle Emanzipation aus?
Diese Frage hätte ich vor vierzig Jahren leichter beantworten können. Die sexuelle Repression war größer. Das, was wir heute an Toleranz oder auch an Gleichgültigkeit haben, hat es damals nicht gegeben. Unsere Forderung lautete, dass sich der Staat und einflussreiche Institutionen wie die Kirche aus der Sexualität zurückzuziehen haben. Darüber hinaus sollte die normative Indienstnahme der Sexualität abgestreift werden. So, dass es den Subjekten mit ihren jeweiligen Zurichtungen, Verbiegungen, individuellen Neurosen oder auch sexuellen Wahnvorstellungen überlassen ist, wie sie Sexualität erleben und haben möchten. Damit war so eine Vorstellung verbunden, dass die Sexualität dadurch tatsächlich frei würde. Heute würde ich sagen, dass sie dadurch *freier* wird. Aber jede individuelle Aushandlung der

Subjekte ist bezogen auf den gesellschaftlichen Kontext von Sexualität. Darum kommt man nicht herum. Was aber für mich nach wie vor sexuelle Emanzipation bedeutet, ist die Möglichkeit, dass Subjekte darauf beharren, ihre Sexualität, sofern sie anderen nicht schaden, so zu leben, wie sie es sich denken. Da hat man schon einiges erreicht. Die Illusion, dass Sexualität frei und konfliktlos würde, bleibt eine Illusion. Heute wiederum hat man eine andere Auffassung von Sexualität – Menschen haben höhere Ansprüche an sie und können Enttäuschungen nicht aushalten. So, als könnte man die Lust auf Dauer ziehen. Das ist ein Versprechen, das täglich in die Welt getragen wird, und man merkt, dass das nicht so gut gelingt. Gleichzeitig hat sich die Verwechslung von Monogamie und Treue gehalten. Es wäre schön, wenn die aus der Welt käme und das schreckliche Elend, das dadurch entsteht, etwas weniger würde.

Sexualität ist ohne Konflikte nicht denkbar. Von der darin enthaltenen Scham soll man sich aber nicht bannen lassen. Das bedeutet ja auch, dass die Scham immer da ist. Gibt es da nicht eine optimistischere Lösung? Das hört sich so sehr danach an, dass man das eben aushalten muss.

So hört es sich an, und so ist es auch. Der Punkt ist doch der, dass es dabei nicht um Standhalten und Stillhalten geht. Das meine ich nicht. Ein Stück weit standhalten, aber darin spürt man ja auch etwas, und daraus kann ein Impuls zur Veränderung entstehen. Also diese Fantasie will ich gar nicht stillstellen. Unser Wunsch, ein einfaches Leben ohne Konflikte und eine strahlende Sexualität ohne Abstürze zu haben, kann ich ungeheuer gut verstehen. Und es ist auch gut, dass dieser Wunsch da ist. Er bleibt aber einer Illusion verhaftet. Sich von der Scham nicht bannen zu lassen, heißt also, alles nicht einfach so zu akzeptieren, wie es ist. Ich verstehe die Ereignisse, bei denen man Scham bewusst spürt, als eine Einladung dazu, das, was zusätzlich in die Scham gekommen ist, zu reflektieren und dann auch die gesellschaftlichen Verhältnisse zu ändern. Zu provozieren und sich nicht zu unterwerfen. Die sexuellen Wünsche sollen ruhig groß und amorph bleiben, denn daraus geht auch ein Veränderungswille hervor. Normen sind in unserer Gesellschaft zunächst einfach vorhanden. Und selbst, wenn alle Normen wegfielen, wäre ich, wenn ich sexuell handele, immer auf jemand anderen bezogen. In dem Moment, wo ich auf etwas anderes bezogen bin, muss ich außerhalb von mir denken. Die Begrenzung meiner Lust durch die Lust des anderen wird immer vorhanden sein. Das ist noch nicht normativ, aber es ist begrenzend.

Wie verhält es sich dann mit dem Hass, der einen Ursprung des Selbsthasses unter Lesben, Schwulen und Transmenschen darstellt? Muss man sozusagen aushalten, dass es diesen Affekt in der Gesellschaft gibt? Oder hilft es, sich den Hass und die damit verbundene pathische Projektion bewusst zu machen?
Nein, im politischen, kollektiven Sinne ist es in meinen Augen nicht ausreichend, diesen Hass bewusst zu machen. Der Hass und seine Auswüchse müssen unterbunden und sanktioniert werden. Es wäre naiv, davon auszugehen, dass es den Hass einfach nicht zu geben hat. Das ist Heiapopeia. Darin äußert sich die Idee, wir hätten nur gute Gefühle. Dabei ist es doch die Schwierigkeit, auszuhalten, dass man gerade in ganz engen Beziehungen lieben *und* hassen kann. Wenngleich die meisten das verleugnen. Den Hass bekommt man nicht aus der Welt. Ich möchte ihn und die Aggressivität allerdings auch nicht anthropologisieren. Das wäre mir für die Gesellschaft zu bequem. Es gibt immer wieder gesellschaftliche Tendenzen, in welchen mehr oder weniger irrationale Dispositionen und Ängste der Menschen zusätzlich geschürt werden. Damit haben wir es ja auch aktuell zu tun. Es wird von Rechten eine innere Einheit beschworen, ein Volkskörper, der bedroht wird, obwohl beides eine Schimäre ist. Und der Versuch, die Ambiguität wegzudrängen, nimmt wieder zu. Das ist sozialpsychologisch betrachtet eine Regression: Eine individuelle Pathologie wird vermieden, indem eine kollektive Pathologie hergestellt wird. Es wird eine Angst vor Fremden und Anderen geschürt und als gerechtfertigt dargestellt. Und der darauf aufbauende Hass wird als legitim erklärt. Dem kann man nicht nur mit individueller Bewusst-

werdung begegnen. Die Irritation kann man anerkennen. Wenn daraus aber Hass gegenüber Menschen abgeleitet wird, hat das keine legitime Grundlage. Der Hass muss vielmehr delegitimiert werden.

Anmerkungen

1 Dieser Artikel basiert auf einem aufgezeichneten Gespräch mit Martin Dannecker, das Patsy l'Amour laLove am 07. April 2016 in Berlin-Wilmersdorf für diesen Sammelband durchführte.

Das bürgerliche Subjekt und sein Anderes

Zur Subjektivierung der Geschlechtscharaktere

Andrea Trumann

Auch wenn wir spätestens seit Simone de Beauvoir wissen, dass die Frau nicht als solche geboren, sondern dazu gemacht wird, halten sich bis heute hartnäckig die Bilder von der passiven, gefühlvollen, empathischen Frau und des aktiven, durchsetzungsfähigen, sich selbst kontrollierenden Mannes. Die Konnotationen und Assoziationen scheinen sich immer weiter zu reproduzieren, zum Beispiel in Bestsellern wie *Warum Männer nicht zuhören und Frauen schlecht einparken*. Und selbst die Frauenbewegung war nicht gefeit davor, Frauen als fürsorglich und friedliebend anzusehen und die Männer als kalte, gefühllose Kriegstreiber. Dass sich an diesen Vorstellungen trotz der bürgerlichen Emanzipation der Frau und obwohl die empirischen Subjekte dem Bild oft nicht entsprechen, kaum etwas geändert hat, wurde schon verschiedentlich versucht zu erklären: Von Judith Butler bis zu Roswitha Scholz wurde in diesem Zusammenhang die Abspaltung oder die Verwerfung als Grund angeführt, mal psychoanalytisch, mal werttheoretisch. Scholz geht davon aus, dass all das abgespalten wird, was in der abstrakten Wertform nicht an sinnlichem Inhalt aufgeht, trotzdem aber Voraussetzung gesellschaftlicher Reproduktion bleibt. Also das Emotionale und Körperliche. Das ist weiblich konnotiert, da es seinen Ort in dem an die Frau delegierten Bereich hat. Während bei Butler das bürgerliche Subjekt die gegengeschlechtlichen Identifizierungen und das gleichgeschlechtliche

Begehren verwerfen muss, um sich als eindeutig männlich oder weiblich zu setzen (vgl. Scholz 2000).

Scholz will diese Abspaltung aus der logischen Struktur des Kapitals erklären, bleibt dabei jedoch auf der Ebene der Behauptung. Butler wiederum hat zwar eine elaborierte, an der Psychoanalyse Lacan'scher Prägung orientierte Theorie dieser Verwerfungen und Zwangsidentifizierungen, wie sie es nennt, entwickelt, aber nur um jeden Zusammenhang mit dem Kapitalismus zu streichen. Im Folgenden soll der Anspruch bestehen bleiben, die Konnotationen männlich und weiblich aus dem Kapitalverhältnis zu erklären. Dabei wird aber nicht von einer obskuren Wertabspaltung die Rede sein, sondern von der bürgerlichen Subjektstruktur und den notwendigen Zwangsidentifizierungen für die Subjekte.

Das bürgerliche Subjekt

Subjekt zu sein war erst einmal ein Privileg der Männer der bürgerlichen Klasse: Nachdem sie in einem Jahrhunderte andauernden Prozess die ökonomische Macht gewonnen hatten, folgte ab Ende des 18. Jahrhunderts auch die politische Macht. Freiheit, Gleichheit, Brüderlichkeit führten für die bürgerlichen Männer zum Recht auf Eigentum und zum Wahlrecht. Beides war für Frauen, Arbeiter und Schwarze nicht vorgesehen. Aufgrund des Schreckens, der sich bei der Durchsetzung bürgerlich-kapitalistischer Verhältnisse verbreitete, stellte man sich die menschlichen Leidenschaften als schwer zu bändigen vor. Das eigene Eigentum sowie Leib und Leben schienen ständig in Gefahr. Um das Eigentum zu sichern, sollten die Bürger nach den real ausgeführten Theorien wie Hobbes und Rousseau einen Teil ihrer Freiheit aufgeben und sich dem Staat unterordnen. Denn nur dieser könne die mörderischen Leidenschaften disziplinieren. Im Laufe der Zeit wurde der Souverän, also das Oberhaupt des Staates, jedoch immer mehr verinnerlicht. Der Stellvertreter des Staates im Inneren des Individuums wurde die Vernunft, mit der der Einzelne seine Leidenschaften selbst kontrollieren konnte. Herr seiner selbst zu sein und ein Verhältnis der Herrschaft über sich zu errichten, also Subjekt zu sein, war die Bedingung, um guter Staatsbürger zu werden, sein Eigentum verwalten zu können und das Oberhaupt der Familie zu repräsentieren. Ziel bürgerlicher Gesellschaft und der Aufklärung verpflichteter Philosophen wie Kant war es nun, „dass die Menschen ihre Geschicke in die eigenen Hände nehmen", was bedeutet, handlungsfähiges Subjekt zu werden. Doch blieb das unter der Herrschaft des Wertes immer Ideologie. Denn wer die Geschicke in die eigenen Hände nimmt, blamiert sich eben allzu oft an der Realität, da der Wert erst auf dem Markt realisiert wird. Auch der zur Arbeitskraft degenerierte Arbeitnehmer muss sich ständig selbst disziplinieren, um seinen Wert als Arbeitskraft auf dem Markt realisieren zu können, weil dies die Bedingung der Möglichkeit ist, seine Arbeitskraft verkaufen zu können. Von wirklicher Kontrolle über die Verhältnisse kann kaum geredet werden, aber gerade durch die prekäre Konkurrenz auf dem Arbeitsmarkt muss die Herrschaft über die eigene Natur aufrechterhalten und die Vorstellung bestehen bleiben, dass es möglich ist, durch die Kontrolle dieser auch eine Kontrolle über die Verhältnisse zu bekommen. Jeder Versuch, sich der Selbstkontrolle zu entledigen, muss abgewehrt werden, und jeder Wunsch, sich der Disziplinierung zu entziehen, muss verdrängt und an denjenigen projektiv gehasst werden, bei welchen ein Ausleben des Wunsches vermutet wird. Und dies sind, wie zu sehen sein wird: Die Frauen und die Homosexuellen.

Das Verwerfliche: Das Homosexuelle

An der Homosexualität verachtet der bürgerliche Mann, dass hier in der passiven Variante auch der Mann die Kontrolle aufgibt. Dann ist er kein richtiger Mann mehr: Er verweiblicht und ist nicht mehr Herr über sich selbst. Dass gerade das Verhältnis von Aktivität und Passivität im Verhältnis des Mannes zur Homosexualität eine große Rolle spielt, hat Michel Foucault für die griechische Antike herausgearbeitet. Er hat hier aufgezeigt, wie sehr es im Verhältnis zur Homosexualität auch in einer Gesellschaft, in der Homosexualität teilweise akzeptiert wird, darum geht, dass die Kontrolle über das eigene Selbst bewahrt wird. Diese Analyse kann mit Einschränkung auch für die bürgerliche Gesellschaft gelten, da es in der Antike für den Mann notwendig war, den Subjektstatus einzunehmen, also ein Verhältnis der Herrschaft über sich selbst zu errichten, um andere zu beherrschen. Das Verhältnis von Männlichkeit, Sexualität und aktivem Begehren wird am Beispiel der Antike nur offensichtlicher, da hier die Verdrängung homosexueller und passiver Triebziele noch nicht so vollkommen war. Der Mann hatte sich im antiken Griechenland, um ein richtiger Mann zu sein, eine Herrschaft über sich selbst anzueignen. Dieses Verhältnis zu sich selbst wurde hauptsächlich über das Verhältnis zur Sexualität bestimmt. In der Art und Weise, wie man im Verhältnis zu sich Mann ist, wird man die Mannestätigkeit kontrollieren und meistern können, die man in der sexuellen Praxis anderen gegenüber ausübt. Das Verhältnis zu den Sexualpartnern war zum einen auf Hierarchie angelegt und hatte sich moralisch an dem Ideal des aktiven Begehrens zu orientieren. Eine Unterscheidung zwischen homosexuell und heterosexuell gab es in dem Sinne nicht, vielmehr verlief die Linie zwischen dem Akzeptablen, Anerkannten und dem Verworfenen zwischen Aktivität und Passivität sowie zwischen maßvollem Umgang und maßloser Übertreibung. Der freie Bürger hatte in Bezug auf seine Sexualpartner die aktive Position einzunehmen, die Unfreien und die Frauen die passive. Nur als Knabe war es auch dem freien Mann erlaubt, die Rolle des passiven, begehrten Subjektes einzunehmen, jedoch nicht als Erwachsener. Aber auch hier durfte er sich nicht wie ein Spielball behandeln und beherrschen lassen, der willfährige Partner der Lüste werden, sich besiegen lassen oder kampflos hingeben. Auch die männliche Prostitution oder der Verdacht, eine solche auszuüben, wurden verurteilt. Denn die durchgängige Vorstellung war, dass jemand, der sich in den sexuellen Beziehungen beherrschen lässt, in der bürgerlichen und politischen Aktivität ebenso wenig den Platz des Herrschenden einnehmen könnte (vgl. Foucault 1986).

Hier ist eigentlich schon alles angelegt, was in der bürgerlichen Gesellschaft mit Homosexualität verknüpft wird: Die Sorge, kein bürgerliches Subjekt mehr zu sein, das auf Mäßigung hält und sich davor schützt, sich seinen passiven Triebzielen einfach hinzugeben. Gerade indem der Jüngling sich quasi der Gefahr der Passivität aussetzt, dürfen diese passiven Triebziele hier noch als bewusste erscheinen, so dass er sich später ihnen gegenüber in der Abwehr zum richtigen Mann entwickelt. In der bürgerlichen Gesellschaft dagegen gilt die Homosexualität, die Liebe zwischen Männern, nicht mehr als eine Form der Sexualität unter anderen, sondern als das ganz Andere zur richtigen, männlichen Sexualität. Das Bedürfnis, andere Männer zu lieben und von ihnen geliebt zu werden, wird beim Mann in der bürgerlichen Gesellschaft vollkommen abgespalten. Um nicht in den Verdacht zu geraten, die passive Rolle einzunehmen, muss die Homosexualität als Ganzes abgewehrt werden.

Verhältnis von Geschlechtsidentität und Heterosexualität

War in der Antike ein spezifisches Verhältnis zur Liebe unter Männern für die Konstitution der Geschlechtsidentität von Bedeutung, so wird in der bürgerlichen Gesellschaft die Verdrängung homosexueller Wünsche konstitutiv für die Geschlechtsidentität. Um die Abwehr des passiven Triebziels geht es dabei immer noch, obwohl dieser Abwehrmechanismus jetzt viel mehr auf dem unüberbrückbaren Gegensatz zwischen Mann und Frau aufgebaut ist, wie Judith Butler herausgearbeitet hat. Bei Butler wird der Einzelne in die symbolische Ordnung hineingeboren, die nach dem Gesetz des Vaters angeordnet ist, welches die Gesellschaft konstituiert und prägt: Ein Ordnungssystem, das durch die Sprache strukturiert wird. Die symbolische Ordnung ist die heterosexuelle Matrix, die unter Strafandrohung die jeweiligen Identifizierungen erzwingt[1]. Das fußt auf die Verwerfung homosexueller Begehrensstrukturen und gegengeschlechtlicher Identifizierungen. Zwar wird sich laut Butler, klassisch freudianisch, sowohl mit der männlichen als auch mit der weiblichen Geschlechtsidentität identifiziert sowie mit dem gleichgeschlechtlichen und gegengeschlechtlichen Begehren, die normative Kraft des Gesetzes aber verlangt die Annahme eines Geschlechts, aus dem es dann kein Entkommen gibt. Die Geschlechtsidentität kann, wenn man Butler so weit folgen will, als eine notwendige Zwangsidentifizierung verstanden werden. Und tatsächlich ist es ja viel einfacher, sich zum Beispiel einer nationalstaatlichen Identität zu entziehen, als der geschlechtlichen. Doch ist diese Geschlechtsidentität immer nur vordergründig eine einheitlich männliche oder weibliche. Sie bleibt prekär, da die homosexuellen Möglichkeiten und die gegengeschlechtlichen Identifizierungen immer bestehen bleiben, allerdings verworfen werden. Denn wenn die Heterosexualität auch die kulturfähige Identifizierung ist, so bleibt die Homosexualität doch als imaginäre Phantasie bestehen. Das Homosexuelle wird gehasst, weil es nicht das Andere ist, sondern alle latent homosexuell sind. Ein Bedürfnis, das jedoch permanent verdrängt werden muss, um weiterhin eine einheitliche Identität bilden zu können.

Die Angst zu verweiblichen, also die Kastrationsdrohung, führt beim Mann dazu, die Verdrängung aufrecht zu erhalten. Mit der Angst vor der Homosexualität ist nicht nur die Angst verbunden, passiv zu sein, sondern vor allem, nicht männlich genug zu sein, das heißt: Kein bürgerliches Subjekt zu sein[2]. Das weiß auch Butler, wenn sie schreibt, dass die Verwerfung aufrechterhalten würde aus Angst vor der Psychose, die die Vorstellung begleitet, in die Zeit vor dem Gesetz und der Annahme eines eindeutigen Geschlechts zurückzufallen, eine Zeit ohne feststehende Identifizierungen und Begehrensstrukturen. Denn dies ist die Zeit vor der ödipalen Phase, die konstitutiv ist für die Subjektwerdung des Jungen und seine Identifizierung mit dem Vater, der für das Realitätsprinzip steht. Butler selbst sieht das jedoch anders: Die Angst davor, nicht mehr Subjekt zu sein, die Angst vor dem Tod, sei das, was die Verwerfung weiter aufrechterhält (vgl. Butler 1995).

Dass diese beiden Ängste aufeinander verweisen, möchte Butler wohl so nicht wahrhaben. Denn wenn sie auch richtigerweise auf die Gewaltförmigkeit und Instabilität bürgerlicher Subjekte hingewiesen hat, für die die Abwehr von Homosexualität und gegengeschlechtlicher Identifizierung konstitutiv ist, so hat sie dieses Subjekt gleichzeitig hypostasiert[4]. Denn der Verlust des Subjektstatus und der damit verbundene Kontrollverlust werden für das Subjekt mit der Angst verbunden, seinen Lebensunterhalt nicht fristen zu können.

Todessehnsucht

Dies erinnert nicht von ungefähr an Freuds Konzept des Todestriebes, das er in *Jenseits des Lustprinzips* entwickelte, weil er eine Erklärung dafür suchte, warum nicht alle unsere Seelenvorgänge von Lust begleitet sind oder zur Lust führen. Neben dem Realitätsprinzip, das nicht jede Lust zulässt, um überlebensfähig zu bleiben, und den verdrängten Triebregungen, bei denen auch die Ersatzbefriedigung Unlust hervorruft, so erkennt Freud auch in dem Wiederholungszwang eine Bedingung der Unlust. Dieses Phänomen, bei dem zum Beispiel Opfer von Zugunglücken immer wieder von der Katastrophe träumen oder aufgrund dessen Menschen in ihren zwischenmenschlichen Beziehungen immer wieder in dieselben Muster verfallen, mochte er sich nur über den Todestrieb erklären, der seiner Meinung nach jedem menschlichen Leben innewohnt: Da alle Triebe Früheres wiederherstellen wollen, wäre das Ziel des Lebens ein Zustand, den es kennt und zu dem es wieder hin möchte: Der Tod. „Das Ziel alles Lebens ist der Tod, und zurückgreifend: Das Leblose war früher da als das Lebende." (Freud 1920: 40) Dieser Wunsch nach dem Tod ist, wie Marcuse es ausdrückte, ein Wunsch nach dem spannungslosen Zustand. Ziel des Triebes wäre somit nicht der Tod, sondern ein Ende des Leidens (vgl. Marcuse 1968). Ein Zustand also, bei dem die Disziplinierung der Natur aufgehoben wäre. Und dieser Zustand kann sich im Kapitalismus nur als Todeszustand vorgestellt werden. Was auch insofern seine Berechtigung hat, als dass der Mensch, wenn er sich nicht mehr selber Gewalt antun würde, tatsächlich weniger Chancen hätte, seine Arbeitskraft zu verkaufen, und somit nur noch aufgrund der Gnade des Staates überleben dürfte. Oder in anderen Teilen der Welt tatsächlich stirbt. Der Wunsch nach dem Aufhören des Leidens ist der Wunsch, die Kontrolle über das Selbst aufzugeben, und muss somit vom bürgerlichen Subjekt abgewehrt werden.

Der Todestrieb selbst gibt sich laut Freud nur selten offen zu erkennen; im Sadismus sieht er ihn jedoch walten. Der Sadismus ist bei ihm eine einseitige Verschiebung auf die aggressiven Anteile des Sexualaktes. Lust wird darüber gewonnen, den Anderen zu demütigen oder ihm Schmerzen zuzufügen. Sadismus ist dabei mit männlich und aktiv assoziiert und Masochismus mit passiv und weiblich. Eine Beimengung von Aggression sei bei den meisten Männern üblich und der Sadismus als Perversion würde sich nur darin von gängigen Formen der Sexualität unterscheiden, dass hier ausschließlich über Demütigung Lust empfunden wird (vgl. Freud 1905: 57). Daran angelehnt sind die Unterschiede zwischen allgemein gängiger Sexualität, Sadismus als Spiel sowie Vergewaltigung fließend. Insgesamt geht es um die Bemächtigung und Überwältigung des Anderen. Aber was muss sich bemächtigt werden? Es ist der Todestrieb, der nach Freud vom Ich abgedrängt worden ist und erst am Objekt zum Vorschein kommt. Dieser Todestrieb, oder in meiner Lesart, der Wunsch danach, die Kontrolle aufzugeben, wird somit auf den Anderen projiziert. Der Andere, oder besser, die Andere, hat in der Fantasie die Macht, dem Sadisten die Kontrolle zu entziehen, was mit allen Mitteln verhindert werden muss. Am besten funktioniert das natürlich dadurch, dass die Frau so passiv wie möglich ist oder gemacht wird – bis hin zur Tötung. Historisch wurde den Hexen diese Macht über Männer zugesprochen, wofür sie verbrannt wurden. Später dann Prostituierten und als zwielichtig angesehenen Mädchen und Frauen, die ihre weiblichen Reize dazu nutzten, so der Vorwurf, den Mann in den Ruin zu stürzen. Letztendlich kann aufgrund dieser Projektion das Berechenbare und Verdorbene in jeder Frau verborgen sein.

Weiblichkeit und Passivität

Das männliche Subjekt verdrängt also alles an sich, was mit Kontrollverlust zu tun hat. Das ist insbesondere der Wunsch, passives Triebziel zu sein, den er mit Unmännlichkeit und Schwulsein gleichsetzt. Gleichzeitig hasst dieses männliche Subjekt all jene, die es an seinen Wunsch, sich nicht mehr disziplinieren zu müssen, erinnern, also die Schwulen und die Frauen[5]. Die Frau darf dabei nicht aktiv sein. Butler spricht davon, dass die Verwerfungen geschlechtsspezifisch unterschiedlich seien. Um eine weibliche Position einzunehmen, müsse die Position der Kastration angenommen werden. Nicht Kastrationsdrohung, sondern die Angst, einen mörderischen Phallus zu besitzen, also zu kastrieren oder zu vermännlichen und für Männer nicht mehr attraktiv zu sein, ist hier Ursache für die Zwangsidentifikation (vgl. Butler 1995: 135). Auch wenn sich Frauen durch den Kampf der Frauenbewegung den Subjektstatus erstritten haben oder gerade weil sie zum Teil im Beruf ihren Mann stehen oder Arbeit und Familie mehr oder weniger prima unter einen Hut bringen, hat die Frau nicht ganz zu Unrecht Angst, ihre Weiblichkeit zu verlieren und nicht mehr passives Triebziel für den Mann zu sein.

Dass Passivität mit Weiblichkeit in eins gesetzt ist und Aktivität mit Männlichkeit, ist somit nur die halbe Wahrheit. Eine Wahrheit jedoch, die aufgrund ihrer Unsicherheit immer wieder erneuert und teilweise gewalttätig hergestellt werden muss. Denn das männliche Subjekt muss gerade, weil es ein starkes Bedürfnis danach hat, passiv zu sein und die Kontrolle über sich zu verlieren, Aktivität ganz eindeutig mit Männlichkeit verknüpfen sowie Passivität eindeutig mit Weiblichkeit, da das Aktive an der Frau die Kastrationsdrohung schürt. Erst eine Gesellschaft, in der es nicht mehr notwendig wäre, eine Herrschaft über sich selbst zu errichten, um überleben zu können, und das Bedürfnis danach, nicht mehr leiden zu wollen und die Kontrolle über sich zu verlieren, keine Angst mehr auslösen würde, eine Gesellschaft also, die keine kapitalistische und keine patriarchale mehr wäre, würde zu einer Aufhebung dieser strengen Gegensätze führen, von männlich und weiblich, die jeweils mit aktiv und passiv verbunden sind.[5]

Anmerkungen

1 Butler führe ich hier an, da bei ihrer Theorie aus psychoanalytischer Sicht der Prozess der homosexuellen Ausschließungen zur Bildung der einheitlichen Geschlechtsidentität besonders gut sichtbar wird. Weniger einverstanden bin ich damit, dies in einer sprachlichen, heterosexuellen Matrix begründet zu sehen. Vielmehr sind diese Ausschlüsse begründet in den bürgerlichen Idealen von Freiheit und Gleichheit. Denn die abstrakte bürgerliche Gleichheit ist notwendig verbunden mit dem Ausschluss derjenigen, die nicht zu den Freien und Gleichen gezählt werden (vgl. Trumann 2001).

2 Für Judith Butler muss Lesbischsein und Schwulsein gleichermaßen abgewehrt werden. Dies stimmt historisch so jedoch nicht. Lesbische Liebe wurde in der Geschichte lange nicht so hart bestraft wie die schwule. Sie wurde in den Gesetzbüchern oft nicht einmal erwähnt. Das liegt eben auch daran, dass die Frau keinen Penis hat, der den Phallus repräsentiert, und in dieser Gesellschaft damit auf die passive, hingebende Rolle hin prädestiniert wird. Deshalb erscheint das Lesbische für den Mann nicht als richtige Sexualität und wird nicht ernst genommen und damit auch nicht als ernsthafte Bedrohung angesehen.

3 Dadurch, dass es Butler politisch nicht um die Abschaffung der bürgerlichen Gesellschaft, sondern um eine Transformation der klassischen amerikanischen Lobbypolitik geht, die auf eine Sicherung und Stärkung des Einflusses der jeweils vertretenen gesellschaftlichen Gruppen und Institutionen zielt, ist ihr Ziel auch nicht die Abschaffung des Staatsbürgersubjekts, sondern kann als linksliberaler Beitrag zur Demokratisierung der Gesellschaft gelesen werden, bei der die Integration von bislang ausgestoßenen Gruppen in die staatliche Gemeinschaft gefördert werden soll (vgl. Kunstreich/Krug 1998). Butler kritisiert die bisherige Interessenpolitik, die sich auf eine einheitliche Identität der Frau bezogen habe, und will stattdessen Bündnispolitik machen. Analog dazu propagiert sie fluktuierende Identitäten, die wechselweise entstehen und sich wieder auflösen. Notwendig bleibt der von Butler beschriebene Prozess der Subjektwerdung nur so lange, wie Kapital und Staat bestehen. Dies als überhistorische Konstante anzunehmen, affirmiert die bürgerliche Gesellschaft und fördert nur die Ausschlüsse, die Butler doch bekämpfen will.

4 Die Feindschaft gegen öffentliche homosexuelle Amtsträger mag abgenommen haben, doch ist das kaum ein Anzeichen dafür, dass es für Homosexuelle außerhalb von Subkulturen ratsam ist, sich zu küssen oder der Familie den neuen Freund vorzustellen. Zumindest die Übergriffe gegenüber Homosexuellen sind der Statistik nach mehr geworden, und „schwul" scheint zumindest an Berliner Schulen das aktuelle Modeschimpfwort zu sein. Homosexuelle, die dann akzeptiert werden, müssen angepasst sein, wie zum Beispiel die ehemaligen Berliner und Hamburger Bürgermeister, oder aber sie dürfen als Witzfiguren auftreten.

5 Dieser Artikel erschien 2004 in seiner ersten Fassung in Ausgabe 13 des Magazins *Phase 2. Zeitschrift gegen die Realität*, S. 22-24.

Heterosexueller Selbsthass?

Benedikt Wolf

„Wann hast du gemerkt, dass du schwul/lesbisch/trans* bist?" Diese Frage hat vermutlich jede_r, deren_dessen Sexualität oder Geschlechtsidentität von der heterosexuellen Normalität abweicht, mehr als einmal gehört. Eine probate Strategie, um der Einordnung der eigenen Person als merkwürdiger Sonderfall zu begegnen, ist die Rückfrage nach dem Zeitpunkt, zu dem das fragende Gegenüber ihre_seine Heterosexualität bzw. Cis-Identität entdeckt habe. Diese Strategie einer umgekehrten Befragung der normativen Position steht im Zentrum der früheren Periode akademischer Queer Studies: So ging es, um ein Beispiel zu nennen, den Queer Studies, ausgehend von der These Michel Foucaults, die Identitätskategorie des „Homosexuellen" sei eine Konstruktion des späten 19. Jahrhunderts (vgl. Foucault 1983: 47), um das Aufdecken derjenigen Konstruktionsleistungen, die das Fundament der Heterosexualität ausmachen[1]. Heute ist ein guter Teil derjenigen Forschung, die nach wie vor unter dem Titel „Queer Studies" firmiert, bevorzugt mit obskuren „posthumanen" Studien befasst, gibt das Projekt einer Kritik der Heteronormativität, das vom negativen Bezug auf den Gegenstand der Kritik gekennzeichnet ist, zugunsten eines offensiv affirmativen „reparative reading" auf oder feiert die gesellschaftstransformierenden Potenziale religiöser Irrationalität unterschiedlichster Provenienz[2]. Der Kult mit dem Authentischen, den diejenigen betreiben, deren Gestik, deren Intonation, deren sexuelle Praxis, deren Körper schon immer an der Nachahmung der authentischen Männer und Frauen gescheitert ist und stetig scheitert, ist kaum zu übersehen. Die Tendenzwende in den Queer Studies wird in der Affirmation der „authentischen" Grundlagen der eigenen Ausgrenzung als Ausdruck von Selbsthass kenntlich.

Schwulen, lesbischen Selbsthass, Selbsthass von Trans*Menschen – dass es das gibt, liegt auf der Hand: Die Beiträge dieses Bandes weisen es facettenreich nach. Doch lohnt es sich, die Frage nach dem Selbsthass an die normative Position heranzutragen? Gibt es heterosexuellen Selbsthass? Und im Anschluss daran: Bedürfen die Normalen der Emanzipation? Die Beschäftigung mit dieser Frage könnte sich gerade deshalb lohnen, weil ein relevanter Teil der Queer Studies die kritische Infragestellung normativer Positionen aufgegeben hat. Sie könnte den Blick für die Situation schärfen, in welcher der Selbsthass von Lesben, Schwulen und Trans*Menschen wirkt.

Als Allererstes ist festzustellen: *Den einen* heterosexuellen Selbsthass kann es nicht geben. Ebenso wie sich beispielsweise die Ausformung des Selbsthasses lesbischer Frauen von der des Selbsthasses schwuler Männer deutlich unterscheidet, muss die Frage nach dem heterosexuellen Selbsthass die unterschiedliche Positioniertheit von Frauen und Männern im spätbürgerlichen Patriarchat in den Blick nehmen. Denn die Theoretiker_innen der Zweiten Schwulenbewegung, die den Begriff des Selbsthasses zum Analyseinstrument schwulenfeindlicher Dispositionen und Strukturen gemacht haben, haben dem Begriff seine kritische Spitze gegeben, indem sie ihn auf den psychoanalytischen Begriff der „Identifizierung mit dem Angreifer" bezogen haben (vgl. l'Amour laLove 2012: 131-134 u. 2014: 211-214). Anna Freud hat den Begriff aus ihrer psychoanalytischen Praxis entwickelt. Einige ihrer Patient_innen weisen das gemeinsame Muster auf, Verhaltensweisen von Autoritätspersonen, von denen sie sich bedroht fühlen, selbst zu übernehmen. Freud konzipiert in der Folge das Konzept der Identifizierung mit dem Angreifer als eine psychische Reaktion auf eine den Subjekten äußerliche Bedrohungssituation, durch die eine Ich-Stabilisierung im Angesicht existenzieller Bedrohung ermöglicht wird (vgl. Freud 1936; vgl. auch Laplanche/Pontalis 1973: 224f). Schwulen Selbsthass, so die Argumentation der Zweiten Schwulenbewegung im Anschluss an Freuds Konzept, gibt es deshalb, weil Schwule von Heterosexuellen bedroht werden – und zwar *aufgrund ihrer Homosexualität* (ob sie nun bloß zugeschrieben oder selbst geäußert wird). Schwulen Selbsthass gibt es also in Reaktion auf eine Situation gesellschaftlicher Unterdrückung von Schwulen. Gleiches lässt sich für Lesben und Trans*Menschen sagen.

In einer Situation gesellschaftlicher Unterdrückung leben offensichtlich auch Frauen – die ökonomischen, sozialen und sexuellen Parameter dieser Unterdrückung dürfen als bekannt und gut erforscht gelten. Wenn nach dem *heterosexuellen* Selbsthass von Frauen gefragt wird, muss sich nun aber die Frage anschließen, ob heterosexuelle Frauen *aufgrund ihrer Heterosexualität* bedroht werden. Die sexistische Bedrohung von Frauen findet ihren zugespitzten Ausdruck in der Bedrohung durch Vergewaltigung, die sich von Seiten heterosexueller Männer gegen Frauen richtet. Dabei ist die sexuelle Orientierung ihrer Opfer den Vergewaltigern allerdings – mit der Ausnahme des sogenannten *corrective rape*, der einen ausdrücklichen Angriff auf lesbische Frauen *wegen* ihrer Homosexualität darstellt – gerade restlos gleichgültig. Denn im durch Zwangsheterosexualität geprägten Bewusstsein des *straight mind* sind ohnehin alle Frauen heterosexuell, fällt das Geschlecht Frau im wahnhaften Kurzschluss stets mit einem Begehren zusammen, das sich auf Männer richtet. Versteht sich eine Frau als heterosexuell, so „hat sie es" im Wahn der Vergewaltiger „auch gewollt"; versteht sie sich als lesbisch, so „hat sie nur noch keinen richtigen Mann gehabt". Der Hass heterosexueller Frauen auf heterosexuelle Frauen, die als „Schlampen" inkriminiert werden, ist tatsächlich Selbsthass, der auf eine Identifizierung mit dem männlich-heterosexuellen Angreifer zurückgeht. Doch es handelt sich dabei nicht um *heterosexuellen* Selbsthass. Weder hassen heterosexuelle Männer Frauen *aufgrund* deren Heterosexualität, noch hassen heterosexuelle Frauen heterosexuelle Frauen *aufgrund* ihrer Heterosexualität. Es handelt sich um *weiblichen* Selbsthass, dessen Kriterium das Geschlecht, nicht die sexuelle Orientierung ist.

Wie steht es mit dem Selbsthass heterosexueller Männer? Nicht zu verwechseln mit heterosexuellem Selbsthass ist der Sexualneid heterosexueller Männer, den diese gegenüber

Schwulen häufig äußern. „Ihr lebt im sexuellen Eldorado der Darkrooms, schnellen Dates und Sexpartys", so der Tenor des Jammerns darüber, dass man so selten zum Zug kommt. Begleitet werden derartige Äußerungen nicht allzu selten von der heimlichen Freude über die „Schwulenseuche", die diejenigen zu bestrafen scheint, die sich angeblich die Freiheiten herausnehmen, die heterosexuellen Männern verwehrt blieben. Das Elend der homosexuellen Subkultur (vgl. Dannecker/Reiche 1974: 67-144), das seit den 1970er Jahren zwar seine Verkehrsformen und Medien geändert hat, keineswegs aber überwunden wurde, ist dem Sexualneid heterosexueller Männer freilich unbekannt.

Ein neueres, gerade in linken queeren Kontexten verbreitetes Phänomen sind Männer, die ihre Heterosexualität zugunsten einer Öffnung in der Richtung einer wahlweise queeren, „nicht festgelegten", Bi- oder Pansexualität aufgeben. Ein gewisses Unbehagen an der eigenen Heterosexualität scheint „progressive" Männer diesen Schlages in die Nähe von Schwulen und Lesben zu rücken, die sich und/oder anderen gegenüber ihre Homosexualität verbergen oder nicht eingestehen. Im Unterschied zur Klemmschwester allerdings, die sich ihrer sexuellen Orientierung zuwiderlaufende sexuelle Praxis oder aber Abstinenz aufzwingt, deren Hass auf die eigene Homosexualität damit zu persönlichem Leiden führt, handelt es sich bei der „progressiven" Verleugnung der eigenen Heterosexualität um eine diskursive und habituelle Geste, die, da sie nicht unter dem Druck einer „Heterofeindlichkeit", sondern auf der sicheren Basis heteronormativer Strukturen vollzogen wird, nicht zu Leid führt, sondern im Gegenteil mit der Motivation der Aufwertung der eigenen Person betrieben wird. Der durchschnittliche neu-queere Mann vollzieht das Kunststück, im Flirt mit den Schwulen seinem Narzissmus zu schmeicheln und zugleich die eigene Person aus der Gruppe der Schuldigen, der heterosexuellen Unterdrücker, auszunehmen oder sie gar als subaltern zu adeln. Da diese Neubestimmung der eigenen Position Effekt einer verfehlten Geschlechter- und Sexualpolitik ist, die statt Strukturen zu kritisieren, Personen auf der Basis deren sexueller

Orientierung Schuld zuweist, für die diese ebenso wenig können wie Lesben und Schwule für die ihre, bleibt sie bloße Ideologie: Die Schwulen werden angeflirtet. Wenn sie als Reaktion dem Neo-Queer an die Wäsche wollen, besinnt der sich jedoch auf seine Heterosexualität – selbstverständlich unter Wahrung des neuerworbenen Labels: Er wollte nur kuscheln. Mit heterosexuellem Selbsthass hat das Phänomen der ideologischen Selbstverleugnung herzlich wenig zu tun. Es handelt sich vielmehr um die Arroganz derer, die aufgrund ihrer Normalität den größeren Spielraum haben, sich zu positionieren, wie sie wollen.

Selbsthass von heterosexuellen Männern im Sinne einer Struktur der Identifizierung mit dem Angreifer gibt es schlicht nicht. Ein Angreifer nämlich, dessen Aggression sich auf die Heterosexualität von Männern richtete, ist nicht in Sicht. Das hindert einige heterosexuelle Männer freilich nicht daran, den Eindruck zu haben, den niederträchtigsten Nachstellungen ausgeliefert zu sein: Antifeministen, Maskulisten und Väterbewegte imaginieren ihre Unterdrückung durch ein übermächtiges Heer von Emanzen. Und der durchschnittliche Schwulenhasser hat, sobald ein Schwuler sich im selben Raum aufhält, Angst vor dessen unterstellten penetrativen Gelüsten. In den paranoiden Zügen der Feindschaft gegen Frauen und Schwule sind Symptome einer pathischen Projektion, einer falschen Projektion unter „Ausfall der Reflexion" (Horkheimer/Adorno 2006: 199) also, zu sehen: Im als bedrohlich imaginierten Anderen werden abgespaltene, eigene verhasste Anteile verfolgt, die an sich selbst nicht zum Ausdruck kommen dürfen (vgl. l'Amour laLove 2014: 208f). Das Ergebnis der paranoiden Angst vor Bedrohung, die heterosexuelle Männer äußern, ist – ganz im Gegensatz zur empiriegesättigten Angst der Trans*Menschen, Lesben, Schwulen und Frauen, die sich über die Identifizierung mit dem Angreifer in Selbsthass transformieren kann – die Aggression gegen die *Anderen* und gerade nicht die gegen sich selbst und andere heterosexuelle Männer.

Für den Bereich der Schwulenfeindlichkeit argumentiert Patsy l'Amour laLove dafür, dass die Begrifflichkeiten von Selbsthass und Identifizierung mit dem Angreifer deshalb so nötig sind, weil sie es ermöglichen, im Hass auf Andere den Hass auf sich selbst zu erkennen und ihn in der Folge infrage zu stellen: „Bei der Introjektion der wertenden Instanz, auf der Glück und Unglück bei der eigenen Männlichkeitsfindung basiert, handelt es sich also keineswegs um eine deterministische psychische Disposition. [...] [E]in Bewusstwerden der Dynamik von schwulem Selbsthass [ist] möglich. Es sind also potentiell alle Schwulen in der Lage, in der Ablehnung etwa von (anderen) Tunten oder dickeren Schwulen die Ablehnung des eigenen Schwulseins zu erkennen und ihr eigenes Verhalten entsprechend zu befragen.“ (l'Amour laLove 2014: 217f) Der beschriebene Erkenntnisgewinn besteht in der Einsicht in das unauflösliche dialektische Verhältnis von (schwulenfeindlicher) Gesellschaft und (schwulem) Individuum: Die Disposition, sich selbst zu hassen, wird deutlich als der Effekt einer gesellschaftlichen Dynamik. Das Ergebnis einer solchen Bewusstmachung kann es sein, dass diejenigen Wesenszüge an der eigenen Person, die man hasst, weil die Normalen sie hassen, aufgewertet werden, was einen enormen Schritt auf dem Weg persönlicher Emanzipation bedeuten kann.

Dieser Weg einer möglichen Emanzipation durch die Bewusstmachung des eigenen Selbsthasses und dessen sozialer Produktion kann in ähnlicher Weise in Bezug auf den weiblichen Selbsthass heterosexueller Frauen funktionieren. Einer solchen Strategie folgt, um nur ein Beispiel zu nennen, das US-Model Amber Rose in dem kürzlich in sozialen Netzwerken verbreiteten Videoclip *Walk of No Shame* (Bishop/Nijm 2015). Das Video entwirft ein Gegenbild zum „Walk of Shame“, dem von vielen Frauen als beschämend empfundenen Weg durchs bürgerliche Wohnviertel nach einem auswärtigen One-Night-Stand. Mit strahlender Laune präsentiert sich Rose den Anwohner_innen, die ihr Anerkennung und Glückwünsche für den Sex, den sie offensichtlich hatte, entgegenbringen. Ein lustvoller und selbstbewusster Umgang mit Sexualität, der häufig von den männlichen Aggressoren wie vom weiblichen Selbsthass als Verfehlung sanktioniert wird, erfährt so eine deutliche Umbewertung.

Auch heterosexuelle Männer bedürfen der Emanzipation von den Zurichtungen, die sie in patriarchalen Strukturen erfahren. Doch aus der Sicht der hier geführten Argumentation muss ihre Reflexion nicht am eigenen Selbsthass, sondern an der eigenen Aggression ansetzen.

Anmerkungen

1 Siehe die klassische Studie Butlers *Das Unbehagen der Geschlechter* von 1991.

2 Einen guten (und ernüchternden) Einblick in aktuelle Arbeitsfelder der anglophonen Queer Studies bieten die Inhaltsverzeichnisse der Zeitschrift *GLQ: A Journal of Lesbian and Gay Studies*, einer der wichtigsten Publikationen im Feld (http://glq.dukejournals.org/). Vergleiche zum Posthumanismus etwa die Beiträge in GLQ 21 (2015), Heft 2-3, zum „reparative reading" Eve Kosofsky Sedgwicks Ausführungen (vgl. Sedgwick 2003a), zur Rehabilitierung der Religion zum Beispiel Sedgwicks Flirt mit dem Buddhismus (vgl. Sedgwick 2003b; Sedgwick 2011) und die Begeisterung für aztekische Spiritualität bei Aimee Carillo Rowe (vgl. Rowe 2013). Vergleiche kritisch zu queerem Schamanismus Stefanie von Schnurbeins Ausführungen (vgl. Schnurbein 2005).

72 Names of God

Dragan Simicevic & Rahada

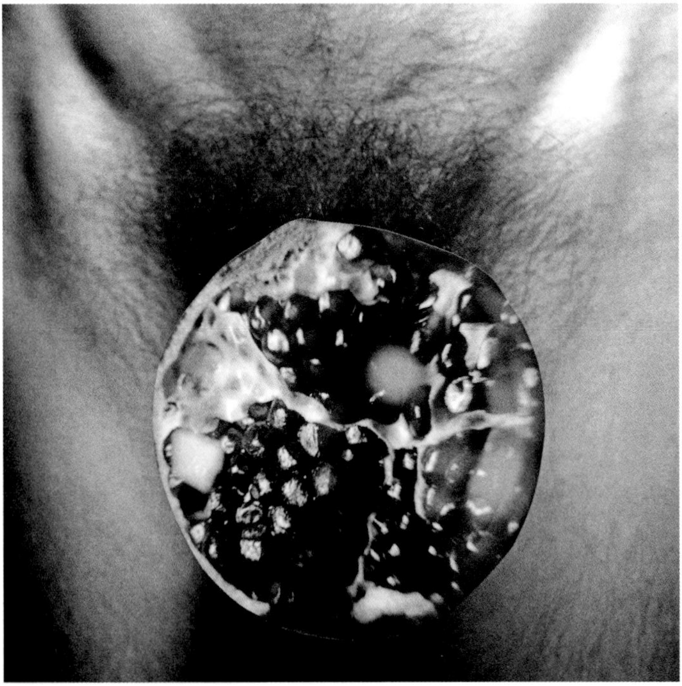

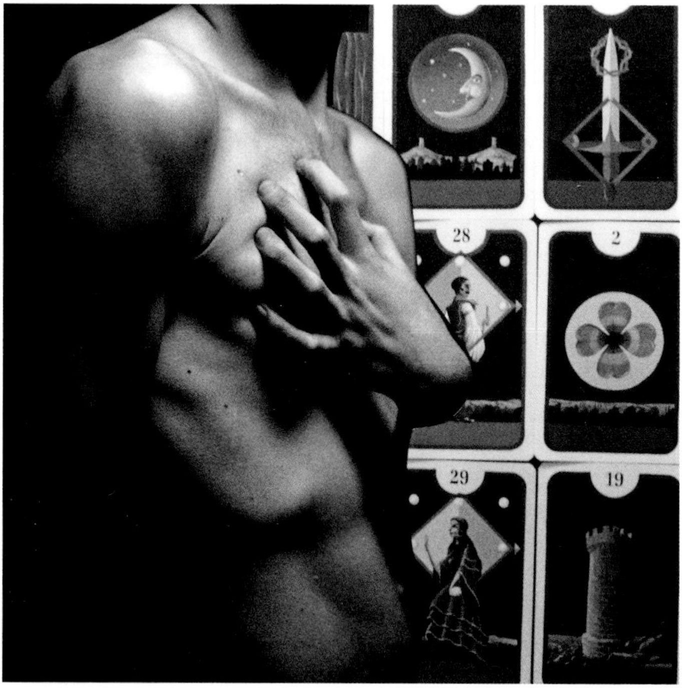
28
2
29
19

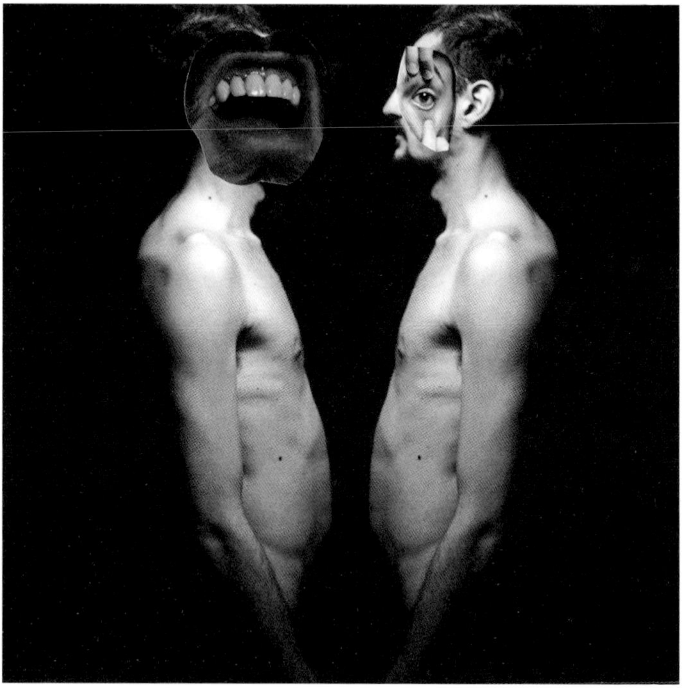

Männlichkeit als Negation

Schwulsein, Selbsthass und Schwulenfeindlichkeit in der Konstitution von Männlichkeit

Patsy l'Amour laLove

Als „echter" Mann gilt, wer möglichst viele Attribute in sich vereinen kann, die als typisch männlich verstanden werden. Hierbei stellt sich die Frage, wem eigentlich die Kompetenz zugesprochen werden kann, diese für viele Menschen zentrale Einschätzung zu treffen. Das Subjekt, der potenziell „echte" Mann, bewertet sich selbst oder holt sich eine Einschätzung in der Projektion auf das Gegenüber, wobei ihm seine Männlichkeit an- oder aberkannt wird. Auch ein teilweises Zu- oder Absprechen ist möglich, muss sogar als die Regel bezeichnet werden. Dies geschieht in den meisten Fällen nicht bewusst, bleibt temporär und veränderbar. Die Interaktion ist dabei nur der sekundäre Faktor; vorgängig ist die Sozialisation, durch die früh ein Bewusstsein darüber entsteht, dass man auch bezüglich des eigenen Geschlechts maßgeblich scheitern kann. Manifest sind zuvorderst die Sanktionen für Abweichungen in der männlichen Erscheinung, die als Fehler oder Verfehlung wahrgenommen werden. Diese Bewertung scheint auf einen gesellschaftlich festgelegten Regelkatalog zurückzugehen, aus welchem genau abzulesen ist, was als männlich bezeichnet werden kann oder nicht. Entscheidend dabei ist aber, dass das Ziel, also der „echte" Mann, niemals in aller Gänze erreicht werden kann. Schließlich gibt es diesen „echten" Mann, damit das Ziel selbst und die universell gültigen Regeln, nicht. Das eigentlich Entscheidende ist seine Negation, anhand derer definiert wird, wer mehr oder weniger als männliches Subjekt anerkannt wird.

Sanktionen und die Angst vor ihnen definieren damit die Grenzen des Männlichen. Sie zielen auf jene Faktoren, welche die Brüchigkeit der Konstitution von Männlichkeit ausstellen, die normativ beschworene Illusion stören und, so möchte ich zeigen, demaskieren können – hierzu zählen zentral Weiblichkeit und Schwulsein.

Zur Analyse „echter" Männlichkeit im Zusammenhang von Schwulenfeindlichkeit und Ablehnung von Weiblichkeit nutze ich psychoanalytische Ansätze und greife auf entsprechende Auseinandersetzungen aus der Schwulenbewegung der 1970er Jahre zurück[1]. Im Mittelpunkt stehen zunächst die Konstitution von Männlichkeit und ihrer Verwerfung und darauf folgend schwule Männlichkeit und die Ablehnung des Schwulseins von Schwulen selbst[2].

Männlichkeit und ihre Verwerfung

Innerhalb einer heteronormativen Gesellschaft ist es für das bürgerliche Subjekt notwendig, als geschlechtlich eindeutig anerkannt zu werden. Geschlechtlich uneindeutig zu sein führt zu seiner Verwerfung, die sich in Form von Diskriminierung und Geringschätzung äußern kann. Verwerfung beinhaltet den Wunsch, dass etwas nicht mehr existiert. Das drückt sich im Homosexuellenhass aus, der von Vernichtungsfantasien geprägt ist, die sich gegen das schwule Subjekt – mitunter in aller Brutalität – richten. Um bezüglich eines eindeutigen Geschlechts anerkannt zu werden, gibt es unterschiedlichste Attribute, die diffus mit einem konkreten Geschlecht in Verbindung gebracht werden und dafür verantwortlich sind, welche geschlechtliche Zuschreibung ihrem_ihrer Inhaber_in zuerkannt oder abgesprochen werden. Ein entscheidender Faktor der geschlechtlichen Identität ist die sexuelle Orientierung. Gegengeschlechtliches Begehren gilt nach wie vor als das „natürliche", „richtige" und „echte" Begehren. Demgegenüber erscheint Homosexualität als reelle Bedrohung, da sie, wenn auch häufig latent, als Krankheit und in einem Widerspruch zur Natur, in jedem Fall aber zur gesellschaftlichen Norm, verstanden wird. Weiblichkeit nimmt innerhalb dieses sozialen Rahmens eine untergeordnete Rolle gegenüber Männlichkeit ein, weshalb ich von einer patriarchalen Gesellschaft spreche. Werden Aspekte von Weiblichkeit an Männern wahrgenommen, stößt dies häufig auf Ablehnung – sowohl in Form von verbaler oder körperlicher Gewalt als auch in der Geringschätzung und dem Absprechen bestimmter Kompetenzen. Unmännlichkeit wird am (Un) Mann sanktioniert, womit Männlichkeit durch ihre Negation erst entsteht.

In seinem psychoanalytisch geprägten Artikel *Masculinity as Homophobia* weist Michael Kimmel auf diesen Aspekt der Entstehung von Männlichkeit hin und hebt hervor, dass sie ihrer Verwerfung bedarf: „We come to know what it means to be a man in our culture by setting our definitions in opposition to a set of ‚others' – racial minorities, sexual minorities, and, above all, women." (Kimmel 2004: 182) Er betont außerdem, dass Männlichkeitsfindung eine vorrangig homosoziale Beschäftigung ist (vgl. ebd.: 187). Diese hängt jedoch nicht von manifesten Gruppen ab. Vielmehr spricht er symbolisch von männlichen Augen, die sich von Kind an beim männlichen Subjekt einprägen, es beobachten und ob seiner Passfähigkeit bewerten (vgl. ebd.: 188). Die Augen können für eine männliche Peer-Group und einen überwachenden Vater stehen, welchen die Kompetenz der Bewertung zugesprochen wird und die als Maßstab introjiziert wurden. Diesen inneren Instanzen kann nicht zu Genüge entsprochen, das Ziel der „echten" Männlichkeit nicht erreicht werden, da die vorliegende Dynamik auf Ausschluss und nicht auf Integration individueller Bedürfnisse und Sehnsüchte ausgelegt ist, die der angestrebten Männlichkeit womöglich widersprächen. Es besteht demnach eine dauernde Gefahr, als unmännlich und im schlimmsten Falle schwul entlarvt zu werden: „The possibilities of being unmasked are everywhere. Even the most seemingly insignificant thing can pose a threat […]." (Ebd.: 190) Die Ablehnung von Schwulen und vom Schwulsein insgesamt äußert sich demnach nicht ohne psychisches und zuletzt gesellschaftliches Vorspiel in manifester

Diskriminierung, sondern ist von Furcht und Scham geprägt: „Homophobia is the fear that other men will unmask us, emasculate us, reveal to us and the world that we do not measure up, that we are not real men. We are afraid to let other men see that fear." (Ebd.: 189) Die Furcht, die als unmännlich gilt, wird mit Scham besetzt, welche aber ebenfalls einen Marker für Weiblichkeit darstellt. Scham und Furcht als unmännlich geltende Affekte dürfen nicht aus der Latenz hervorkehren, können daher erst als Wut und Aggression manifest werden. Entsprechend grundlegend ist die vehemente Ablehnung von männlicher Homosexualität und allem, was damit verbunden ist oder zu sein scheint.

Andrea Trumann betont dementsprechend, dass es für eine zumindest situativ nach heteronormativen Maßstäben geglückte männliche Selbstfindung die kategorische Abwendung des Verdachts der Homosexualität braucht: „Das männliche Subjekt verdrängt also alles an sich, was mit Kontrollverlust zu tun hat. Das ist insbesondere der Wunsch, passives Triebziel zu sein, den er mit Unmännlichkeit und Schwul-Sein gleichsetzt. Gleichzeitig hasst dieses männliche Subjekt all jene, die es an seinen Wunsch, sich nicht mehr disziplinieren zu müssen, erinnern, also die Schwulen und die Frauen." (Trumann in diesem Band: 55f) Was als weiblich und unmännlich gilt, kann darüber hinaus je nach Situation und Kontext mit dieser Bedeutung recht diffus verknüpft werden[3]. Die von Kimmel beschriebene Furcht vor dem Entlarvt-Werden weist auf einen zentralen Aspekt von Männlichkeit und Schwulenfeindlichkeit hin, den Trumann deutlich macht: Bedürfnisse und Sehnsüchte, die als schwul oder weiblich gelten, wie beispielsweise das Bedürfnis nach ausgestelltem narzisstischem Selbstbezug oder der Sehnsucht, passives Triebziel sein zu können, sind beim männlichen Subjekt grundsätzlich vorhanden. Ihre vehemente Ablehnung oder die Sorge um ihre Entdeckung wäre sonst obsolet. Diese Regungen werden also vom männlichen Subjekt abgespalten. Nach der Abspaltung, die, da sie innerpsychisch verläuft, nicht mit einer unmöglichen Loslösung zu verwechseln ist, werden sie auf eine andere Person projiziert und an dieser gehasst. Bereits die

Abspaltung „erfordert [wie Ljiljana Radonic für die pathische Projektion im Allgemeinen erläutert] einen großen Energieaufwand, so daß es eine enorme Erleichterung darstellt, eigene, nicht zugelassene Gefühle bei erster Gelegenheit auf ‚fremde' Andere zu projizieren [...]." (Radonic 2006: 87) Der beschriebene Vorgang ist ein größtenteils unbewusster. Es braucht also nicht zwingend einen manifesten Schwulen, der aufgrund seines Schwulseins abgelehnt wird. Entsprechend genügt auch im Bewussten die Imagination, zumal das schwulenfeindliche Ressentiment auch jene treffen kann, die sich selbst gar nicht als schwul wahrnehmen. Im letzteren Fall wird der projektive Vorgang in besonderem Maße deutlich.

Die Abwehr von Schwulen sowie schwuler Eigenschaften kann hiernach als eine Entladung verstanden werden, die dem männlichen Subjekt Befriedigung verschafft und von dem Schicksal, niemals ein vollständig „echter" Mann sein zu können, zumindest situativ und kurzfristig ablenkt und die Angst vor eigenen schwulen Anteilen sowie die Anteile selbst unter der Ablehnung und dem Hass verdeckt hält. Schwulenfeindlichkeit ist ein grundlegendes Element der Konstitution heteronormativer Männlichkeit. Diese „echte" Männlichkeit gibt zuvorderst durch ihr Anderes vor, Gültigkeit zu besitzen.

Schwuler Selbsthass und Hass auf Schwule

Schwule sind innerhalb dieser Gesellschaft nach wie vor unterschiedlichen Formen von Diskriminierung ausgesetzt, was sich anhand der bisherigen Darstellung psychodynamisch erklären lässt. Doch sind sie selbst unter anderem Männer, wenngleich ihnen Unmännlichkeit zugesprochen wird. Als männliche Subjekte innerhalb einer patriarchalen Gesellschaft sind auch sie dazu erzogen und sozialisiert, Idealen „echter" Männlichkeit entgegenzustreben und das Andere zu verwerfen. Bei Schwulen trifft sich also die Position dessen, der schwulenfeindlich marginalisiert wird, mit jenem, welcher diese Ressentiments internalisiert hat. Konkreter: Die beschriebene spezifische pathische

Projektion im Zusammenhang der Ablehnung von Weiblichkeit findet sich ebenfalls bei Schwulen wieder. Also auch das schwule Subjekt „hasst", um es mit Trumann zu sagen, „[...] die Schwulen und die Frauen." (Trumann in diesem Band: 56) Dieser angesprochene latente Hass äußert sich in der Ablehnung von Schwulen untereinander aufgrund von Attributen, die als schwul, nicht in einem anerkannten Rahmen schwul oder gar als „zu schwul" gedeutet werden. Meiner Erfahrung nach widersetzen sich insbesondere viele Schwule dieser Erklärung und verneinen sie als zu verallgemeinernd und auf sich selbst nicht zutreffend. Auch an dieser Stelle ist es meines Erachtens besonders wichtig, sich des unbewussten Charakters der beschriebenen Dynamik gewahr zu bleiben. Es wird also nicht behauptet, dass Schwule nicht zu sozialen Kontakten und Zuneigung zu Schwulen und Frauen in der Lage wären. Vielmehr möchte ich darlegen, dass es Schwulen innerhalb einer schwulenfeindlichen und patriarchalen Gesellschaft nicht möglich ist, nicht selbst auch Elemente der Schwulenfeindlichkeit zu internalisieren. Das bedeutet jedoch zugleich, dass es die Möglichkeit gibt, sich dieses Umstandes bewusst zu werden und eigenmächtig zu handeln – sich nicht vom Selbsthass bannen zu lassen.

Diese Introjektion schwulenfeindlicher Ressentiments und heteronormativer Standards von Männlichkeit und anerkannten Lebensentwürfen insgesamt bei Schwulen wird vielfach als „internalisierte Homophobie" oder mittlerweile auch als „Homonegativität" bezeichnet (vgl. Steffens/Geisler 2009: 2f). Meines Erachtens sind diese beiden Bezeichnungen aus mindestens zwei Gründen problematisch. Zum einen handelt es sich bei dem, was im vorliegenden Artikel beschrieben wird, explizit um Schwulenfeindlichkeit, was in dem Begriff „Homophobie" sowie „Homonegativität" nicht deutlich wird. Bei der Ablehnung von Weiblichkeit und deren Zusammenhang mit dem Hass auf Schwule ist dies jedoch zentral. Zum anderen erscheinen die Wortbestandteile „-phobie" und „-negativität" als unbefriedigend ungenau. Der Hass auf Homosexuelle steht in keinem Zusammenhang zu einer pathologischen Angststörung. Den Aspekt der Angst vor der eigenen Homosexualität im Zusammenhang von Homosexuellenfeindlichkeit dergestalt in den Vordergrund zu stellen wie bei „Homophobie" der Fall, vernachlässigt die zahlreichen anderen, teilweise angeführten Bedingungen der weit verbreiteten Ablehnung von Homosexualität, zu der etwa Scham, Hass und Aggression zu zählen sind. Der Begriff der „Homonegativität" lässt genau diese Regungen hinter einer diffusen ablehnenden Haltung verschwimmen und wirkt angesichts der gesellschaftlichen Realität verharmlosend, wo es um Hass geht. In diesem Sinne spreche ich nicht von Homophobie oder Homonegativität, sondern von Homosexuellenfeindlichkeit, Hass auf Homosexuelle, Schwulen- oder Lesbenfeindlichkeit. Anstatt von internalisierter Homophobie oder Homonegativität spreche ich bezüglich Schwuler von schwulem Selbsthass.

Sich schwulen Selbsthass zu vergegenwärtigen, rückt das männliche Subjekt in den Mittelpunkt der Analyse und benennt konkret die Auswirkung heteronormativer Vorstellungen von Geschlecht. Die angesprochene Ablehnung von Schwulen untereinander ist, schematisch gesprochen, innerhalb einer zirkulären Bewegung zu verstehen: Der Schwule lehnt den Schwulen ab, und da es sich dabei um ein projektives Selbst handelt, lehnt er damit zugleich auch sich selbst ab. Die Frankfurter Gruppe *RotZSchwul* der westdeutschen Schwulenbewegung der 1970er Jahre formulierte dies wie folgt: „In der Subkultur solidarisiert sich der Homosexuelle gegen die sanktionierte Homosexualität mit anderen Homosexuellen – und merkt nichts." (RotZSchwul Frankfurt 1972a: 4) Dies unterscheidet sich von der Dynamik beim heterosexuellen Mann, insofern der sich selbst als schwul verstehende Mann viel direkter und teilweise auch manifest sich selbst hasst. Entsprechend betonen Martin Dannecker und Reimut Reiche 1974: „Und doch ist der Tunten-Haß der Homosexuellen etwas anderes als der Homosexuellen-Haß der Normalen; er trägt zwar dessen Stempel, hat aber eine andere affektive Bedeutung. Die einen *sind* homosexuell, die anderen nicht; die einen sind wegen ihrer Triebrichtung geächtet und leben in einem normativen Vakuum, die anderen dagegen wissen, wie sie zu sein haben und daß es damit seine Richtigkeit hat." (Dannecker/Reiche 1974: 355)[4] Der Schwule „merkt nichts" davon, bringt also die Ablehnung der nicht anerkannten schwulen Eigenschaften nicht mit einer gesellschaftlich wirksamen Schwulenfeindlichkeit und schon gar nicht mit einem spezifischen Selbsthass in Verbindung. Tatsächlich handelt es sich hierbei um eine gegen sich selbst gerichtete Aggression, welche aus der Scham über die eigene brüchige Männlichkeit hervorgeht und in ihrer Selbstbezogenheit für die Manifestation dieser Dynamik bei Schwulen spezifisch ist.

Gibt es mittlerweile Formen von Schwulsein, die gesamtgesellschaftlich weitgehend akzeptiert werden, so werden diejenigen zahlreichen anderen, die nicht anerkannt sind, besonders vehement abgelehnt. Promiskuität, das Aufsuchen von Darkrooms sowie die sexuelle Nutzung von *GayRomeo* werden gemäß heteronormativen und schwulenfeindlichen Maßstäben als unmoralisch klassifiziert. Es besteht ein scheinbarer Widerspruch: Sehr viele Schwule betonen, diese Praxen und ihre Praktiker zu ächten oder zumindest als verwerflich zu erachten. Zugleich aber erfreuen sich diese Lustbarkeiten unter Schwulen hoher Beliebtheit. Elmar Kraushaar drückt dies 2016 in einem Interview mit dem Berliner Tagesspiegel so aus: „Sie führen wieder ein Doppelleben: Auf der einen Seite präsentieren sie sich als gute, fast heterosexuelle Mitbürger. Auf der anderen Seite geht nachts genauso die Post ab wie schon immer. Das will man aber zwanghaft verstecken." (Warnecke 2016) Ebenso angelehnt an gesellschaftliche Vorstellungen von Normalität und „echter" Männlichkeit sind die Kriterien, anhand derer sich Schwule untereinander ablehnen: Normativen Standards von Schönheit nicht entsprechende Schwule, HIV-Positive, arme und ältere Schwule oder Tunten erfahren teils heftige Ausschlüsse. Dannecker und Reiche sprechen in diesem Zusammenhang von einer „kollektiven Neurose" der Schwulen, die gesellschaftlich bedingt ist: „Zur Konstitution der normalen Heterosexualität der gegenwärtigen gesellschaftlichen Epoche gehört unabdingbar die Verdrängung homosexueller Gefühlsregungen, gehören, als Resultat und Garant des Verdrängungsprozesses, verschiedene Formen des dynamischen Ausgleichs, die vor der Wiederkehr des Verdrängten schützen sollen: das projektive Ausagieren unbewußter homosexueller Gefühlsregungen als Homosexuellen-Haß […]. Zum Konstitutionsprozeß der kulturell normalen Heterosexualität gehören unabdingbar kollektiv-neurotische Elemente." (Dannecker/Reiche 1974: 349) Die Gesellschaft ist kollektiv neurotisch, weil zwanghaft heterosexuell verfasst – in heutigen Worten: Heteronormativ. Die kollektive Neurose bewirkt bei Schwulen, dass sie in ihrer Position innerhalb einer schwulenfeindlichen Gesellschaft genau diejenigen Projektionen auf andere anwenden, die ihnen selbst potenziell Leid zufügen (vgl. Dannecker/Reiche 1974: 355). Auch der Selbsthass ist in diesem Sinne immer ein potenzieller, der sich im Anderen gegen sich selbst richtet, gegen jene Anteile, die von ihm getroffen werden könnten.

Die bewegten Schwulen der 1970er Jahre, wie die Gruppe *RotZ-Schwul* oder Dannecker und Reiche, sahen allerdings nicht bloß die oberflächlich als solche erkennbare Ablehnung als Anzeichen für schwulen Selbsthass. Angelehnt an Anna Freud sprachen sie von einer „Identifikation mit dem Aggressor" (vgl. RotZSchwul Frankfurt 1972a: 5) oder von der „Identifizierung mit dem heterosexuellen Angreifer" (Dannecker/Reiche 1974: 356), also einer positiven Bezugnahme auf Schwulenfeindlichkeit, wie es 1973 aus der Gruppe *Homosexuelle Aktion Westberlin* heißt: „Letztlich verbirgt sich hinter all dem Suchen eines Schwulen nach Identität mit den Rollen einer heterosexuell geprägten Umwelt Schwulenfeindlichkeit, die für ihn nichts anderes bedeutet als Selbsthaß aufgrund der Schwierigkeiten, sich selbst zu akzeptieren." (Homosexuelle Aktion Westberlin 1973: 29) Diese Suche nach Identifikation äußert sich unter anderem im Begehren gegenüber dem Idealbild des heterosexuellen Mannes. Begehren und Identifikation sind unmittelbar aneinander gekoppelt, ihre Vorgänge nicht ohne einander zu denken. So kommt man zu dem Schluss, dass man (unbewusst) sein möchte, wen man begehrt. Entsprechend schlussfolgerten Rosa von Praunheim und Martin Dannecker in ihrem Film *Nicht der Homosexuelle ist pervers, sondern die Situation, in der er lebt*[5] bereits 1971: „Schwule wollen nicht schwul sein!" (Praunheim 1971)

Negative Identität und brüchiger Zusammenhalt

Im Gegensatz zu den 1970er Jahren gibt es heute zahlreiche homosexuelle Männer, die offen schwul und in dieser Hinsicht in der Öffentlichkeit sichtbar sind, womit Volker Beck oder Klaus Wowereit aus der parlamentarischen Politik ebenso gemeint sind wie Hape Kerkeling oder Patrick Lindner in der Unterhaltungsindustrie. Die Lindenstraße firmiert mit einem schwulen Paar, und in Talkshows kommen homosexuelle Gäste zu Wort. Neben dieser quantitativ positiven Entwicklung, die auch eine qualitative Verbesserung im Sinne von Akzeptanz durch Sichtbarkeit abbildet, bleibt dennoch die Frage, nach welchen Mustern diese Repräsentation stattfindet. Spezifische schwule Aspekte müssen ausgeblendet und unsichtbar gemacht werden, um öffentlich als Schwuler anerkannt zu werden. Darkrooms, Promiskuität in einer festen Beziehung und *GayRomeo* sind Bereiche schwuler Sexualität, die zentral für die Lebenswelten sehr vieler Schwuler sind und in einer spezifischen schwulen Tradition stehen. Solche Praktiken und Verhaltensweisen müssen aber (in bestimmten, etwa familiären, Zusammenhängen bis ständig) verschwiegen, von sich gewiesen und als unmoralisch verworfen werden – ganz gleich, ob sie in den eigenen Alltag integriert sind oder nicht. Insbesondere Schwule, die dem heteronormativ anerkannten Bild eines normalen, moralisch verträglichen Schwulen nicht entsprechen, sind nach wie vor schwulenfeindlichen Ressentiments ausgesetzt.

Folgt man dieser Ausführung, dann wird schwule Männlichkeit nur dann gesellschaftlich anerkannt, wenn sie sich ihrer schwulen Anteile zu entledigen zumindest vorgibt. Homosexuelle Männer versuchen sich daher dem imaginierten Idealbild des heterosexuellen Mannes anzupassen und den Regeln einer sexualfeindlichen Gesellschaft zu unterwerfen – häufig mit einer Art Überkompensation, die eine groteske Verzerrung der Imagination heterosexueller Normalität zur Folge hat. So lautet es in Praunheims und Danneckers Film: „Da die Schwulen vom Spießer als krank und minderwertig verachtet werden, versuchen sie noch spießiger zu werden, um ihr Schuldgefühl abzutragen mit einem Übermaß an bürgerlichen Tugenden. Sie sind politisch passiv und verhalten sich konservativ als Dank dafür, dass sie nicht totgeschlagen werden." (Ebd.) Entsprechend erklärten sich Aktivisten wie Rainer Sievers die „konservative Haltung" (Sievers 1972: 2) von Schwulen aus ihrer Unterdrückung, aus der Schwulenfeindlichkeit in der Gesellschaft. Die Sehnsucht nach einer Rückerlangung „echter" Männlichkeit erscheint als Fluchtversuch, der nicht zu glücken vermag. Polemischer bezeichnete die RotZSchwul konkrete Versuche der Anpassung als „Farce", die sich etwa in dem Wunsch nach einer lebenslangen monogamen Beziehung als Eheersatz äußern (vgl. RotZSchwul Frankfurt 1972a: 6)[6]. Durch das Paradox, Schwulsein ohne die spezifischen Momente des Schwulseins leben zu wollen, ergibt sich eine negative Identität, die konstitutiv bleibt, sofern der Selbsthass nicht bewusst gemacht wird.

Nun richtet sich dieser teils als Anforderung zu verstehende Wunsch nicht bloß an sich selbst, womit er sich in eigenen Lebensentwürfen niederschlagen würde, sondern verlangt auch von anderen Schwulen, möglichst wenig schwul und möglichst moralisch unangreifbar zu handeln. Anstatt eines solidarischen findet sich in schwulen Kontexten entsprechend ein brüchiger Zusammenhalt. Gleichzeitig sind schwule Zusammenhänge geprägt von engen Freundschaften, die häufig ausschließlich homosexuell organisiert sind. Damit wird schwul durchaus als positive Identität erlebbar. Dannecker und Reiche weisen in ihrer Studie für die 1970er Jahre darauf hin, dass dieser schwulen, positiven Identität zugleich das Korrektiv der heteronormativen Gesellschaft innewohnt, und vermerken vor diesem Hintergrund, dass ein Schwuler in der schwulen Subkultur „zwangsheterosexuelles Verhalten auf zwangshomosexueller Basis vorführt." (Vgl. Dannecker/Reiche 1974: 75)

GayRomeo, als größte schwule Online-Plattform in Deutschland, bietet hier einen hilfreichen Einblick. Diese Community des Web 2.0 ist schwerpunktmäßig darauf ausgerichtet, sexuelle Kontaktaufnahmen zu ermöglichen. Entsprechend sexualisiert sind Rahmen und Selbstdarstellung der Nutzer. Die Optionen zu Profilangaben beinhalten zahlreiche körperliche und sexuelle Auswahlmöglichkeiten. Nutzer_innen können sich durch vorgefertigte „Fußtapsen“ beispielsweise als „Geile Sau“ oder „Süß“ bewerten. Zentral ist, welches Triebziel gewünscht wird, welche Form des Begehrens besteht und wer dazu passt. Diese Suche gestaltet sich jedoch in vielen Fällen nach angeführtem Muster: Durch Verwerfung. Der Begriff „Tunte“ steht in diesem Zusammenhang exemplarisch für die Ablehnung des *zu* schwulen Schwulen auf *GayRomeo*. Die beleidigenden Profilinhalte, die sich gegen Tunten und andere verworfene Schwule richten, sind derart weit verbreitet, dass es eigens gegen diesen Umstand eingerichtete digitale Protestgruppen gibt, wie etwa „Tunten-und-Spinner“. Die Ablehnung von Tunten geht vielfach einher mit ablehnenden Äußerungen über dickere und ältere Schwule sowie schwule Asiaten. *GayRomeo* bietet die Möglichkeit, im Cybersex neue Fantasien zu generieren und lustvolle Sexdates auszumachen. Gleichermaßen ist es eine Selbstverständlichkeit für die Nutzer des Portals, sich als Ware am Verkaufsstand anzubieten. Die Bezahlung ist Begehren als Ware – oder vielmehr das Begehrtwerden. Zur Selbstverständlichkeit wird damit auch das Aussortieren des Gegenübers, der zwar nur als digitales Profil erscheint, hinter dem jedoch immer ein ganz „realer“ Nutzer sitzt. Beim Browsen klickt man den Anderen schnell weg, der einem zu hässlich erscheint, als dass man ihm eine andere Tapse als „Interessant“ hinterlässt – die im Kontext *GayRomeo* eine Beleidigung darstellt. Potenziell wird man dabei selbst weggeklickt und befindet sich in der spannenden Erwartung, abgelehnt oder begehrt zu werden. In dieser Zuspitzung findet sich solch eine Überbewertung der Oberfläche des Gegenübers und damit der Oberfläche von sich selbst weder in heterosexuellen Clubs noch auf heterosexuellen Dating-Portalen. Der Wunsch danach, geliebt zu werden, ist integraler Bestandteil des Wunsches danach, begehrt zu werden. In der schwulen Subkultur hat man sich darauf verständigt, das Begehrtwerden und damit die Oberfläche des Gegenübers an erster Stelle zu platzieren. Beide Wünsche werden unbemerkt eins, so dass die Schönheit alles, was eine Person sonst noch ausmachen könnte, ersetzen soll. Wird man nicht mehr geil gefunden, ist das eine existenzielle schwule Tragödie.

Schwulenunterdrückung findet in der eigenen Subkultur aggressive Ausdrucksweisen, so die These der 1970er Jahre. In diesem Sinne lässt sich die schwule Subkultur heute mit der damaligen vergleichen, was anhand von *GayRomeo* beispielhaft gezeigt wurde. Eine Schlussfolgerung der bewegten Schwulen in den 1970er Jahren daraus lautete, dass die Schwulenunterdrückung auch in der schwulen Subkultur angegangen werden muss: „Gemeinsam besprechen wir [...] unsere persönlichen Probleme, versuchen unsere vom Konsumterror bestimmte Eitelkeit und die aus unserer Unsicherheit heraus entstandene Feindseligkeit abzubauen [...]." (HAW 1972: 1) Der Kampf gegen Schwulenfeindlichkeit wurde als Arbeit an sich selbst verstanden. Diese Erkenntnis war Ergebnis einer Gesellschaftsanalyse, die von einer kapitalistischen Vergesellschaftung ausging und darin Homosexualität in den Mittelpunkt stellte und ihre für diese Gesellschaft spezifische Ausprägung untersuchte. Im Subjekt manifestiert sich demnach die kollektive Neurose der Gesellschaft, als Spezialfall jene der Schwulen, und muss auch subjektbezogen bearbeitet werden, um eine progressive gesellschaftliche Entwicklung in Gang zu bringen.

Pathologie und Emanzipation

Die Begriffswahl der Schwulen der 1970er Jahre – Neurose, Identifikation, Selbsthass – verweist auf ein pathologisches Verständnis von Männlichkeit und Schwulenfeindlichkeit, daraus hervorgehend von schwuler Subjektkonstitution in der vorherrschenden Gesellschaft. Diese Vorstellung einer schwulen Pathologie lehnt die Pathologisierung des Schwulseins ab: Die Problematik mit dem eigenen Schwulsein ist also nicht in der Homosexualität zu suchen, sondern in der Gesellschaft, in der Schwule zum Selbsthass sozialisiert werden. Diese grundsätzliche Überlegung deutet auf einen möglichen Handlungsspielraum hin. Bei der Introjektion der wertenden Instanz, auf der Glück und Unglück bei der eigenen Männlichkeitsfindung basieren, handelt es sich also keineswegs um eine psychische Determinierung, die handlungsunfähig macht. Zum einen muss beachtet werden, dass es neben der männlichen auch eine spezifische schwule Sozialisation[7] gibt, die zwar je nach Individuum unterschiedlich ausgeprägt ist, aber doch einen akzeptierenden Umgang mit Aspekten der eigenen Unmännlichkeit, etwa passiven Analsex zu genießen, zumindest ermöglichen kann[8]. Dabei muss immer die Rolle der Introjektion schwulenfeindlicher Ressentiments in der schwulen Sozialisation beachtet werden. Zum anderen – meines Erachtens der bedeutendere Aspekt – ist ein Bewusstwerden von schwulem Selbsthass möglich. Es sind also potenziell alle Schwulen in der Lage, in der Ablehnung etwa von (anderen) Tunten oder dickeren Schwulen die Ablehnung des eigenen Schwulseins zu erkennen und ihr eigenes Verhalten entsprechend zu befragen. Ich möchte an dieser Stelle nicht missverstanden werden: Dies ist kein moralischer Appell, alle Menschen attraktiv und nett finden zu müssen. Das wäre die falsche Moral, der ein nach Möglichkeit respektvoller Umgang und die Reflexion von Ablehnung und Hass gegenübersteht.

Vor diesem Hintergrund wurde, auf einer theoretisch-politischen und symbolischen Ebene, die Tunte zur avantgardistischen Galionsfigur der Schwulenbewegung der 1970er Jahre. Sie stellt jene Aspekte schwuler Identität und Weiblichkeit besonders heraus, die abgelehnt und von sich selbst abgespalten werden müssen, und fungiert als personalisierte Negation. Die Polit-Tunten der 1970er Jahre und diejenigen, die sich heute in dieser Tradition sehen, tragen zumeist Schminke, Stöckelschuhe und Fummel. Doch ist „die Tunte" mehr als die manifesten Personen, die sich selbst als solche bezeichnen, wie bereits Dannecker und Reiche vermerken: „Aber als Tunte oder mindestens als tuntig kann prinzipiell jeder Homosexuelle von jedem anderen Homosexuellen wahrgenommen werden. Eine Tunte, das ist stets der andere; nämlich derjenige, der im Moment, wo ihn der eine als solche wahrnimmt, die Norm stärker verletzt als dieser. Anders ausgedrückt: Je stärker die Identifizierung eines Homosexuellen mit den Männlichkeitsidealen und Rollennormen seiner Gesellschaft, desto größer ist die Zahl der Tunten in seinem Kopf." (Dannecker/Reiche 1974: 354) Dabei steht die Tunte in gewissem Sinne nicht nur für die abgespaltenen Bedürfnisse, Regungen und Sehnsüchte eines jeden Schwulen, sondern insgesamt einer heteronormativen Gesellschaft und stellt sich ihren Ressentiments selbstbewusst und lustvoll entgegen, indem sie genau diese Anteile – wenn auch nur in der Projektion – auslebt: „[…] sich exhibitionistisch als Sexualobjekt darzustellen, Bewunderung und Anbetung nicht nur in der müden Brechung des sozialen und beruflichen Erfolges zu genießen. […] sich auch einmal ‚wie eine Frau' gehen lassen zu dürfen, nicht immer Initiative ergreifen zu müssen usw. Die Tunten führen den Heterosexuellen und den Homosexuellen gleichermaßen diese Sehnsüchte als ‚abstoßende' Verfremdung vor: kreischen, plappern, sich aufdonnern, exzentrisches Gebaren, lügen, nicht arbeiten, auf Parties immer im Mittelpunkt stehen wollen […]." (Dannecker/Reiche 1974: 355)

Die Tunte repräsentiert gleichermaßen zwei Aspekte schwuler Geschichte und schwuler Lebenswelten. So erscheint zum einen der Aspekt des Lustvollen und des Spaßes als zentrales Element des Tunteseins. Zum anderen verweist die Möglichkeit, überhaupt lustvoll provokant sein zu können, auf ein Leiden, eine Scham. Diese wird zumindest situativ durch das Ekstatische und die Übertreibung der Tunte angegangen. Anstatt verdrängt zu werden und als Hass (gegen sich selbst und andere) wiederzukehren, wird die Scham thematisiert und in ihrem Ursprung, der heterosexuellen Normalität, verortet. Dieser Umgang, in welchem Scham und Trauer konfrontativ anstatt regressiv begegnet werden, erzeugt Lust, für die Tunten selbst genauso wie für diejenigen, die sich an den Tunten erfreuen. Die Tunte erscheint als ein bewusster Ausweg, indem sie sich trotz eines unterdrückenden Gesamtzusammenhangs selbst dazu ermächtigt, sowohl mit Selbstliebe als auch Scham offensiv umzugehen. Sie eröffnet exemplarisch, dass es möglich ist, emanzipatorisch zu agieren, selbstermächtigend zu handeln. Die Aggression, die den Schwulen – unter anderem durch sich selbst – begegnet, nimmt sie auf den Arm, macht schwulen

Selbsthass bewusst – auch bei sich selbst – und „zeigt“, wie es im Dannecker- und Praunheim-Film heißt, „was es bedeutet, schwul zu sein.“ In der Selbstentäußerung, also den eigenen (potenziellen) Selbsthass zu benennen, anstatt ihn als Vorwurf zu benutzen, eröffnet die Figur der Tunte eine Alternative, die sich durch Auseinandersetzung anstatt uneingestandener Negation auszeichnet. Das bedeutet nicht, dass es per se emanzipatorisch sei, sich in einem Fummel als Tunte zu präsentieren. Oder gar, dass dies in irgendeiner Weise „besser“ sei, als gänzlich ohne Schminke schwul zu leben. Nimmt man sich die Tunte als Figur und nicht als konkretes Subjekt, so ist es gleich, wie man sich nun im Alltag anzieht oder schminkt. Dann geht es vielmehr um das uneingestandene Andere in uns selbst, das die Tunte schillernd repräsentiert und dazu einlädt, die Ambivalenz und Konflikthaftigkeit des Subjekts nicht zu verleugnen (vgl. l’Amour laLove 2016a).

Fazit

Der Satz, mit dem dieser Artikel beginnt, muss im Fazit entsprechend wie folgt revidiert werden: Als „echter“ Mann kann sich situativ fühlen, wer möglichst viele Attribute von sich zu weisen versteht, die als unmännlich angesehen werden. Eigene Sehnsüchte und Triebregungen müssen abgespalten, im Bewusstsein verleugnet und mit Ablehnung belegt werden. Der Druck zur Aufrechterhaltung entsteht unter anderem durch die potenzielle Möglichkeit, selbst diesem Hass ausgesetzt zu sein. Die Ablehnung nicht anerkannter, unmännlicher Anteile durch sich selbst und Andere kann potenziell jede_n treffen.

Insbesondere schwule Männlichkeit, indem sie eine Verwerfung darstellt, ist zentral in der Psychodynamik einer gesamtgesellschaftlichen Vorstellung von „echter“ Männlichkeit, die letztlich als Bestandteil einer kollektiven Neurose enttarnt werden kann. Der „echte“ Mann, den es nicht gibt, offenbart sich als Illusion, für deren vergeblich ersehnte Rettung Weiblichkeit unentbehrlich wird. Die Ausgrenzung von Schwulen untereinander sowie die Ablehnung des eigenen Schwulseins hängen mit der heteronormativen Konstitution von Männlichkeit untrennbar zusammen. Schwule selbst verwerfen den schwulen Teil ihrer Identität, lehnen sich anhand schwulenfeindlicher Maßstäbe ab und sind innerhalb dieser Gesellschaft gleichzeitig Schwulenfeindlichkeit potenziell ausgesetzt – inklusive durch sich selbst. Die Problematik des Schwulseins ist nicht ursächlich im Schwulsein, sondern in der schwulenfeindlichen Gesellschaft zu suchen. Im schwulen Subjekt verdichtet sich eine aus der brüchigen Illusion von „echter" Männlichkeit entstandene Dynamik, die gesamtgesellschaftlich relevant ist. Entsprechend lautete die Schlussfolgerung der Schwulenbewegung der 1970er Jahre, dass durch die Arbeit am und durch das Subjekt eine emanzipatorische Wirkung erzielt werden kann.

Die Annahme, dass Männlichkeit ihrer Negation bedarf, eröffnet dem Subjekt die Möglichkeit, sich dieser Negation anzunehmen, sie als Bedürfnis zu integrieren, anstatt das Unmögliche zu versuchen, nämlich sie tatsächlich zu negieren. Schließlich fiele die Vorstellung von „echter" Männlichkeit, die Schwulenfeindlichkeit und Sexismus beinhaltet und fördert, ihrer eigenen Negation anheim, wenn sie ihrer projektiven Verwerfung beraubt wäre. In diesem Sinne bietet die Tunte eine real existierende Handlungsmöglichkeit, indem sie das Andere, das Verworfene umarmt, es seines Schreckens beraubt und in das bewusste Selbst integriert. Nicht jedoch ruft die Tunte als Figur zur bloßen Nachahmung auf, sondern zur Reflexion und der damit einhergehenden Anerkennung der Tunte in uns allen[9].

Anmerkungen

1 Die Schwulenbewegung der 1970er Jahre war studentisch geprägt und theoretisierte ihren aktivistischen wie persönlichen Alltag in hohem Maße. Damit verbanden sich schwulenpolitische Theorie und Praxis auch in den praxisorientierten Selbsterfahrungsgruppen mit einer entsprechenden Selbstverständlichkeit. Die Auseinandersetzung mit dem Zusammenhang von Scham, Schwulsein und der Ablehnung von Weiblichkeit waren von Beginn an integraler Bestandteil der Diskussionen. Zur wissenschaftlichen Einordnung der Schwulenbewegung der 1970er Jahre empfiehlt sich der Sammelband *Rosa Radikale* (vgl. Pretzel/Weiß 2012) sowie meine Arbeiten zur *Homosexuellen Aktion Westberlin* (vgl. l'Amour laLove 2012a; l'Amour laLove 2012b; l'Amour laLove 2016b).

2 Der Begriff „Tunte" wurde ähnlich wie das Wort „schwul" bis in die 1960er Jahre ausschließlich pejorativ gebraucht. Die politischen Schwulen der 1970er Jahre eigneten sich beide Begriffe an und benutzten sie zur positiven Selbstbeschreibung. In Martin Danneckers und Rosa von Praunheims Film *Nicht der Homosexuelle ist pervers, sondern die Situation, in der er lebt* wird die Tunte zur politischen Avantgarde stilisiert, da sie der Anforderung an Schwule trotzt, sich heterosexuellen Vorstellungen anzupassen. Zahlreiche bewegte Schwule nannten sich fortan selbst Tunten und verbanden damit spezifische politische Implikationen, insbesondere einen lustvollen und provokativen Aktivismus. Die Tunte wurde vielen ein Sinnbild für den bewegten, linksradikalen Schwulen (vgl. l'Amour laLove 2012a: 44f). In der Praxis zeichneten und zeichnen sie sich durch das gleichzeitige Tragen etwa von Schminke, Brusthaar und einem Fummel aus – einem Kleid, das durch die Tunte als Besitzerin zum tuntigen Kleidungsstück mit dieser selbstironisch abschätzigen Bezeichnung wird. Seit der Politisierung der „Tunte" in den 1970er Jahren findet darüber hinaus häufig eine Abgrenzung von Drag-Queens statt, die Glamour und Schönheit ausdrücken wollen, sowie von Travestiekünstlerinnen, die auf der Bühne eine perfekte Kopie von Weiblichkeit versuchen (vgl. ebd. 51f). Die Tunte hat seit den 1970er Jahren selbstverständlich zahlreiche Bedeutungsverschiebungen und -ergänzungen erlebt. Heute gibt es gleichermaßen Tunten, die sich mit einem linksradikalen politischen Selbstverständnis auf die 1970er Jahre berufen, wie es Tunten oder „Transen" gibt, die sich ausschließlich zu Partyzwecken oder einmal im Jahr zum Christopher Street Day auffummeln – oder beide und sicherlich noch mehr Aspekte in sich vereinen.

3 Dies ist nicht mit einer allgemeinen Beliebigkeit zu verwechseln. Passivität, narzisstischer Selbstbezug oder Hingabe sind festgelegte Marker für Weiblichkeit oder Schwulsein in unserer Gesellschaft. Diffus sind vielmehr die Möglichkeiten der Assoziation. Beispielsweise kann ein bestimmter Kleidungsstil in einer Situation besonderes Anzeichen für „geglückte" Männlichkeit sein und in einer anderen dazu führen, als

unmännlich und schwul klassifiziert zu werden. Dazu zählt Ledermode ebenso wie Herrenhandtaschen.

4 Martin Dannecker und Reimut Reiche führten zu Beginn der 1970er Jahre eine bis dato einzigartige empirische Studie mit homosexuellen Männern durch. Einzigartig war nicht nur ihr Umfang, sondern auch ihre deutliche Parteilichkeit für die Emanzipation der Schwulen. Ihr 1974 erschienenes Studienergebnis *Der gewöhnliche Homosexuelle* wurde zum regulären Bestandteil schwulenpolitischer Büchertische.

5 Der Film wird häufig als Initialzündung für die westdeutsche radikale Schwulenbewegung der 1970er Jahre bezeichnet. Tatsächlich kam es während der Diskussionen nach seinen Aufführungen in bundesdeutschen Kinos zu zahlreichen Gruppengründungen, unter anderem jener der Homosexuellen Aktion Westberlin (vgl. l'Amour laLove 2012a: 24f).

6 Während in der heterosexuell dominierten Linken der damaligen Zeit Monogamie als bürgerlich kategorisch abgelehnt wurde, rückte bei den bewegten Schwulen eine differenziertere Auseinandersetzung mit Beziehung und Sexualität in den Mittelpunkt. Beziehungen, Freundschaften und Sex ohne Zwang sollten versucht werden. Dazu gehörte auch eine Abkehr von der dogmatischen Auffassung, Promiskuität sei gegenüber Monogamie progressiver und daher politisch zu befürworten (vgl. l'Amour laLove 2012a: 75).

7 Zur schwulen Sozialisation gehört bereits das erste Aufflackern des homosexuellen Begehrens, welches spätestens im Prozess des Bewusstwerdens der eigenen Homosexualität als identitäre Möglichkeit eine bedeutende Rolle im schwulen Individuationsprozess einnimmt (vgl. Dannecker/Reiche 1974: 30f; Dannecker 2000). Der Umgang mit dem Schwulsein beinhaltet andere Anforderungen an das Subjekt als das Heterosexuellsein. Insbesondere im Coming-out wird etwa deutlich, dass Schwulen, wie auch Lesben, besondere Anstrengungen vorbehalten sind – etwa die der Entäußerung, das „Bekenntnis" zum eigenen Begehren vor anderen Menschen. Zur schwulen Sozialisation sind außerdem zentral die (mögliche) Sozialisation in schwulen Kontexten sowie das teils spezifische Erleben einer heterosexuellen Umwelt zu zählen.

8 Interessanterweise kann innerhalb schwuler Kontexte auch passiver Analsex, gesamtgesellschaftliches Sinnbild der Herabwürdigung als Schwuler, zu einem Marker „echter" Männlichkeit werden. Nämlich wenn es darum geht, möglichst „belastbar" zu sein und viel „aushalten" zu können. Schließlich wird der Schmerz, der bei der Penetration entsteht, ertragen und ist für einen echten Mann nicht der Rede wert oder gar Genuss.

9 Dieser Artikel ist eine aktualisierte Version und wurde zuerst 2014 in seiner vorherigen Fassung veröffentlicht in dem Sammelband *Männlichkeiten. Kontinuität und Umbruch*.

Freiheit und Herrschaft

Zur desexualisierten Sexualität am Beispiel von GayRomeo

Marco Ebert

„Die Gesellschaft verwandelt alles, was sie berührt, in eine potentielle Quelle von Fortschritt *und* Ausbeutung, von schwerer Arbeit *und* Befriedigung, von Freiheit *und* Unterdrückung. Die Sexualität bildet keine Ausnahme."

Herbert Marcuse, *Der eindimensionale Mensch,* S. 97

Prolog: Sexuelle Freiheit

Der vorliegende Beitrag stellt den Versuch einer materialistischen Kritik an der sogenannten sexuellen Freiheit am Beispiel des schwulen Online-Dating-Portals *GayRomeo* dar. Diese Kritik ist insofern eine parteiische Kritik, als dass sie nicht ein Zuviel an Freiheit, sondern ein Zuwenig kritisiert. Sie verbündet sich mit den Außenseitern, die von jeder, auch den bürgerlichen Freiheiten abgeschnitten sind, weil sie in den Fabriken der sogenannten Dritten und Zweiten Welt unsere Jockstraps nähen oder Computer zusammenstecken müssen, um zu überleben, oder weil sie in den Theokratien des Nahen Ostens aus Angst um ihr Leben im Verborgenen bleiben müssen. Die Kritik ist maßlos, weil sie sich nicht mit der deformierten Freiheit zufriedengibt, die die westlichen Gesellschaften ihren Bürgern gewährt. Es wird zu zeigen sein, wie wenig diese sexuelle Freiheit mit einer freien Entfaltung der individuellen Neigungen und Träume der Individuen und wie viel sie mit Herrschaft und

Unterdrückung gemein hat. Die, die im Zusammenhang mit *GayRomeo* von Emanzipation und sexueller Freiheit sprechen, werden es sich gefallen lassen müssen, dass man sie beim Wort nimmt und ihre Versprechen prüft. Dabei sollen die gesellschaftlichen Fortschritte, die in den westlichen Industriestaaten in Bezug auf Homosexuellenrechte gemacht wurden, weder verdammt noch kleingeredet werden. Sie bedeuten eine reale Verbesserung für viele Homo- und Transsexuelle, und dieser Fortschritt ist gegen die Moralisten, Kleriker und autoritären Bewegungen zu verteidigen. Doch die Notwendigkeit, diesen Fortschritt zu verteidigen, zeigt zugleich, wie brüchig er ist. Gesellschaftlicher Fortschritt bedeutet in den bestehenden Verhältnissen nicht die Freiheit des Einzelnen von Herrschaft – doch genau daran wäre Freiheit zu messen. Die Kritik wird auch deshalb als maßlos gelten, weil sie die Kategorien der bestehenden Verhältnisse missachtet. Die anti-utopische Vernunft und der gesunde Menschenverstand, die sich miteinander gegen die Menschen verschworen haben, sollen nicht die Grenzen dieser Kritik sein. Sie wird sich nicht auf die Diskussion einlassen, wonach das Boot voll sei oder Freiheit für alle nicht machbar wäre. Sachzwänge gehören nicht berücksichtigt, sondern abgeschafft. Solange die sexuelle Freiheit von der Hautfarbe, dem Erfolg bei der Entäußerung der eigenen Arbeitskraft und dem Pass abhängt, verdient sie diese Bezeichnung nicht. Ihr noch nicht verwirklichtes Versprechen bleibt jedoch die Verpflichtung der Kritik.

I. Freiheit und Herrschaft

Verrauchtes Fernsehstudio des Österreichischen Rundfunks, Talkrunde, kurz nach der Bundestagswahl 1980 in der BRD. Zu Gast ist unter anderem der Student und schwule Nachwuchsautor Ronald M. Schernikau. Es geht um das vielbeschworene Problem der Politikverdrossenheit, und passend dazu zitiert der Moderator aus Schernikaus *Kleinstadtnovelle*. Bis heute hat sich die falsche Einordnung des Buches als „Coming-out-Roman“

gehalten. Dabei ist das Buch alles andere als die Erzählung einer schwulen „success story" – vom schüchternen Jungschwulen zum selbstbewussten schwulen Mann. Die Kleinstadtnovelle ist vielmehr eine Abrechnung mit der bürgerlichen Gesellschaft und ihrem oft sinnentleerten Gebaren von „Freiheit" und „Subversion". Aus der Perspektive des schwulen Außenseiters kritisiert der Autor den angepassten Spießbürger gleichermaßen wie den pseudoradikalen, kiffenden Rebellen, der in seinem Konsumverhalten (Parka, abgewetzte Turnschuhe, Joint und bunte Buttons) bereits eine radikale Abkehr von der bestehenden Gesellschaft sehen will.

Politikverdrossenheit also: Nun fragt der Moderator der Talkrunde Schernikau, ob das Buch mit Sätzen wie „wenn wir nur genug rauchen, hörn die schon auf mit ihren akws" nicht gefährlich sei und Jugendliche in ihrem Fatalismus bestärke. Literatur, die Distanz verlangt und nicht zur direkten Identifizierung mit dem Geschriebenen einlädt, erscheint dem Moderator offensichtlich unvorstellbar. Die bittere Ironie des zitierten Satzes bleibt von ihm unbemerkt. Zunächst stimmt Schernikau mit einer Anekdote in das allgemeine Gerede von der Politikverdrossenheit ein, verwehrt sich dann jedoch der ihm zugedachten Rolle als jugendlicher Moralist. Er berichtet von einem gemeinsamen Fernsehabend mit sich als politisch links verstehenden Kommilitonen. Im Fernsehen lief eine Debatte, in der Willy Brandt sich gegen den Sozialismus aussprach. Die Kommilitonen indessen nahmen dies wiederum vollkommen gleichgültig hin. Sie waren nichts anderes gewöhnt. Schernikau will sich über ein solches Verhalten nicht bloß empören wie seine Mitdiskutanten in der Talkshow. Er führt die Indifferenz der Studenten auf allgemeine Tendenzen der bürgerlichen Gesellschaft zurück und lenkt damit den Blick auf die Gesellschaft als Ganzes: „Was wichtig ist, ist dieses Phänomen. Es verändert sich nichts und andererseits dieses sich zufrieden geben. Ich kann nen Schwulen zwei Tage nach nem Saunabesuch nicht auf Freiheit ansprechen, weil er sagen wird: ‚Ich habe ja alles. Ich kann ficken, mit wem ich will. Was will ich mehr?' – Das sind Sachen, die liegen ganz nah beieinander: Die totale Unzufriedenheit und die totale Zufriedenheit. Beides ist so blöd wie das andere." (terrortuntenterror 2009)

Diese Aussage hat auch heute noch etwas Skandalöses. Nicht so sehr wegen des Benennens schwuler Sexualität und Promiskuität, dem Saunafick, sondern weil diese sexuelle Freiheit weder als allgemeine Freiheit dargestellt noch als Indikator für Emanzipation verstanden wird. Mehr noch scheint die angesprochene Freiheit („Ich kann ficken, mit wem ich will") mit konformem Verhalten („totale Zufriedenheit") in einer prinzipiell unfreien, kapitalistischen Gesellschaft vereinbar zu sein. Schernikau zeigt sich hier als unnachgiebig, als jemand, der sich mit den erkämpften Verbesserungen für die Schwulen noch nicht zufriedengeben will und diese sogar in einen Zusammenhang mit der gesellschaftlichen Herrschaft bringt.

Freiheit und Herrschaft liegen eng beieinander. Insbesondere bei der Betrachtung der Sexualität wird dies deutlich. Der heute Freiheit verheißende Ort, an dem schwule Sexualität ausgelebt werden kann, ist nicht mehr so sehr die zitierte Gaysauna. Dieser Teil der Subkultur wird eher mit den 1970er und 1980er Jahren verbunden und gilt unter vielen jungen Schwulen als schmuddeliger Ort, an dem sich vor allen Dingen ältere Männer auf der Suche nach halbanonymem Sex aufhalten. Es ist vielmehr das Internet, sei es die Internetpornografie oder das Online-Dating, das ein scheinbar ungeheuerliches Maß an sexueller Freiheit bietet. In einem Vortrag nannte der deutsche Sexualwissenschaftler Martin Dannecker das Internet treffend „die größte Puffmutter aller Zeiten". Der Satz „Ich kann ficken, mit wem ich will" gehört heute zu Apps wie *Grindr* oder dem hierzulande weitverbreiteten *GayRomeo*. Nicht selten blicken Heterosexuelle mit einer Mischung aus Neid und moralischer Entrüstung auf das schier unerschöpfliche Angebot an möglichen Sexdates, die sich insbesondere für junge Schwule beim Besuch der genannten Onlinedienste binnen weniger Minuten ergeben können. Die Betreiber des Dating-Portals *GayRomeo* beschreiben ihre Website als einen Ort, an dem „schwule Männer ihre wahre Sexualität ausleben können: wo sie sie zeigen, darüber reden und teilen – ohne Hemmungen!" (Planetromeo)

Eine nähere Betrachtung dieses vermeintlichen Reiches der (sexuellen) Freiheit, seiner Verheißungen und Enttäuschungen, lohnt sich also, wenn es um die Möglichkeit von Emanzipation und Freiheit unter den Bedingungen der gegenwärtig herrschenden Verhältnisse gehen soll.

Zwar fokussiert sich dieser Beitrag auf schwule Sexualität am Beispiel des Online-Datings, aber zugleich werden hier allgemeine gesellschaftliche Tendenzen beschrieben. Diese Tendenzen treten an den genannten Beispielen deutlicher und von Moral unverstellter zutage, sind aber zugleich bereits in allen anderen Kulturentwicklungen und -produkten der bürgerlich-kapitalistischen Gesellschaft enthalten, gemäß der These, dass jede Kulturkritik nur dann richtig ist, wenn sie universell ist und auf das gesellschaftliche Ganze abzielt. Nachdem im nun folgenden Abschnitt zunächst eine theoretische Annäherung an die Verbindung befreiter Sexualität und Unterdrückung beschrieben wird, soll im dritten und abschließenden Teil diese Theorie am Beispiel von *GayRomeo* nachvollzogen werden. Hier werden einige typische Funktionen dieser Plattform wie die Anmeldung, das Suchen nach dem geeigneten Gegenüber und dem Chat näher betrachtet.

II. Falsche Bedürfnisse und repressive Entsublimierung

Das von Schernikau aufgeworfene Problem, dem Verhältnis von Freiheit oder der sexuellen Emanzipation einerseits und der Konformität in einer unfreien Gesellschaft andererseits, war 1980 keineswegs ein ganz neues. Bereits seit den 1920er Jahren beschäftigten sich in Deutschland die Mitglieder des Instituts für Sozialforschung in Frankfurt am Main mit der Frage, warum die von Karl Marx prognostizierte Revolution in den entwickelten kapitalistischen Ländern ausblieb. Warum sich die Menschen stattdessen mit den gesellschaftlichen Verhältnissen arrangierten, die ihnen selbst immer wieder Leid und Elend einbrachten. Entgegen der Verelendungsthese von Marx, wonach sich die immanenten Widersprüche im Kapitalismus immer weiter verschärfen und schließlich das Proletariat zur Revolution treiben würden, verbesserten sich allmählich die Lebensbedingungen für ein Gros der Bevölkerungen der westlichen Industriestaaten. Bezogen sich diese Verbesserungen zunächst nur auf die Freiheit zu konsumieren, vollzog sich ab den 1960er Jahren auch ein gesellschaftlicher Wandel in Bezug auf sexuelle Freiheiten in den hochentwickelten kapitalistischen Gesellschaften. Erst bloß für die Heterosexuellen, sehr viel später allmählich auch für Homosexuelle.

Vor dem Hintergrund dieser neuen Freiheiten einerseits und des sich zuspitzenden Kalten Krieges andererseits, in dem die Vernichtung der Menschheit durch einen Atomkrieg nicht mehr bloß ferne Dystopie, sondern reales Potenzial der entwickelten Produktivkräfte war, schrieb Herbert Marcuse 1964 *Der eindimensionale Mensch*. Merkmal der von Marcuse beschriebenen eindimensionalen Gesellschaft ist die Versöhnung des Widerspruchs von Freiheit und Herrschaft. In ihr erscheint den Menschen das Irrationale als unmittelbar vernünftig und jede Kritik daran als irrational und weltfremd. Der Gedanke etwa, dass 100 Tote weniger schlimm sind als 1000, erscheint in ihr nicht als wahnsinnig, sondern als leicht zu berechnende Tatsache. Unter diesem Denken verwandelt sich alles, Menschen wie Dinge, in quantifizierbare Größen, die verwaltet werden können. Dieses Denken ist kein zufälliges Produkt irgendwelcher obskuren Überlegungen, sondern die konsequente Anwendung der kapitalistischen Akkumulationslogik unter den Bedingungen der gewachsenen Produktivkräfte, die auf Vereinheitlichung und Automatisierung zielen. Nach dieser Logik kann alles auf einen Wert abstrahiert und getauscht werden. Nicht die Freiheit des Einzelnen von Leid und Elend steht dann im Mittelpunkt des menschlichen Handelns, sondern die Akkumulation von Mehrwert. Die Unterordnung unter diese Logik ist weder eine bewusste noch eine freiwillige Entscheidung der Individuen. Sie wird durch die Verhältnisse selbst erzwungen, auch wenn dieser Zwang immer seltener als eben solcher auftritt. Als irrationale Rationalität erscheint sie den Menschen alternativlos, vernünftig und gleichzeitig in ihrem eigenen Interesse.

Die Manipulation der Individuen durch die Gesellschaft sei dort am erfolgreichsten, wo sie an deren konkreten Bedürfnissen ansetzt beziehungsweise neue, falsche Bedürfnisse erzeugt. Vielfältige Beispiele dafür sind in der Reklame zu finden, wenn etwa ein Automobil mit einem ganzen Set an Bedürfnissen, die durch den Kauf befriedigt werden sollen, beworben wird. Da verspricht der Autohersteller dem potenziellen Kunden Freiheit, Unabhängigkeit, im übertragenen Sinn stetes Vorankommen und eben auch sehr oft sexuellen Erfolg. Die Bezeichnung bestimmter Bedürfnisse als „falsche Bedürfnisse" bedarf jedoch einer näheren Erläuterung. Gerade dieser Begriff wird allzu oft als eine moralische Wertung missverstanden. Marcuse hingegen unterscheidet zwischen jenen Bedürfnissen, deren Befriedigung „die Vorbedingung für die Verwirklichung *aller* Bedürfnisse, der unsublimierten wie der sublimierten" ist, also jene, die das Individuum schlicht am Leben erhalten (Nahrung, Kleidung, Unterkunft), und den falschen Bedürfnissen, deren einziger Zweck es ist, das herrschende System zu verewigen (vgl. Marcuse 1980: 25). Dabei werden jene falschen Bedürfnisse nicht zwangsläufig vom Individuum als solche erkannt. Es identifiziert sich mitunter mit ihnen und sie werden damit tatsächlich zu seinen eigenen. Der regelmäßige Neuerwerb eines Fernsehgeräts auf dem jeweils neuesten Stand der Entwicklung oder die tagtägliche monotone Lohnarbeit können dem Individuum tatsächlich zum Begehren und das Vorenthalten ihrer Befriedigung als leidvoll erfahren werden. Nichtsdestotrotz handelt es sich dabei um Wünsche, die sich nur auf Grundlage der herrschenden Verhältnisse entwickeln konnten und ohne diese als schlicht irrational erscheinen müssen.

Nun werden durch die Gesellschaft nicht nur neue falsche Bedürfnisse geschaffen, sondern auch bereits bestehende Bedürfnisse so zugerichtet, dass sie der Herrschaft dienlich sind und nur als solche frei ausgelebt werden dürfen. Dabei erscheint die Libido als zentral für die gesellschaftliche Manipulation von Neigungen und Begehren der Menschen. Marcuse bedient sich einiger psychoanalytischer Überlegungen, wenn er schreibt: „Die technische und politische Bewältigung der transzendierenden Faktoren im menschlichen Dasein, die für die fortgeschrittene industrielle Zivilisation so charakteristisch ist, setzt sich hier in der Triebsphäre durch: Befriedigung auf eine Weise, die Unterwerfung hervorbringt und die Rationalität des Protests schwächt. Die Reichweite gesellschaftlich statthafter und wünschenswerter Befriedigung nimmt erheblich zu; aber auf dem Wege dieser Befriedigung wird das Lustprinzip reduziert – seiner Ansprüche beraubt, die mit der bestehenden Gesellschaft unvereinbar sind. Derart angepaßt, erzeugt Lust Unterwerfung. Im Gegensatz zu den Vergnügungen der angepaßten Entsublimierung bewahrt die Sublimierung das Bewußtsein der Versagungen, die die repressive Gesellschaft dem Individuum auferlegt, und hält damit an dem Bedürfnis nach Befreiung fest." (Marcuse 1980: 95) Während die Sublimierung also lediglich den vermittelten Genuss gewährt und damit den Widerspruch zwischen Lust- und Realitätsprinzip nicht aufhebt, sondern stets in Erinnerung ruft, stellt die repressive Entsublimierung die Versöhnung der beiden dar. In ihr wird die „Sexualität in gesellschaftlich aufbauenden Formen befreit" (ebd.: 91) und verliert damit ihren transzendierenden Charakter. Sie steht nicht mehr im Widerspruch zu Arbeit und Mühsal, sondern passt sich diesen an. Die Sexualität wird also zunächst desexualisiert, ehe sie frei ausgelebt werden darf. Wie diese desexualisierte Sexualität aussieht, in der sich Freiheit mit Unterwerfung verbündet, soll im Folgenden beispielhaft anhand des schwulen Online-Datings dargestellt werden.

III. Online-Dating und desexualisierte Sexualität am Beispiel von GayRomeo

Der erste Schritt des Users hin zur erfolgreichen Nutzung eines Datingportals wie *GayRomeo* führt zur Anmeldung. Hier wird das Profil erstellt, mit dem er sich später vor den anderen Nutzern präsentieren soll. Schon an dieser Stelle zeigt sich, dass der Nutzer es mit einer vollkommen fertigen Apparatur zu tun hat, die in einem genormten Verfahren die virtuelle Identität herstellt. Es spielt dabei keine Rolle, wer sich gerade vor dem Computer befindet. Die Benutzeroberfläche ist abgesehen von der zu ändernden Sprache für alle gleich. Jedes Subjekt kann sich in diese Apparatur einordnen. In der *Dialektik der Aufklärung* bezeichnen Max Horkheimer und Theodor W. Adorno das Vergnügen im Kapitalismus als eine „automatisierte Abfolge genormter Verrichtungen" (Horkheimer/Adorno 2006: 145), und das schwule Online-Dating ist hier keine Ausnahme.

Nach der Vermessung des Körpers (von der Körpergröße und dem -gewicht, über Augenfarbe und Haarlänge, hin zur Schambehaarung und Penislänge) erfolgt die Angabe von Interessen, Hobbys, dem Beruf oder dem Lieblingsessen. Bis auf die Auswahl der Profilbilder, einer Überschrift, die die Aufmerksamkeit der anderen Nutzer erheischen soll, sowie dem Entwerfen eines Profiltextes sind alle Angaben bereits vorgegeben. Hier kann nur aus unterschiedlichen Optionen ausgewählt werden. Das schwule Subjekt entwirft sich hier selbst in einer verdinglichten Form. Wie an ein Ding werden bestimmte Eigenschaften herangeschraubt. Die Eigenschaften werden dabei nicht weiter entwickelt. Sie sollen für sich selbst sprechen, und so finden sich etwa in der Rubrik „Interessen" neben der Antwortmöglichkeiten „Literatur" und „Politik" ebenso „Sammeln", „Modellbau" oder „Natur & Tiere". Individuelle Neigungen und intellektuelle Beschäftigungen erscheinen hier als zu sammelnde Attribute, die in ihrer Summe die Persönlichkeit ergeben. Von der jeweils spezifischen Qualität wird abstrahiert.

Nach dem gleichen Schema wird auch mit den „Sexuellen Vorlieben" verfahren. Die eigene Sexualität, die für Generationen von Menschen nur schwer auf einen Begriff zu bringen war, wird hier in einem Handstreich auf drei Kategorien reduziert (Top, Bottom, Top & Bottom beziehungsweise Aktiv, Passiv, Aktiv & Passiv) und durch einige Fetische ergänzt. Sexualität erscheint so als ein den Menschen entäußerter Gegenstand, den sie nicht nur durch bestimmte Handlungen bearbeiten, sondern eben auch vergegenständlicht beschreiben können. So betrachtet erscheint die Anmeldung zum Online-Dating für einen Menschen mit Fähigkeiten, Träumen und Wünschen als ein ziemlich herabwürdigendes Unternehmen, soll doch das spätere Profil über ihn selbst Auskunft geben. Individuen und ihre Beziehungen untereinander werden verdinglicht. Dies geschieht jedoch nicht aus Boshaftigkeit der *GayRomeo*-Betreiber, sondern dient insbesondere der Austauschbarkeit der Menschen untereinander, wie sich schnell nach der erfolgreichen Anmeldung zeigt. Die Menschen werden über die Abstraktion jeder individuellen Eigenschaft zur Masse zusammengefügt und dadurch untereinander austauschbar. Die mannigfaltigen Neigungen, Vorlieben und Fähigkeiten werden auf einige wenige anzukreuzende Begriffe reduziert. Am Ende dieses Prozesses stehen der verdinglichte Mensch und die desexualisierte Sexualität.

Nun bleiben noch die bereits erwähnten freien Felder, in denen der Nutzer Bilder einstellen und eigene Texte formulieren kann. Gerade sie sollten doch das Prinzip der Verdinglichung aufbrechen können. In ihnen kann sich der Nutzer frei und individuell präsentieren, so mag man zunächst denken. Doch auch hier gibt es bereits klare Grenzen, zumindest dann, wenn der Nutzer später von den anderen wahrgenommen werden und mit ihnen Dates vereinbaren will. Diese Grenzen sind jedoch nicht ganz so leicht zu erkennen. So werden häufig Profilbilder gefordert, auf denen das Gesicht der Profilbesitzer klar und deutlich zu erkennen ist. In vielen Profilen findet sich der Satz „*no pic no chat!*", mit dem bilderlose Profile von vornherein von jeder Kontaktaufnahme ausgeschlossen werden sollen. Seitens vieler User gibt es demnach klare Anforderungen an ein Profilbild, das der eindeutigen Identifizierung des Gegenübers dienen soll. Falsche Angaben oder Uneindeutigkeiten werden selten geduldet – die Maxime scheint klar: Der User soll mit seinem Profil identisch sein. Und da die Apparatur bereits eine fertige und durch den einzelnen User nicht mehr unmittelbar zu verändernde ist, kann dies letztlich nur über die Anpassung des Menschen an die Apparatur erfolgen. Er wird bei der Darstellung seiner selbst immer wieder auf das vorgegebene Schema zurückgeworfen. Wer ausschert oder Bilder von anderen Menschen in sein Profil einstellt, wird schnell als „Faker" denunziert und gegebenenfalls bei den Betreibern gemeldet.

Und auch viele Profiltexte fügen sich dem Schema der verdinglichten und von ihrem individuell-konkreten Gebrauch losgelösten Interessen und Vorlieben ein. Hier finden sich häufig +/– Listen, also Listen, die Dinge enthalten, die dem User gefallen, und solche, die ihm missfallen. Oft handelt es sich dabei um Autoren, Bands, Speisen oder Orte, zumeist alles Dinge, die konsumiert werden können. Jedes Wort erscheint hier wie eine Marke, die jeweils für sich selbst spricht und deshalb keiner weiteren Erläuterung bedarf. Auch hier wird die Persönlichkeit als die Summe der konsumierten Marken vorgestellt. Anhand dieser +/– Listen können nun die User untereinander feststellen, wie viele Übereinstimmungen sie miteinander haben. Hier kann das Gegenüber eindringlich betrachtet und abgeschätzt werden, ehe es zur Kontaktaufnahme kommt. Die freien Felder erweisen sich somit also nur auf den ersten Blick als frei.

Insgesamt zeigt sich bereits bei der Anmeldung zum Online-Dating ein Widerspruch, der auf die bürgerliche Gesellschaft als ganze deutet. Während sich die Individuen in der Anmeldung selbst austauschbar machen, indem sie ein Profil generieren, das selbst bloß eine Ansammlung vorgegebener Attribute ist, wird die spätere Austauschbarkeit, also etwa dann, wenn ein User ein anderes Profil dem eigenen vorzieht und man selbst aussortiert wird, als leidvoll erfahren. Die Angst vor der Austauschbarkeit und zugleich die eigene Herstellung eben jener Austauschbarkeit ist aber nur auf den ersten Blick ein widersprüchliches Verhalten. Dann, wenn der User sich mit dem, was die Apparatur einem anbietet und aus einem macht, identifiziert, wird der Akt der Profilerstellung nicht als Herstellung von Austauschbarkeit, sondern als Darstellung und Entfaltung der eigenen Persönlichkeit verstanden. Dieses Missverständnis kann nicht allein durch den Zwang von außen beziehungsweise den Vorgaben der Benutzeroberfläche erklärt werden, sondern weist auf eine durch die Gesellschaft präformierte Wahrnehmung und Bewusstseinsverschiebung hin, die bereits vor dem Besuch des Onlinedienstes erfolgt sein muss. Selbst dort, wo die Individuen frei über sich schreiben könnten, fallen sie auf das Prinzip der Verdinglichung zurück. Die erzwungene Abstraktion von all dem, was ein Individuum einzigartig und liebenswürdig machen könnte, wird als Freiheit, sich einem anderen präsentieren zu können, begriffen. Der Prozess der Verdinglichung wird als vernünftig und alternativlos angesehen, während das, worin sich die Menschen tatsächlich voneinander unterscheiden würden, unterentwickelt bleibt. Die Individuen identifizieren sich mit ihrer Identität, wobei diese weniger als gesellschaftliches Konstrukt denn als Ausdruck ihres eigenen Wesens wahrgenommen wird. Sie vergessen dabei, dass sie mehr sind oder mehr sein könnten als das Bild, das sie hier von sich entwerfen, in Farben und einer Sprache, die nicht ihre ist, sondern der Herrschaft über sie entspringt. Indem sich die Menschen jedoch mit diesem verdinglichten Bild identifizieren, das heißt, sich selbst und alle anderen so wahrnehmen, schreibt sich die Gesellschaft in sie ein. Die Menschen denken und lieben in diesen Kategorien.

Was nach der Anmeldung folgt, ist nunmehr der bloße Vollzug dessen, was zuvor vorbereitet wurde: Das Konkurrieren mit den anderen Usern um ein Date. Die Auswahl wird durch die Apparatur unterstützt, indem sie entlang den zuvor gemachten Angaben einige Suchparameter anbietet, die manuell ausgewählt werden können. Sucht ein User etwa ausschließlich nach Typen aus Berlin, die unter 25, unbehaart, beim Ficken passiv sind und einen XXL-Schwanz haben, so kann er dies dementsprechend einstellen, und der Computer zeigt ihm eine Tabelle mit allen Usern, die diesen Angaben genügen. In der Liste finden sich dann noch einige weitere Angaben wie das Profilbild, die Headline und die Maße des jeweils angebotenen Körpers. Nun kann der suchende User bequem vergleichen, das für ihn passende Angebot auswählen und die Kontaktaufnahme starten.

Doch die Suchmaschine ist nicht das einzige Instrument, das dem Suchenden die Auswahl erleichtern soll. Jedes Profil verfügt über ein Gästebuch, in dem Besucher Lob und Tadel hinterlassen können. Außerdem gibt es die Tapsenfunktion. Tapsen sind kleine Bilder, denen verschiedene Attribute wie „Witzig", „Sympathisch", „Geiler Schwanz" oder auch Aufforderungen wie „Hätte gerne Sex mit dir" oder „Lust auf 'nen Drink?" zugeordnet sind und die von jedem User an alle anderen vergeben werden können. Profile, die die meisten Tapsen erhalten haben, werden in einer für alle einsehbaren Rangliste ausgestellt. Nicht wenige werben stolz mit einem Screenshot ihrer Ranglistenplatzierung und zeigen damit die Beliebtheit ihres Profils an. Vermittelt durch das Internet verwandeln sich die User in Talentscouts und Produkttester. Sexualität erscheint damit als harte Arbeit an sich selbst (oder zumindest an dem eigenen Profil), die entlohnt werden will.

Das ganze System ist bereits auf Selektion ausgelegt. Die Männer, die bestimmten Idealtypen nicht entsprechen, werden schlicht aussortiert und können nur noch wie ein guter Wein oder ein Stück Kunst auf den Liebhabertypen warten, dessen Fetisch sie befriedigen. Das System ist aber nicht die Benutzeroberfläche der Homepage alleine. Wahrnehmung und Bewusstsein der User selbst sind bereits von dem Gedanken der Austauschbarkeit und des Ordnens durchdrungen. Niemand will ein schlechtes Geschäft machen, gerade deswegen wird oft so emotional auf sogenannte „Faker" reagiert, die durch Täuschung Leistungen erschleichen wollen. Das Bewusstsein, selbst einen Wert zu haben, was nichts anderes bedeutet, als austauschbar zu sein, sowie der Zwang, mit anderen Menschen zu konkurrieren und all den damit verbundenen Ängsten vor Verlust und Versagen sind gesamtgesellschaftliche Phänomene im Kapitalismus und selbstverständlich keineswegs auf schwules Online-Dating zu reduzieren, auch wenn sie hier nahezu unverstellt zum Vorschein treten.

Nachdem nun das passende Gegenüber ausgewählt wurde, kann die Kontaktaufnahme beginnen. Auch hier zeigt sich eine gewisse Standardisierung in der Kommunikation, insbesondere dann, wenn der Chat auf gemeinsamen Sex abzielt. Oft wird bereits in diesem Vorgespräch versucht, den späteren Verlauf des Geschlechtsverkehrs zu ermitteln und darüber einen Konsens herzustellen. Auf die an dieser Stelle oft formulierte Frage „Worauf stehst Du?" wird zumeist mit einer Auflistung verschiedener sexueller Handlungen (zum Beispiel „Küssen, Blasen, Ficken nur passiv") geantwortet, die dem bereits bekannten Schema der verdinglichten oder desexualisierten Sexualität folgen. Daran schließt sich eine ebenso häufig gestellte zweite Frage an: „Hast Du XXX-Pics?" Gemeint sind damit Bilder, auf denen die Geschlechtsteile des Chatpartners zu erkennen sind. Nachdem also die Liste der liebsten Praktiken und die Fotografien verschiedener Körperteile abgeglichen wurden, kommt es schließlich zur Entscheidung darüber, ob man sich trifft oder es lieber bleiben lässt. An die Stelle von Spontaneität, Anbahnen, Verführen und Erotik treten somit verschiedene operative Eingriffe wie das Abschätzen, Vergleichen, Aussortieren und das sich daran anschließende fast mechanische Abarbeiten der im Chat vereinbarten To-do-Liste, soweit dies in der Praxis möglich ist. Die hier geforderten Fähigkeiten, die man intuitiv eher der Arbeit im Büro zuordnen würde, strukturieren die erfolgreiche Nutzung des Online-Dating-Portals. Guter Sex wird kalkulierbar gemacht. Hier noch von individueller Fantasie und erotischen Träumen zu sprechen dient letztlich wohl eher der Verschleierung denn der korrekten Beschreibung der Sexualität. Gerade die die Wirklichkeit übersteigende Fantasie wird ersetzt durch Routine, Berechnung und Wiederholung des gesellschaftlichen Zwangs.

„Es ist", schreibt Martin Dannecker, „als ob Wirklichkeit geworden wäre, wovon die Askese immer träumte. Wir bewegen uns in einem Meer von Sex ohne die Empfindungen, die einmal als sexuelle Lust bezeichnet wurden, ohne Schaden für unsere Anständigkeit und ohne spürbaren Kampf gegen Anfechtungen." (Dannecker 1987: 148) Die desexualisierte Sexualität, deren Lust sich vor allen Dingen aus Arbeit, Unterwerfung und Kalkulation speist, ist allgegenwärtig. Sie ist derb, ohne Scham und zugleich völlig harmlos, weil sie dem herrschenden Leistungsprinzip nicht nur nichts entgegensetzt, sondern es gleichsam kopiert und auf sich selbst, den Gegenstand Sexualität, anwendet. Ob als Gebot, nach dem man attraktiv und kreativ sein soll, oder im Versprechen des Sexes der Superlative (schneller, länger, besser) – immer mahnt sie zu Arbeit und Konsum. Und so darf auch das kleine Reklamefenster im oberen Bildrand der kostenlosen *GayRomeo*-Variante nicht fehlen (gegen die Zahlung eines Geldbetrags kann man sich jedoch von diesem freikaufen). Darin wird für Reizwäsche, Fitness-Supplements, Hygieneartikel, Penispumpen oder Sexspielzeuge geworben. Stets mit dem gleichen Versprechen: Wer hier kauft, kann auch so ficken wie die Stars aus dem Porno. Der perfekte Fick wird feilgeboten, wobei Perfektion hier stets bloß die maximale Produktionssteigerung meint. Das heißt: Mehr Ausdauer, ein größerer, härterer Schwanz und möglichst viele Ficks hintereinander mit einem möglichst ergiebigen Cumshot. Vor dem Hintergrund einer solchen Zielsetzung wird auch die betriebene Kalkulation auf Seiten wie *GayRomeo* verständlicher – sexuelle Produktionssteigerung durch Planung, straffe Organisation und eine passgenaue Auswahl des Mitarbeiters. Das klingt vernünftig.

Doch auch für diese gesellschaftlich erzeugten Bedürfnisse gibt es keine vollständige Erfüllung. Marcuse nennt das, was sich für die Individuen durch repressive Entsublimierung einstellt, also mit der Entfesselung der angepassten Triebe, das glückliche Bewusstsein. Es ist glücklich, weil dem Individuum scheinbar keine Grenzen mehr gesetzt werden. Vermeintlich alles ist erlaubt und möglich: „Ich kann ficken, mit wem ich will. Was will ich mehr?" Die Träume können in die Tat umgesetzt werden, und die Gesellschaft mit ihren Moralschranken und Leistungsprinzip wirkt nicht mehr als Hindernis, sondern als Antrieb der Libido. Historisch zeigt sich das glückliche Bewusstsein als enorme Schwächung des negativen Potenzials, also jener oppositionellen Kraft, die von den gesellschaftlichen Widersprüchen selbst erzeugt wird und schließlich immer wieder integriert werden muss, um das Bestehende nicht zu gefährden. Dies erfolgt nicht allein durch unmittelbare Repression. In diesem Fall wird es dem Individuum einfach bequem gemacht. In Wirklichkeit ist es jedoch das Individuum selbst, das bequem gemacht wird, und nicht seine Umwelt. Die Träume der Menschen können wahr werden, weil diese Träume selbst keine transzendentale Qualität mehr besitzen. Sie werden zurückgeholt ins Reich der Notwendigkeiten.

Das glückliche Bewusstsein jedoch ist brüchig, wird immer enttäuscht und bildet bloß „eine dünne Oberfläche über Angst,

Frustration und Ekel" (Marcuse 1980: 95f). Am Ende bleibt das Gefühl, dass „etwas fehlt". Das Individuum fällt zurück in ein rastloses Weitersuchen. Wie die Pharmaindustrie nie Krankheit abschafft, sondern den Patienten immer bloß in den Zustand zurückversetzt, in dem er wieder erneut krank werden kann und damit als Kunde erhalten bleibt, so bleibt auch das Versprechen der Reklame vom perfekten Fick Schimäre. Doch aus dem sich einstellenden Gefühl, dass „etwas fehlt", resultiert in den meisten Fällen keine Kritik an den unerfüllten Versprechen der Gesellschaft. Im Gegenteil: Es führt noch weiter in sie hinein, denn am Ende ist nie die Gesellschaft schuld, stets hat sich das Individuum nicht genügend bemüht oder bloß ein nicht passendes Produkt gewählt. „Vielleicht mal wieder ins Fitnessstudio gehen oder bloß die eigenen Ansprüche runterschrauben?", sind die Gedanken, die sich nun aufdrängen mögen und dafür sorgen, dass alles so bleibt, wie es ist. Die Lösung gesellschaftlicher Widersprüche wird ins Individuum verlagert und mündet nicht selten in Selbsthass. Neben diesem Hass gegen das vermeintlich eigene Versagen, wirklich glücklich zu sein, unterstreicht Marcuse die Bedeutung der repressiven Entsublimierung für die Herausbildung des autoritären Charakters. Mit der Umformung der Triebenergie entlang den gesellschaftlichen Institutionen wie etwa dem Tausch – Marcuse spricht in diesem Zusammenhang auch von der institutionalisierten Entsublimierung – geht die Schwächung des Ichs einher. Unterordnung und Auslöschung der Individualität werden als lustvoll erfahren. Seine dramaturgische Entsprechung erhält diese Lust an der eigenen Auslöschung in sogenannten Bukkake-Sessions, bei der eine Gruppe Männer in das Gesicht des Bottoms ejakuliert und ihm/ihr somit spielerisch das Antlitz und damit die Individualität nimmt (vgl. Büsser 2008: 80). Mit einer so angepassten Libido lässt es sich an anderer Stelle dann auch leichter arbeiten, etwa wenn das Betriebsklima oder der Produktionsablauf die eigene Unterordnung verlangt. Was im Job vielleicht noch als störende Notwendigkeit erfahren wird, erscheint nach Dienstschluss als Inbegriff der eigenen Freiheit, und diese Freiheit scheint zurück auf die Arbeit.

Wenn die Freizeit als Reproduktion der Arbeitskraft angesehen wird, dann ist die repressive Entsublimierung das Surplus der Reproduktion. Die monotone Lohnarbeit lässt sich in dem Maß besser ertragen, wie sich die Sexualität selbst der Lohnarbeit angleicht.

Die Krux an diesen falschen Bedürfnissen ist, dass sie sich nicht einfach abstreifen lassen. Wer etwa auf vor Arbeitskraft strotzende Männerkörper steht, die mit ihren Schwänzen wie aus Stahl einen Bottom übel zurichten, der steht nun einmal genau darauf, ob es dem Moralisten passt oder nicht. Auch die richtige Einsicht, dass diese Fantasie einer falschen, menschenunwürdigen Gesellschaft entspringt, vermag nichts an diesem von vielen geteilten Traum zu ändern. Aufklärung über die Gesellschaft bricht noch lange nicht ihren Bann. Aber die Einsicht in die gesellschaftliche Zurichtung der Triebenergie und deren repressive Entsublimierung verdeutlicht, wo angesetzt werden muss, um irgendwann einmal in einer befreiten Gesellschaft zu leben, in der die Möglichkeit der freien Entfaltung der Individuen im Vordergrund stehen soll. Erst die Umwälzung der Produktionsverhältnisse würde den nötigen Raum schaffen, in dem diese freien Individuen ihre Libido frei entfalten könnten, und Lust wäre dann ein tatsächlich individuelles, zu entwickelndes Vergnügen, die Entsagung und Zwang entgegensteht und sich den eigenen Körper zum Instrument macht (vgl. Marcuse 1979: 172). Ein Instrument freilich, das nicht mehr von der Gesellschaft durch den Zwang, die Arbeitskraft zu entäußern, bestimmt wäre. Und auch die Technik würde in einer solchen Gesellschaft nicht mehr der Unterdrückung der Menschen dienen, sondern ihnen zum Wohle gereichen. Die Emanzipation der Homosexuellen ist, wie die Emanzipation aller Menschen, nach wie vor die Freiheit *von* einer Gesellschaft, in der das Individuum „ein erniedrigtes, ein geknechtetes, ein verlassenes, ein verächtliches Wesen ist." (Marx/Engels 1976: 385) Den oftmals recht billigen und gewaltvollen Vergnügungen, die diese Gesellschaft einigen Mitgliedern gewährt, zum Trotz gilt: Solange nicht alle frei sind, ist es niemand.

Epilog: Ende ohne Schrecken

„KAPITALISMUS NORMIERT ZERSTÖRT TÖTET" steht an der Fassade des Berliner Tuntenhauses im Prenzlauer Berg. Nichts ist so wahr wie diese Aussage. Und gleichzeitig symbolisiert dieses Wandbild beispielhaft das Versagen kritischen Denkens vor den gegenwärtigen gesellschaftlichen Verhältnissen. Touristengruppen bleiben vor dem Gebäude stehen, lesen irritiert den Spruch, machen Fotos und ziehen dann weiter. Sie suchen das „authentische" Berlin und hier bekommen sie es. Irgendwie diffus „links", „kritisch" oder gar bloß „alternativ". Wovon hier eine Alternative angeboten wird, fragt niemand. Der Aussage wurde ihr Inhalt geraubt, die Form bleibt. Zusammengedampft zur Sehenswürdigkeit geht es an ihr vorbei und entspannt weiter. „der kapitalismus hat nur eine chance: so zu tun, als sei er keiner" (Schernikau 2009: 155), schrieb Schernikau 1984. Und es bliebe noch zu ergänzen: Er weiß diese Chance perfekt zu nutzen. Es verändert sich nichts.

Keine Sorge, ich bin bi!

Polly Puller (Lukas Winkler)

Ich erinnere mich ganz genau. Ich saß vor meinem viel zu großen, klobigen Röhrenbildschirm in meinem viel zu kleinen Zimmer im Haus meiner Eltern. Nervös tippte ich auf meiner Tastatur und starrte auf die Worte im Chatfenster. Auf der anderen Seite des Chatrooms: Mein erster schwuler Freund, den ich im Sportverein kennenlernte und der mir in diesen Minuten von seiner Homosexualität berichten sollte. Dieser Moment sollte auch für mich gravierend sein und alles verändern. Denn ich äußerte zum ersten Mal, dass ich ebenfalls an Männern interessiert war. Ich hielt meine Kommentare sehr allgemein, immerhin wusste ich noch nicht, wozu dieser Chat führen würde. Ich schwitzte, und mein Herz klopfte wie verrückt.

Wir beschlossen, uns in einem Café in unserer Heimatstadt Schwerte zu treffen. Eine Stadt, die so viel zu bieten hat, wie man es von einer Kleinstadt im Kreis Unna (Westfalen) erwartet. Schützenfeste, Damenboutiquen, CDU-Bürgermeister – die besten Voraussetzungen also, sich zu outen.

Ich war 18, er 20. Alles war neu für mich. Wir trafen uns in einem Café, er erzählte mir von seinen Erfahrungen und von der schwulen Szene im Ruhrgebiet. Schnell wurde mir klar, dass ich all das auch erleben wollte, und so verabredeten wir uns für das anstehende Wochenende. Eigentlich hätte mir nach all dem bewusst sein müssen, dass ich ausschließlich an Männern interessiert war. Aber trotz des Rückenwinds, den ich dank dieser Begegnung verspürte, und trotz der Bestätigung, die mir mein Gegenüber gab, brachte ich es einfach nicht über meine Lippen. „Ich glaube … ich bin eher bisexuell …“, stotterte ich meiner Begleitung entgegen. Genau wie ich war auch er nicht vor seiner Familie geoutet, wobei seine auch weitaus konservativer war als meine.

Heute weiß ich, dass ich schwul bin und dass ich nie bisexuell war, auch wenn ich meine Partnersuche bis zu diesem Zeitpunkt auf Frauen beschränkt hatte. Heute weiß ich, dass ich das Label „bisexuell“ verwendet habe, um mich selbst zu schützen. Immerhin war der Hass gegenüber meiner eigenen Homosexualität so groß, dass ich immer wieder Auswege aus ihr suchte. Aber warum diese Selbstverleugnung? So genau kann ich das bis heute nicht sagen. Klar war ich Beleidigungen und einem immensen Anpassungsdruck ausgesetzt. Ich gehörte nicht in das Kleinstadtidyll. Aber konkrete Drohungen gab es keine – weder psychischer noch physischer Art. Eine diffuse Angst schien tief in mir dafür zu sorgen, dass ich eine schlimme Bestrafung vermutete. Warum nahm ich mich so sehr zurück, obwohl es schließlich um mein eigenes Begehren und nicht um die Toleranzgrenze der anderen ging? Um mein Verhalten plausibler zu machen, werde ich zunächst auf diese Grenze eingehen, die mich zurückhielt. Also auf mein gesellschaftliches Umfeld, in dem ich groß geworden bin, und die Möglichkeiten und Strukturen, die es für junge Homosexuelle gab.

Nun bin ich wirklich kein Kind von Traurigkeit. Ich bin in den 1990er Jahren in einem Reihenhaus, umgeben von kinderreichen Familien aufgewachsen und konnte vielen Hobbys und Aktivitäten nachgehen. Finanzielle Probleme gab es nicht. Wenn meine Schwester und ich von der Schule nach Hause kamen, erwartete uns unsere Mutter mit offenen Armen. Eigentlich eine unbeschwerte Kindheit, aber trotzdem blieb ich von vielem ausgeschlossen. Schon früh musste ich feststellen, was es bedeutet, wenn man dem kleinstädtischen Weltbild nicht entspricht – ob im Kindergarten, in der Grundschule, im Sportverein, auf der Straße oder später auf dem Gymnasium. Wer als Kind den spürbaren Regeln von Männlichkeit und Weiblichkeit nicht folgte, wurde mit Beleidigungen und Ausschluss bestraft. Die Jungen spielten Fußball und Krieg, die Mädchen „Pferdchen“ und „Mutter-Vater-Kind“. Wer aus diesem Raster ausbrach, musste sich einiges anhören. Die Erzieher_innen und Lehrer_innen wirkten da oft ohnmächtig oder blieben einfach tatenlos. Die Folge war, dass Wörter wie „Mädchen“, „Schwuchtel“

und „schwule Scheiße“ zu meinem Schulalltag gehörten. Wenig verwunderlich, wenn man bedenkt, dass sexuelle Vielfalt nie thematisiert wurde. Ist natürlich alles Privatsache – die armen Kinder! Besorgte Eltern hat es eben schon immer gegeben.

Schwule Vorbilder hatte ich nicht, und eine schwule Infrastruktur – geschweige denn für Kinder und Jugendliche – gab es auch Anfang der 2000er Jahre nicht. Dementsprechend hatte ich auch keinen Austausch zum Thema. Ich wollte ja auch nicht auffallen. Viel zu groß war die Angst davor, ausgegrenzt oder gar zum Gespött der Nachbarschaft zu werden. Sinnvolle Aufklärungsprojekte wie *SchLAu NRW* oder vereinzelte regionale Organisationen steckten noch in den Kinderschuhen und waren in Großstädten verbreiteter als in Schwerte. Ich glaube, auch nur ein einziges „Ich bin schwul und genauso normal wie alle anderen“ hätte meinem nicht vorhandenen schwulen Selbstbewusstsein sehr geholfen. Doch nichts dergleichen. Ganz im Gegenteil: „Schwul“ war das Schimpfwort schlechthin. Was die Schüler_innen hässlich fanden, wurde als „schwul“ bezeichnet. Und was machten Homosexuelle ihrer Ansicht nach ununterbrochen? Richtig: Arschficken. Schön wär's!

Und auch in meinen letzten Schuljahren sollte die Hetze nicht abklingen. Das Outing eines Lehrers durch einen Schüler zeigte das gesamte Ausmaß der homophoben Stimmung an der Schule. Ein überlebensgroßes Graffito mit der Aufschrift „[Name des Lehrers] is gay“ zierte den Zugang zum Schulhof und machte die Stimmung für mich und alle Angesprochenen unerträglich. Auch die anschließenden Reaktionen der Lehrer- und Schülerschaft auf vermeintliche Übergriffe und Pädophilie zeigten, wie vergiftet das Klima an der Schule war. Und so kamen direkt nach dem Outing Vermutungen seitens des Direktorats auf, der geoutete Lehrer würde sich an seinen eigenen Schüler_innen vergreifen. Ein uraltes Vorurteil, das leider auch heute ausgekramt wird.

Da ist es wenig verwunderlich, dass viele junge Homosexuelle das Gefühl haben, sich verstecken zu müssen. Auch ich versuchte nicht aufzufallen. Mit allen möglichen Mitteln und Strategien. Manche bewusst, viele unbewusst. Gewiss habe ich vieles vergessen. An welches Gefühl ich mich aber bis heute sehr gut erinnern kann, ist die Scham, die ich verspürt habe, wenn mir, in welcher Form auch immer, bewusst wurde, dass ich anders fühle und dadurch anders bin. Also habe ich verdrängt, gelogen und getrickst.

Vermutlich wäre ich ohne die anonyme Kontaktaufnahme über das Internet nicht so schnell mit anderen Bi- und Homosexuellen in Verbindung gekommen. Bereits mit 13 Jahren informierte ich mich in etlichen Foren und chattete über sexuelle Vorlieben. Zuerst aber unter heterosexuellem Vorzeichen. Im Laufe der Zeit – ich war mittlerweile ungefähr 15 oder 16 Jahre alt – stellte ich dann fest, dass es auch „Men Only"-Chaträume und -foren gibt, die ich aber nur sehr dosiert besuchte. Ich versuchte also stets, prozentual mehr heterosexuelle Kontakte zu pflegen, Informationen einzuholen und heterosexuelle Pornos zu schauen. Mir war zwar auf eine Art bewusst, dass in mir andere, nämliche schwule Vorlieben schlummerten. Ich kontrollierte diese aber, weil sich das alles falsch anfühlte und mir immer wieder aufgezeigt wurde, dass dieses Begehren auch falsch sei. Spätestens bei der Anmeldung auf *GayRomeo* hätte ich etwas ahnen können, vermutlich war es auch so. Aber nach ein paar unverbindlichen Chats und einem Profil ohne Bilder und Text war mein Kurzausflug zum anderen Ufer vorbei und ich war wieder heterosexuell – und das voller Überzeugung. Dies passierte nur einmal, hinterließ aber seine Spuren. Wieder hatte ich das mich verfolgende Gefühl, etwas Falsches getan zu haben. Es war ein schmutziges und widerwärtiges Gefühl. Mein schlechtes Gewissen und der Hass auf mein Anderssein waren so stark, dass ich mein schwules Empfinden einfach nicht zuließ. Es war einfach keine Option, homosexuell zu sein.

Mit etwa 17 Jahren habe ich das Schwulsein dann mehr und mehr zugelassen und meine Hemmschwelle sank immer weiter. Zu groß war die Lust, die ich verspürte. Der Pornokonsum wurde vermehrt homosexuell, und mein neues *GayRomeo*-Profil hatte sogar gesichtslose Bilder. Bis zu dem anfangs geschilderten Gespräch im Café hatte ich die virtuelle Ebene jedoch nie verlassen. Und als es dann mit 18 Jahren dazu kommen sollte, war ich nicht weit genug, es zuzugeben. Ich war nicht schwul, ich war erst einmal bisexuell. Zumindest behauptete ich das. So eine Art Vorstadium, eine Testversion. Mit Umtauschgarantie zurück in die Normalität. Denn diese wollte ich mir noch warmhalten. Es ging selbstverständlich nie darum, dass ich wirklich Interesse daran hatte, mich auf alle Geschlechter einzulassen. Hauptsächlich ging es darum, die Reaktion der Anderen auszutesten, um dann im Worst Case sagen zu können: „Hab mich vertan, war nur eine Phase." Ich habe meine Bisexualität genutzt, um den Vorwürfen, die ich bei meinem Coming-out erwartete, sofort aus dem Weg zu gehen. Ich war also immer noch gewillt, die lang ersehnte Freundin nach Hause zu bringen. Mit ihr hätte ich dann heiraten und Kinder in die Welt setzen können. Zu guter Letzt hätte sie mir dann noch Schnittchen ans Sterbebett servieren dürfen. Ein gelungener Lebensabend. Der Gedanke an Bisexualität bot für mich die Möglichkeit, die Erwartungen, die an meine Männlichkeit gestellt wurden, zumindest zum Teil zu erfüllen. Ich war nur „halb" so schwul wie die richtigen Schwulen. Also die Schlimmen, die Tucken, die selbstverständlich alle furchtbar fanden – da war und ist man sich ja auch bis heute unter „heteroliken" Schwulen einig. Auch weckte das Label Bisexualität Erwartungen bei der sexuellen Rollenverteilung. Weil der bisexuelle Mann sowohl mit Frauen als auch mit Männern schläft, wird er folglich den aktiven Part beim Geschlechtsverkehr einnehmen. Und da ganze Kerle durch den Verlust ihrer rektalen Jungfräulichkeit bekanntlich ihren Platz in der Thronfolge räumen müssen, sicherte ich mir diesen durch meine vorgetäuschte Unsicherheit.

All das mag vielleicht so klingen, als machte ich mir Vorwürfe für all die Dinge, die ich mir nicht eingestehen wollte, oder für alle Unwahrheiten, die ich verbreitete. Dabei wäre ich nur zu gern mit der Wahrheit herausgerückt. Wie gerne hätte ich zugegeben, dass ich in Jungen verliebt war! Wie gerne hätte ich mich nicht dafür geschämt, dass ich Röcke und Stöckelschuhe tragen wollte! Mir fallen etliche Sachen ein, über die ich nur unter Scham nachdenken konnte, die mir ein Gefühl von Selbsthass und Angst bereiteten. Doch war nicht ich es, der es sich wünschte, eine besondere Vorliebe für Selbstgeißelung zu entwickeln. Es war mein Umfeld, das mir nicht gestattete, mich jenseits der Norm und offen homosexuell zu verhalten.

Nun behaupte ich nicht, dass es keine Bisexualität gibt. Ich möchte lediglich zeigen, dass das Label „bisexuell" in meiner eigenen sowie in anderen Coming-out-Geschichten als Strategie der Verleugnung dienen kann. Ganz anders als bei Menschen, die damit tatsächlich ihre Lust auf Männer und Frauen beschreiben. Ich habe diese Selbstbezeichnung damals verwendet, weil der Druck der Anpassung, den ich von außen verspürte, so groß war, dass ich nicht den Mut fand, offen von mir als Homosexuellem zu sprechen. Auch wenn sich herausstellen sollte, dass das ganze Theater im Nachhinein umsonst war, weil mein Coming-out mehr oder weniger problemlos verlief. Es ist schon erstaunlich, was ich für einen Aufwand betrieben habe, um meinem Umfeld so zu gefallen, wie es mich gerne gesehen hätte. Umso mehr macht es mich heute glücklich zu wissen, dass ich all das hinter mir gelassen habe. Die Verarbeitung des Ganzen, unter anderem auch durch das Schreiben dieses Erfahrungsberichts, zeigt mir, wie wichtig es ist, mich nicht bedingungslos anzupassen und lieber das zu tun, was mich geil macht.

Selbstbildnis im Fummel (unvollendet)

fink

Es war eine alberne Idee gewesen. Meine Schwester wusste so gut wie ich, dass der Homo-Knigge keinesfalls vorschreibt, jeder schwule Mann müsse irgendwann mal einen Fummel anziehen. Aber sie und ich waren damit beschäftigt, die lesbischen beziehungsweise schwulen subkulturellen Reviere zu durchstreifen und dann unsere Beobachtungen zu Landkarten zusammenzufügen. Neugierige Selbsterfahrungszeiten. Warum sollte ich also nicht einmal eines ihrer Kleider anziehen? So trat ich, in diverse Grüntöne gehüllt, vor den großen Spiegel … und konnte nichts darin erkennen.

Denn ich war nicht mehr allein. Geister, Bilder und Stimmen hatten den Raum angefüllt und sich vor mein Spiegelbild geschoben.

* * *

Die Kontroverse zwischen Integration und Emanzipation zieht sich wie ein rosaroter Faden durch die Geschichte der Schwulenbewegung – von ihren frühen Anfängen bis in die Gegenwart. Die einen stellen das Bedürfnis in den Vordergrund, als gleichberechtigter Teil der Gesellschaft anerkannt zu werden; die anderen glauben, dass Gerechtigkeit nur dann verwirklicht werden kann, wenn wir das bestehende Gefüge von Privilegien und Normen, das nicht nur Schwule benachteiligt, grundsätzlich verändern.

Wir könnten diese Kontroverse zunächst vereinfacht auf einen Aspekt herunterbrechen: Es geht um die Bewältigung von *Fremdheit*.

Auf der einen Seite wird eine generelle gesellschaftliche Abwertung des „Andersartigen“ als mehr oder weniger unabänderlich angenommen. Die Strategie besteht folglich darin, die

Fremdartigkeit des Schwulseins möglichst stark zu reduzieren oder zu verschleiern, um so die Abwertung zu umgehen. Das andere Lager hält die Angst vor Vielfalt für veränderbar und strebt danach, sie aufzulösen. Die Strategie sieht hier also vor, gerade das Fremdartige im Schwulen selbstbewusst zu betonen, die Abwehrreaktionen bis zur größtmöglichen Sichtbarkeit zu provozieren und dann diese Reaktionen einer aufklärerischen Diskussion zu öffnen, die nicht die Fremdheit, sondern ihre Abwertung infrage stellt.

Die integrationistische Strategie ist folgerichtig verknüpft mit einer generellen Tendenz zur Differenzleugnung: Schwule, so wird hier behauptet, unterscheiden sich von heterosexuellen Männern in keinem einzigen Aspekt als ausschließlich ihrer sexuellen Orientierung. Sie sind ganz normale Männer, nur eben schwul. Und mit der Leugnung geht eine Differenz-*Vermeidung* einher: Die Vertreter dieser Richtung wollen meist möglichst wenig auffallen, sich möglichst wenig unterscheiden, und sie erwarten das nicht nur von allen anderen Schwulen, sondern behaupten sogar, dass jegliche Unterschiedlichkeit jenseits der Sexualität künstlich herbeigeredet, schädlich und geradezu unnatürlich sei.

Auf der Gegenseite finden wir, oft in Reaktion auf allzu assimilatorische Tendenzen, eine Betonung, ja Überbetonung des Andersseins, das wiederum teils als natürliche Gegebenheit, teils als politisch notwendige Konstruktion oder als beides zugleich behauptet wird.

Bei genauerem Hinsehen können wir erkennen, dass es bei der erwähnten *Fremdheit* im Kern fast immer um eine Verbindung von *Schwulsein und Weiblichkeit* geht. Das Fremdartige an „den Schwulen" ist ja nicht ihre Zugehörigkeit zu einer verstörenden Weltanschauung oder irgendeine kollektive Alltagsmarotte. In fast allen Fällen können wir die Befremdung darauf zurückführen, dass, was auch immer bei Schwulen beobachtet oder ihnen einfach zugesprochen wird, als „weibliches" beziehungsweise nicht-männliches Verhalten gedeutet – und abgewertet – wird. Der Schwule ist seltsam, weil er kein „richtiger Mann" ist. Und deswegen ist er auch weniger wert als der Heterosexuelle, so suggeriert es die bis heute nicht wirklich durchbrochene sexistische Logik.

Von diesen Grundannahmen ausgehend, können wir die Emanzipationsgeschichte als eine Auseinandersetzung mit *Weiblichkeit* beschreiben. Die Figur der *Tunte* kann dabei als eine Art Leitfossil schwuler Geschichte dienen. Die Tunte, insbesondere die Tunte im Fummel, wird von allen Beteiligten als die materielle Zuspitzung der als „weiblich" verstandenen Andersartigkeit des schwulen Mannes erkannt. Der Fummel sagt – nein, ich will nicht untertreiben, er schreit: „Ich bin nicht männlich, jedenfalls nicht so wie ihr! Ich bin anders!"

Die Tunte offenbart die dem Schwulen *zugewiesene* Fremdartigkeit als Unmännlichkeit: Seine Femininität, seine charakterliche Weichheit, sein Interesse an vermeintlich weiblichen Tätigkeiten, seine allzu ausgeprägte Empfindsamkeit und Verletzlichkeit. Und das Schlimmste von allem: Die Option sexueller Passivität, die auch heute noch als weibliches Attribut gedeutet wird. Sie zeigt seine Nichtzugehörigkeit zur privilegierten Welt heterosexueller Männlichkeit. Tuntigsein macht einen Mann zur wandelnden Normverletzung. Es spielt nicht einmal eine so große Rolle, ob dieser Mann einen realen Fummel trägt oder ob er auf eine andere Weise ein betont nichtmännliches Erscheinungsbild beschwört – eine tuntige Inszenierung bringt alles zum Aufleuchten, was die Integrationisten (in Einklang mit den Homophoben) verabscheuen, und sie dient genau deswegen emanzipatorischen Aktivist*innen als Instrument der provokanten Selbstbehauptung und der Befreiung. Tuntigkeit löst einen Fremdkörper-Alarm in der heteronormativen Matrix aus. Je nach politischer Perspektive gilt es, diesen um alles in der Welt zu vermeiden oder ihn strategisch geschickt zu nutzen.

* * *

Bevor wir zum Spiegel meiner Schwester zurückkehren, möchte ich anhand von vier kurzen Schlaglichtern illustrieren, inwiefern die schwule Bewegungsgeschichte als eine Auseinandersetzung mit Weiblichkeit verstanden werden kann, als eine Pendelbewegung zwischen deren Offenbarung und Verleugnung. Der erste Spot beleuchtet mit Karl Heinrich Ulrichs eine Zeit, in der schwule Bewegung nicht mehr war als ein zarter utopischer Keim, der zweite die Zeit des Wissenschaftlich-humanitären Komitees, in der dieser Keim erstmals Knospen trieb. Den dritten Spot richte ich auf die Geburtswehen der Zweiten deutschen Schwulenbewegung, den vierten auf das zentrale Ritual dessen, was heute noch von ihr übrig ist.

* * *

Befragen wir zum Thema „Fremdheit“ Karl Heinrich Ulrichs – den ersten Menschen, der eine, nun ja, einigermaßen wissenschaftliche Theorie der Homosexualität aufgestellt hat –, so finden wir bei ihm ein Bekenntnis zur Andersartigkeit als Weiblichkeit, wie man es sich entschiedener nicht wünschen könnte: „Meine Theorie ist zusammengefaßt in den Worten: Anima muliebris virili corpore inclusa [Anm.: eine weibliche Seele in einem männlichen Körper].“ (Ulrichs, 1868: 115) „Unser Charakter, die Art, wie wir fühlen, unsere ganze Gemüthsart ist nicht männlich, sie ist entschieden weiblich. […] Den Mann spielen wir nur. Wir spielen ihn, wie auf dem Theater Weiber ihn spielen.“ (Ulrichs 1864: 12f)

Wohlgemerkt, hier geht es nicht um Transsexualität. Ulrichs erfand den Begriff *Urning* bzw. *Uranier*, um diejenigen, die wir heute schwule Männer nennen würden, als eine besondere Art von Menschen zu zeichnen, die von den heterosexuellen Männern vollkommen abgesondert sei. Er ging so weit zu behaupten, „dass dem Uranier eine bis in die Wurzeln hinein weibliche Natur vom Mutterleibe an innewohnt, dass er also überhaupt mit Unrecht Mann genannt wird. […] Der Uranier ist eine Spezies von Mannweib.“ (Ulrichs 1899: 50)

Ulrichs warb ausdrücklich um eine bejahende Haltung seiner „uranischen“ Zeitgenossen zum eigenen Weiblichsein: „Lasset uns, ihr meine Schicksalsgenossen, uns nicht schämen des weichen und gefühlvollen Elements, das die Natur uns gab. Den Dioningen [Anm.: heterosexuellen Männern] sollen wir es überlassen, ihren Ruhm zu suchen in männlichen Tugenden und Vorzügen. [...] Lasset uns nicht unsere Kräfte vergeuden in dem vergeblichen Ringen, diese männlichen Vorzüge uns künstlich anzueignen." (Ulrichs 1864: 19)

Wie dieser leidenschaftliche Appell uns ahnen lässt, wusste Ulrichs schon beim Verfassen seiner Theorie, dass er sein weiblichkeitsbeschwörendes Modell gegen starke emotionale Widerstände einzuführen versuchte. Und doch hielt er genau dies für richtig. Die politische Strategie seiner Totalabgrenzung war die Forderung nach einer Gerechtigkeit, die ebendiese Besonderheit der *Urninge* nicht verleugnete, sondern sie umgekehrt zur *Grundlage* einer humanen Neuregelung machte: „Wir sind gar nicht Männer im gewöhnlichen Begriff. [...] Sind wir aber überall nicht Männer im gewöhnlichen Begriff, so habt ihr auch kein Recht, den Massstab gewöhnlicher Männer uns aufzuzwängen! Dieser Massstab geht uns überall nichts an: So wenig wie der Massstab des Mannes gültig ist für das Weib. Wir bilden ein drittes Geschlecht. Der Massstab des einen Geschlechtes hat dem anderen überall nichts vorzuschreiben." (Ulrichs 1899: 47)

Ulrichs' Gerechtigkeitskampf beruhte also auf einem essentialistischen Differenzkonzept: *Urninge* seien vollkommen anders als andere Männer. Seine politischen Forderungen – vor allem nach der Straffreiheit – gründete er mit beeindruckender Hartnäckigkeit auf das Argument, man möge den *Urningen* doch bitte Gerechtigkeit nicht gewähren, *obwohl* sie anders seien, sondern gerade *weil* sie anders seien. Ulrichs formuliert hier die Idee, dass eine größere Gerechtigkeit dann entsteht, wenn wir die Unterschiedlichkeit der Menschen zur Grundlage einer Normveränderung machen. Er nimmt damit den Gedanken vorweg, der alle späteren Emanzipationspolitiken kennzeichnet. Und er behauptet diese Unterschiedlichkeit ganz explizit als *Weiblichkeit* der (noch nicht so benannten) männlichen Homosexuellen.

* * *

Magnus Hirschfeld, Mitbegründer des *Wissenschaftlich-humanitären Komitees* (WhK), propagierte einige Jahrzehnte später bekanntlich das Modell der *sexuellen Zwischenstufen,* das ein komplexes Kontinuum zwischen Männlichkeit und Weiblichkeit behauptete. Schwule Männer sortierte Hirschfeld in seinem System einige Schritte abseits des vollkommen virilen Mannes ein. Das stieß auf den Widerstand einiger Protagonisten der Weiblichkeits-Leugnung. Zitiert sei beispielhaft Kurt Hiller, der als späterer Vorsitzender des WhK Hirschfelds Modell durch einen geradezu pathetischen Männlichkeitskult ablösen wollte: „Die ständige Verbindung des homoerotischen Phänomens mit Effeminationserscheinungen, mit Hermaphrodismus, Transvestitismus und anderen mehr oder minder abstoßenden Naturspielen hat der Aufklärung und Befreiungsaktion für die mannmännliche Liebe nicht genützt, sondern geschadet. Da, was Sparta stark, einen Michelangelo glühend machte, nichts gemein hat mit Bartweibern, Busenmännern oder sonstigen Monstrositäten, so hätte man den Helden-, den Jünglingskult, die Freude des Mannes am Manne nicht in die Atmosphäre eines sexuologischen Panoptikums tauchen dürfen." (Mitteilungen 1985: 346)

Im größtmöglichen Kontrast zu Integrationisten wie Hiller standen WhK-Mitstreiter wie beispielsweise Hermann Freiherr von Teschenberg. Bereits um 1900 widmete dieser Hirschfeld ein Foto, das ihn selbst in verträumter Pose in einer aufwendigen Damengarderobe zeigt, mit dem Hinweis, das Bild stelle seine „wahre Natur" dar und sei ausdrücklich zur Veröffentlichung freigegeben. Von Teschenberg war lange Zeit das einzige WhK-Mitglied, das offen zu seiner Homosexualität stand, im Gegensatz auch zu Hirschfeld selbst (vgl. Herrn 2008).

Die theoretische und strategische Kontroverse ist zu dieser Zeit also bereits vollständig ausgeprägt.

* * *

Fast genau hundert Jahre, nachdem Ulrichs sich für seine damals buchstäblich unerhörten Forderungen vor dem Deutschen Juristentag in München niederbrüllen ließ, spaltete der sogenannte *Tuntenstreit* die gerade erwachende schwule Bewegung der

1970er Jahre in Westdeutschland. Es war kein Zufall, dass sich die strategische Kontroverse ausgerechnet am Auftritt einiger Aktivisten entzündete, die in Make-up und Fummel an einer öffentlichen Demonstration teilnahmen. Die Bewegung hatte sich noch kaum nachhaltig formiert, schon lösten ein paar Männer, die die Verbindung von Schwulsein und Nichtmännlichsein öffentlich inszenierten, einen emotionalen und politischen Ausnahmezustand aus, der die junge Bewegung wieder zu zerreißen drohte. Der Konflikt um Integration versus Emanzipation hatte damals ohnehin schon geschwelt, aber erst das sichtbare Auftauchen der Tunten brachte die internen Spannungen zur Explosion. Die Fraktion der selbsternannten *Feministen* führte alle Schwulenfeindlichkeit auf die Abwertung von Weiblichkeit zurück. Der „feminine", also nichtmännliche, Mann erschien ihnen als das schlimmste Bedrohungsszenario des zu überwindenden Patriarchats und wurde genau deswegen zu ihrer politischen Heldenfigur. Der marxistisch orientierte Flügel vermutete dagegen, organisiertes Tuntentum sei der Arbeiterklasse nicht zu vermitteln, und drängte darauf, vor allem die gesellschaftliche Integrationsfähigkeit der Homosexuellen hervorzuheben.

Der *Feministen*-Fraktion dieser Zeit verdanken wir übrigens eine Forderung, deren Radikalität mich heute noch beeindruckt: Jeder schwule Mann solle permanent auf sein Anderssein hinweisen, indem er auch im Alltag Fummel trägt. Der „Fremdheits-Alarm" als privater und gesellschaftlicher Dauerzustand – es ist heute noch ein faszinierendes Gedankenexperiment, sich die möglichen Folgen auszumalen, würde diese Forderung konsequent umgesetzt.

* * *

Im Jahr 1972 wurde auf der ersten deutschen Schwulen- und Lesbendemo in Münster die Tunte noch als der Naturzustand des schwulen Mannes propagiert. *„Tust du auch so normal, eine Tunte bist du in jedem Fall!"*, konnten die damals noch ernsthaft verstörten Zuschauer*innen auf einem Transparent lesen. Heute ist von dieser selbstverständlichen Verknüpfung nicht mehr viel zu spüren. Die aufwendiger skulpturierten Halbschwestern der Tunten, die *Drag Queens*, wuchten sich zwar in allen größeren CSD-Paraden treffsicher in den Fokus jeder Kamera, gleichzeitig aber finden gerade sie sich auch regelmäßig im Zentrum der Kritik wieder. Empörte Stimmen, die die provozierende, angeblich peinliche und dem Ansehen und der Sache schadende Inszenierung schwuler Nichtmännlichkeit beklagen – und oft gern verbieten würden –, bilden einen mittlerweile schon traditionellen Bestandteil des alljährlichen Rituals.

Das politische Tuntentum, das so lange zum Kern der Bewegung gehörte, ist heute an den Rand gedrängt worden. Nicht etwa, dass es keine Tunten mit politischem Bewusstsein mehr gäbe, aber die Analyse, wonach Schwulenfeindlichkeit im Kern eine Weiblichkeitsfeindlichkeit sei, sie ist höchstens noch weit am Rande der Debatten zu finden. Der Fummel ist weitgehend vom politischen Signal zum bedeutungslosen Partyspaß geworden; normierte Männlichkeit bis hin zum *straight acting* ist die Regel, Tuntenfeindlichkeit nahezu allgegenwärtig.

* * *

Und so waren sie alle versammelt, dort im Ankleidespiegel meiner Schwester: Der Geist Ulrichs' mit seinem Konzept der weiblichen Seele, Freiherr von Teschenberg in seinem Jugendstilkleid, die Siebziger-Jahre-*Feministen* mit ihrem von der BILD-Zeitung verspotteten *Marsch der Lidschatten* und ein paar übriggebliebene Polit-Tunten. Da waren Bilder der obdachlosen Jugendlichen, die sich 1969 inmitten der Aufstände um das *Stonewall Inn* eingehakt und den Schlagstöcken ihr Tuntenlied entgegengeschmettert hatten: „*We are the Stonewall girls, we wear our hair in curls, we always dress with flair, we wear clean underwear.*" Da ertönte die enervierend schnarrende Stimme Volker Eschkes, der in Praunheims Filmpamphlet von 1971 einzig die Tunten von seiner vernichtenden Polemik verschont hatte: „Tunten sind nicht so verlogen wie der spießige Schwule. Tunten übertreiben ihre schwulen Eigenschaften und machen sich über sie lustig. Sie stellen damit die Normen unserer Gesellschaft infrage und zeigen, was es bedeutet, schwul zu sein.“ (Praunheim 1971) Da waren die Knollennasen von Ralf König, deren tuntigste Protagonisten auch diejenigen waren, die schwulen Stolz, politisches Bewusstsein und charmanteste Selbstironie am glaubhaftesten repräsentierten. Und da waren einige meiner Freunde, für die es damals selbstverständlich zum schwulen Leben dazugehörte, dass man einander mit weiblichen Pronomen und Tuntennamen ansprach und sich zu besonderen Anlässen in einen geschmacklosen Fetzen zwängte.

Sie alle kamen nicht an gegen die Welle der Scham, die mich überwältigte, als ich mein Spiegelbild ansah. Die emotionale Wucht, mit der sie mich traf, hatte ich nicht erwartet. Das war plötzlich gar nicht mehr witzig.

Nun könnte ich versuchen, auch diese Schamwelle in einzelne Bilder und Stimmen zu zerlegen. Die älteste Stimme könnte zum Beispiel sagen: „Ein Weib soll nicht Mannsgewand tragen, und ein Mann soll nicht Weiberkleider antun; denn wer solches tut, der ist dem HERRN, deinem Gott, ein Greuel“ (CID), und sie bewiese damit gleichzeitig, dass es bereits in der mittleren Bronzezeit eine ausreichende Anzahl von Menschen gab, die man zur Einhaltung der heteronormativen Kleiderordnung zurückpfeifen musste. Ich könnte Stimmen wie die Kurt Hillers zitieren. Ich könnte auf meine Eltern, Tanten, Kindergärtnerinnen verweisen, die mir selbstverständlich früh beigebracht haben, welche Kleidung ich *auf keinen Fall* tragen darf. Ich könnte auf offizielle Gesetze verweisen, die es jedem Mann vorschrieben, mindestens drei „männliche“ Oberbekleidungsstücke zu tragen, oder auf den texanischen Gefängnisdirektor, der den männlichen Häftlingen rosa Unterwäsche zuweist, um ihre Männlichkeit zu kränken. Und ich könnte endlos so weitermachen.

Aber all das würde eine Vergleichbarkeit vortäuschen, die es nicht gibt. Diese Seite lässt sich nicht auf vermeintliche Einzelstimmen reduzieren. Sie hat auch keine Held*innenfiguren zu bieten. Die Stimme der Heteronormativität setzt sich aus Millionen flüsternder Stimmen zusammen, aus Millionen abschätziger Blicke, aus Millionen geschriebener und ungeschriebener Gesetze, aus Millionen Filmen, Romanen, Werbeanzeigen, Produkten, Erziehungsratgebern, Alltagsbemerkungen, Gerüchten, Herrenwitzen, Erzählungen und so weiter und so weiter ... die alle eines klarstellen: Jeder männliche Mensch muss von klein auf jegliche Andeutung von vermeintlich weiblichem Gebaren und erst recht weiblichem Aussehen meiden wie Superman das Kryptonit. Es fällt schwer, aus dem heteronormativen Grundbrummen, das unser ganzes Leben durchdröhnt, noch die einzelnen Stimmen herauszulösen, aus denen es besteht. Sie sind zwar einzeln benennbar, bilden zusammen aber ein Hintergrundphänomen wie die Luft, die wir ein- und ausatmen.

Dieses Brummen, Flüstern und Munkeln umgeben und lenken mich, seit ich lebe. Als Mann und insbesondere als schwuler Mann komme ich nicht darum herum, mit meiner Umwelt immer wieder zu verhandeln, inwieweit meine Erscheinung, mein Verhalten, mein Schwulsein als „unmännlich" erkannt oder auch nur projiziert wird. Der permanente Dialog zwischen mir selbst und dem „großen Flüstern" prägt mein Verhalten und mein Selbstbild. Tappe ich auch nur einen Zentimeter in Richtung Weiblichkeit (oder was dafür gehalten wird), wird das Munkeln sofort lauter, bei jedem weiteren Schritt aggressiver. Die heteronormative Matrix straft mit Abwertung, mit Spott, mit Liebesentzug, mit Beschämung, um mich zur männlichen Ordnung zurückzurufen. Bei offener Grenzüberschreitung droht schließlich sogar offene Gewalt. Und das grüne Kleid meiner Schwester war genau das: Die offene Grenzüberschreitung. Sie löste in meinem Inneren den Alarm aus, den sie auch in der Außenwelt ausgelöst hätte. Ich schämte mich wie kaum je zuvor in meinem Leben. Es war unerträglich.

Nachdem ich geradezu panisch die grüne Gefahr von mir gerissen hatte, schämte ich mich immer noch, aber wegen einer ganz anderen Sache. Ich hatte gewagt, einen Zauberspiegel zu befragen: „Was passiert, wenn ich richtig breit *‚nicht heteronormiert'* auf mich selbst draufschreibe?" Und die Antwort gefiel mir so wenig wie der Königin im Märchen: „Dann packt dich das nackte Grausen."

Wie flüchtig war mein schwuler Stolz, wenn ihn ein Stückchen Stoff wegpusten konnte?

* * *

Seitdem arbeite ich an dieser ärgerlichen Sache, auf eine etwas verschämte Weise, zugegeben. Ich genieße die Auftritte charmanter Tunten und fühle mich dabei immer ein bisschen wie ein Parasit, der sich emanzipatorische Kraft aus den Normüberschreitungen anderer saugt. Ich beobachte immer wieder, dass Polit-Tunten die am wenigsten von akutem oder verdrängtem Selbsthass betroffenen Schwulen sind, die ich kennenlernen durfte. Fummel und schwuler Selbsthass scheinen einander fast naturgesetzlich auszuschließen; das beeindruckt mich. Polit-Tunten ziehen mich an, weil sie eine Freiheit verkörpern, die ich mir selbst immer noch nicht zu hundert Prozent zugestehen kann: Die Freiheit, auf Männlichkeit zu pfeifen und mir Freiräume zu erobern, die wirklich jenseits der erstickenden männlichen Normen liegen. Die Freiheit, notfalls den Alarm auszulösen und Privilegien zu opfern, um einfach man selbst sein zu können. Und nicht zuletzt bewundere ich den Kampf der Tunten dafür, dass *alle* das können. Dass Schwulsein als Anderssein akzeptiert wird und nicht als ein vermeintliches Gleichsein, das nur durch Verstecken des Andersseins notdürftig simuliert werden kann. Dass vermeintliche Weiblichkeit kein Anlass zur Abwertung bleibt. Alles das also, was ich unter Emanzipation verstehe.

* * *

Viele Jahre nach meiner Geisteranrufung vor dem Spiegel fand ich mich unversehens doch noch einmal in einem Kleid wieder. Eine Freundin packte beim gemeinsamen Flohmarktverkauf ihr altes Hochzeitskleid aus, ein eher schlichtes helles Leinenkleid mit Puffärmeln, und sie hatte eine alberne Idee. Diesmal starrten mich nicht nur Geister an, sondern etliche reale Menschen. Aber der innere Alarm blieb vollkommen stumm.

Es lag sicher nicht nur daran, dass mir Weiß einfach besser steht als Grün.

Birds of a Feather (Don't) Flock Together

Weibliche Promiskuität und der damit verbundene Selbsthass

Panne Pepper

Schon die Frage ist eigentlich seltsam: Wärst du gerne mit einer Frau befreundet (also im „platonischen", nicht körperlichen Sinne), wenn diese gerne, oft und in wechselnder Gesellschaft sexuell aktiv ist? Man möchte meinen: „What the fuck! Who cares?" Aber es scheint eben nicht egal zu sein, zumindest für die meisten jungen Frauen. Die sind nämlich lieber mit jenen Mädchen befreundet, die Pornos, wenn überhaupt, nur heimlich schauen und Sex am liebsten mit ihrem männlichen Partner bei ausgeknipsten Lichtern haben. Promiskuität? Lieber nicht. Dass das scheinbar so ist, hat 2013 die Studie *Birds of a feather? Not when it comes to sexual permissiveness* (Vrangalova et al. 2013) herausgefunden, für die über 700 US-amerikanische Studierende sowohl zu ihrem eigenen Sexualverhalten als auch zu ihren bevorzugten Freundschaften befragt wurden. Dass sexuell freizügige Mädchen offensichtlich nicht das kollektiv-platonische Beliebtheitsbarometer anführen, scheint die für die Studie Verantwortlichen dabei nicht sonderlich gewundert zu haben. Dass allerdings auch jene Mädchen, die selbst gerne und regelmäßig ihre Bettgefährt_innen wechseln, lieber nicht mit „Gleichgesinnten" befreundet sein wollen, war ihnen dann doch eine abschließende Bemerkung wert: „What really surprised us in this study is how unaccepting promiscuous women were of other promiscuous women when it came to friendships

– these are the very people one would think they could turn to for support." (Broscia 2013) Während man sich fragt, ob die Zitierte hier eher das Bild einer Selbsthilfegruppe für Schlampen oder das einer „Happy Sluts United"-Gruppe im Kopf hatte, geben das Ergebnis der Studie und das nachträgliche Framing zu denken. Erstens: Wie kommen die überhaupt darauf, dass Schlampen, um mal bei dem Begriff zu bleiben, nur mit wenig Unterstützung potenzieller Freund_innen rechnen können, und – noch wichtiger – warum brauchen sie überhaupt Unterstützung? Es scheint, als wäre man im Rahmen der Studie nicht darüber hinausgekommen, die gesellschaftlichen Stigmata, die dabei aufgezeigt und gemessen werden sollten, erneut zu reproduzieren.

Doch was soll's? Sehen wir einmal darüber hinweg und schauen lieber auf die Resultate der Studie. Warum ist es also scheinbar so, dass Schlampen nicht gerne mit anderen Schlampen befreundet sein wollen? Messen sie etwa mit unterschiedlichem Maß? Wohl eher nicht. Sie sind aber mit genau denselben Bildern und Vorurteilen aufgewachsen wie ihre weniger promiskuitiven Altersgenoss_innen.

Die Studie sagt: „Sexually permissive women are ostracized for being ‚easy', whereas men with a high number of sexual partners are viewed with a sense of accomplishment." (Ebd.) Und weiter: „The effect is that these women are really isolated." (Ebd.) Soziale Ausgrenzung, herabwürdigende Sprüche, alltägliche Respektlosigkeiten – Effekte, mit denen Frauen, die ein agiles Sexualleben pflegen, scheinbar rechnen müssen. Doch – so der Subtext der Studie – isolieren sie sich durch ihr eigenes, unsolidarisches Verhalten gegenüber anderen Frauen nicht auch selbst?

Woher kommt die Vorstellung, dass Menschen mit den gleichen „Problemen" entsprechend toleranter gegenüber anderen aus denselben Gründen diskriminierten und/oder stigmatisierten Personen sein müssten? Geht die Gesellschaft ernsthaft davon aus, dass ihre eigens produzierten Stigmata und der daraus resultierende Selbsthass unter „Gleichgesinnten" keine Wirkung hat?

Nehmen wir also die Ergebnisse der Studie weiter auseinander. Frauen und Mädchen, die sexuell freizügig leben, sind als Freundinnen für andere Frauen – unabhängig von deren eigenem Promiskuitätsgrad – eher unattraktiv. So weit, so schlecht. Doch was weist ein Mädchen überhaupt als sexuell freizügig aus? Muss sie dafür mit einem T-Shirt herumlaufen, das Bauchnabel und Brustansätze freigibt und auf dem in Glitzerbuchstaben „Schlampe" geschrieben steht? Oder reicht es vielleicht schon, wenn sie beim „Wahrheit oder Pflicht"-Spiel verrät, dass sie sich manchmal gerne heimlich Pornos ansieht? Das verrät die Studie leider nicht.

Um hier trotzdem weiterzukommen, kommen wir also zu mir. Ich habe einmal, vor vielen Jahren, etwas Ungeheuerliches getan. Ich, damals etwa fünfzehnjährig, habe es gewagt, einen Jungen auf einer Party zu küssen, obwohl ich offiziell – also entsprechend der kollektiven Klassenannahme – noch mit einem anderen Jungen liiert war. Das hatte Folgen, teils erwartete, teils unerwartete. Unerwartet war, dass meine damalige offizielle „beste Freundin" mir am nächsten Tag erklärte, dass sie unter diesen Umständen nicht mehr mit mir befreundet sein könne, da sie sonst ebenfalls für eine Schlampe gehalten würde. Es scheint mir an dieser Stelle sinnvoll zu erwähnen, dass ich gerade zu diesem Zeitpunkt bereits seit einigen Wochen mit ebendieser „besten Freundin" eine (heimliche) Affäre hatte. Und zwar so eine, bei der Küssen wirklich als Kleinigkeit bezeichnet werden kann. Es wäre lächerlich zu behaupten, dass mich ihr Verhalten – und zwar ungleich mehr als das meiner anderen Klassenkamerad_innen – nicht getroffen hätte. Es war verletzend, zum einen, weil sie nicht den Mut hatte, zu der Freundschaft zu mir zu stehen, und zum anderen, weil ich wusste, dass sie nicht die Kraft hatte und haben würde, ihre eigene Position offen zu vertreten. Sie wollte ihre Sexualität ausleben, vielleicht sogar drängender als ich, jedoch im Verborgenen. Sowohl meines als auch ihr eigenes Verhalten erschienen ihr dermaßen ungeheuerlich, dass es für sie völlig undenkbar war, offen darüber zu reden, weder mit mir noch mit irgendjemand anderem. Unsere Affäre endete damit, dass sie mir in einem Atemzug sagte, dass sie

Angst habe, in mich verliebt zu sein, und dass sie keinen Sex mehr mit mir haben wolle (sie nannte es dabei jedoch sicherlich nicht Sex), wobei sie das eine nicht in ein Verhältnis zu dem anderen setzte.

Mein Klassendesaster endete damit, dass nach ein paar Tagen irgendein anderes Thema oder ein anderer Fehltritt ins Blickfeld der Allgemeinheit rückte und meinen Vorfall verdrängte. Die Freundin und ich kehrten auf ein rein platonisches Niveau zurück und sprachen nie wieder über die Geschichte. Heute ist sie Lehrerin für katholische Religion und bringt vermutlich Kindern (Mädchen) bei, wie sie sich richtig zu verhalten haben.

Die Erfahrung, die – nicht nur in Bezug auf meine Freundin – einen bitteren Nachgeschmack hinterließ, lehrte mich jedoch auch zwei Dinge. Das erste sollte mir in meinem Leben immer wieder helfen, die Nerven zu bewahren, das zweite sollte mir zumindest eine gewisse (Selbst-)Sicherheit geben. Erstens: Skandale – auch solche, die einem zuerst den Boden unter den Füßen wegzuziehen scheinen – gehen vorüber, und irgendwann erinnert sich kein Mensch mehr daran. Zweitens: Wäre ich ein Mann, wäre mir das nicht passiert. Es ist eine schlichte Feststellung, die vielleicht weder besonders neu noch besonders originell ist, sie ist aber wahr. Hätte einer meiner männlichen Klassenkameraden damals auf der Party sogar nicht nur eines, sondern ein Mädchen nach dem anderen geküsst, hätte ihm am nächsten Tag sicher niemand die Freundschaft gekündigt.

Die meisten Mädchen und Frauen machen wohl in Bezug auf Sexualität irgendwann eine solche Erfahrung. Die Frage ist jedoch, wie viele von ihnen das als falsch und ungerecht ansehen und wie viele es einfach als Tatsache hinnehmen. Sexualität hat im gesellschaftlichen Diskurs immer etwas Statisches, um nicht zu sagen, Naturalistisches. In dieser gemauerten Statik, die auf scheinbar unumstößlichen gesellschaftlichen Regeln und Normen basiert und die zuverlässig von Generation zu Generation weitergegeben wird, gilt nach wie vor jene Dichotomie, die die weibliche Sexualität grundsätzlich als passiv, die männliche dagegen zwingend als aktiv verstanden sehen will.

Wenn man also nicht gerade in einer Blase wie, sagen wir der Anschaulichkeit halber und aus selbstreferenziellen Gründen, Berlin lebt und man sein Gesellschaftsbild im örtlichen Sportverein, von der CDU-wählenden Ethik-Lehrerin und RTL vermittelt bekommt, könnte es mit der emanzipierten und reflektierten Sicht auf die eigene Sexualität also schwierig werden. In meiner (süddeutschen) Heimatstadt gibt und gab es bisher keine Slutwalks, Frauen bekommen in Clubs freien Eintritt, kostenlose Drinks und Sprüche, und – soweit ich weiß – gibt es in der ganzen Stadt keinen einzigen Darkroom, der genuin weiblichem, also lesbischem Sex vorbehalten ist. Gibt es doch eigentlich nirgends? Richtig.

Gesellschaftlich akzeptierte weibliche Sexualität kann eigentlich nur im Verborgenen stattfinden. Alles andere dient zunächst der männlichen Dominanzdemonstration und wird entweder als Prostitution oder als abartig verstanden. Mit Frauen, die in ihrer Sexualität als aktiv wahrgenommen werden, scheint nach landläufiger Auffassung irgendetwas nicht zu stimmen. Dieser Definition von Norm liegt in Bezug auf die männliche Sexualität wiederum jene simple und doch schwerwiegende Regel zugrunde: Aktiver Part ist ausnahmslos der Mann, dessen Befriedigung deshalb grundsätzlich an oberster Stelle steht. Nun wird gewiss die eine oder der andere denken, dass es inzwischen ja auch Männer gibt, die sich mit ihrer eigenen Sexualität kritisch und selbstreflektiert auseinandersetzen und versuchen, jene Muster und Schranken aufzubrechen, von denen Frauen schon seit Generationen reden und schreiben. Mir geht es hier aber nicht um solche Ausnahmen, die die Regel bestätigen, sondern um meine eigenen, höchst subjektiven Erfahrungen, die ich in mehr als fünfzehn Jahren aktiven Sexuallebens gesammelt habe.

Um also auf meine obige Behauptung zurückzukommen: Eine meiner Erfahrungen ist – und ich wünschte wirklich, es wäre anders –, dass zahlreiche Männer ernsthaft zu denken scheinen, der Geschlechtsverkehr sei mit der männlichen Ejakulation automatisch und offiziell beendet. Die Penetration als Zielgerade der Lust? „Also bitte", denkt sich die aufgeklärte, lustvolle Sexualpartnerin. Und doch: Ich müsste lügen, wollte ich behaupten, ich hätte während männlicher Post-Orgasmus-Handjobs nie die ungeduldigen, abschweifenden Blicke bemerkt, die sagten: „Jetzt beeil dich halt wenigstens mal ein bisschen." Stimmt nicht? Nun ja, jedenfalls ist mir bis heute noch kein Porno untergekommen, in dem der weibliche Orgasmus den krönenden Abschluss des Ganzen darstellt. Stattdessen erscheint die Frau in nahezu jedem heterosexuellen Porno als immer geiles, ausdauerndes Lustobjekt, das stets genau so lange kann, bis der Mann gekommen ist. Der Fetisch der Schlampe funktioniert immer so lange, wie der Mann die Rolle der Frau dominiert, heißt in dem Falle, solange er es ist, der die Sexualität der Frau definiert.

Ich war einmal auf einer Party, auf der ein Typ auf seltsame Weise gleichzeitig mit mir zu flirten und mir das Gefühl zu geben schien, er fände mich irgendwie daneben. Vielleicht hätte mir mein Gefühl schon gleich zu denken geben sollen, aber ich hatte Lust und vielleicht wollte ich auch einfach nicht alleine nach Hause gehen. Jedenfalls nahm ich ihn mit und schon im Taxi begann er, mir immer wieder zu sagen, ihm sei schon klar, dass er nur einer unter vielen wäre und dass es wohl mein Hobby sei, am laufenden Band fremde Männer mit nach Hause zu nehmen. Zuerst dachte ich, er wolle damit seine eigene Unsicherheit, die eine solche Situation ja durchaus mit sich bringen kann, überspielen, doch mit der Zeit und zunehmender Nacktheit ließ sich der herablassende und feindselige Ton in seiner Stimme nicht mehr überhören. Offensichtlich sah er in mir etwas, das ihn dazu veranlasste, jeden Respekt mir gegenüber zu verlieren. Ich möchte an der Stelle nur noch einmal betonen, dass ich ihn nicht – seiner Fantasie einer männermordenden Nymphomanin entsprechend – in das Taxi gezerrt und nach Hause geschleppt habe. Er hatte sich auf seinen eigenen Beinen und seinen eigenen Vorschlag hin in mein Bett manövriert, um mir, dort angekommen, zu sagen, wie unmoralisch und verdorben ich sei. Er wollte Sex mit einer Schlampe. Voraussetzung dafür war jedoch, dass ich seinem Bild von einer Schlampe entsprach. Dieses – das wurde mir allerdings erst später klar –

beinhaltete, den Selbsthass zu spiegeln und dadurch auch zu reproduzieren, den er mit diesem (seinem) Fetisch verband. Er wollte Sex mit einer Schlampe, musste aber, um nicht in einem Dominanzproblem zu enden, weiterhin derjenige sein, der meine Sexualität definierte. Es blieb ein fahler Nachgeschmack, dessen Facetten ich am nächsten Tag zwar spüren, sicher aber noch nicht verstehen konnte.

Beim Nachdenken über diese Anekdote ist mir eingefallen, dass in heterosexuellen Pornos meistens nur der Schwanz des Mannes, von der Frau jedoch der ganze Körper zu sehen ist. Jemand hat mir einmal gesagt, das wäre so, damit der Betrachter (selbstverständlich ein Mann) sich in die Situation hineinversetzen und sich vorstellen kann, er wäre derjenige, der da gerade vögelt. Was wäre also, wenn stattdessen der Mann zu sehen wäre, von Kopf bis Fuß, und die Betrachtenden die Perspektive der anonymen Frau einnähmen? Es wäre im besten Falle irritierend. Interessanterweise wird die Kameraeinstellung aus der Perspektive des Mannes auch bei jenen Filmen beibehalten, in denen die Frau die Rolle einer Domina einnimmt. Aktive weibliche Sexualität geht also, aber nur dann, wenn sie dem vom Mann definierten Fetisch entspricht und darin verhaftet bleibt.

Neulich ging ich mit meinem Hund im Park spazieren. Wir trafen eine andere Hündin, und die beiden begannen herumzubalgen. Irgendwann, im Eifer des Gefechts, fing die Hündin an, meinen Hund zu rammeln. Mein Hund ließ es mit sich machen, es blieb ihm, um ehrlich zu sein, auch nichts anderes übrig. Eine Frau, die gerade vorbeilief, geriet deshalb völlig aus dem Häuschen. Sie sagte, sie könne nicht glauben, dass da eine Hündin Sex mit einem Hund habe. Mit ihren Augen gesehen haben also diejenigen Sex, die rammeln. Die, die gerammelt werden, sind in erster Linie Mittel zum Zweck. Es fiel ihr dabei nicht auf, dass sie ihre eigene Auffassung weiblicher und männlicher Sexualität auf die vermeintliche Sexualität der Hunde übertrug – noch dazu in einer Situation, die realistischerweise vermutlich recht wenig mit ihrer eigentlichen Vorstellung von Sex gemein hatte.

Ich fragte sie, was sie daran so komisch fände. Sie sagte, es würde sie wundern, dass der Hund das mit sich machen ließe, vor allem wäre sie aber irritiert, dass die Hündin überhaupt auf die Idee käme zu rammeln, wo das doch überhaupt nicht ihrer Natur entspräche. Da war es also wieder, das naturalistische Prinzip einer streng in einen aktiven und einen passiven Part aufgeteilten Sexualität, in dem die Rollen zudem klar verteilt sind.

Als die Frau weggegangen war, dachte ich mir, dass das Problem nicht allein darin liegt, dass Männer Frauen als Objekte ihrer sexuellen Begierde wahrnehmen, sondern auch darin, dass Frauen ihr eigenes sexuelles Selbstbild nach den daraus resultierenden Erwartungen an sie ausrichten. Müsste also Emanzipation nicht zuerst einmal bedeuten, die eigenen Bilder und Schranken im Kopf zu hinterfragen? Die Mächtigen hatten schließlich noch nie ein Interesse daran, etwas an den bestehenden Verhältnissen zu verändern. Deprimiert machte ich mich auf den Heimweg und sagte den Hunden, dass sie sich von dem Gerede nicht verunsichern lassen sollen.

Lesbisch? Das sind immer die anderen!

Manuela Kay

Schon mit fünf Jahren war ich eine Kampflesbe. Ich hatte kurze Haare, eine laute Stimme, die ich zu nutzen wusste, und schaute meist grimmig. Das hätte im Grunde ja schon gereicht. Doch je mehr mir als kleinem Mädchen Grenzen aufgezeigt wurden – was ich angeblich nicht können durfte oder sollte, warum ich als Mädchen nicht Astronautin werden könne oder warum ich nie so gut Fußball spielen würde wie ein Junge –, desto kämpferischer wurde ich und umso grimmiger mein Blick. Sehr früh wird Mädchen in unserer Gesellschaft deutlich gemacht, wie weit sie gehen dürfen. Wer sich „mädchenhaft" benimmt, heult oft, ist schwach und ängstlich, ist uncool. Mädchen sollen sich nicht zu viel herausnehmen, nicht wild und lärmend sein wie Jungs, Bedürfnisse unterdrücken, statt sie zu artikulieren, angenehm und adrett sein, leise, platzsparend und möglichst keinen Ärger machen. Der ist Jungs vorbehalten. Schon früh sitzen Jungs breitbeinig, Mädchen mit überschlagenen Beinen. Jungs dürfen laut reden, Mädchen sollen leise sein – solche Klassiker der patriarchalen Gesellschaft kennen wir ja.

Es gibt unterschiedliche Arten, darauf zu reagieren: Die junge Kampflesbe begehrt auf, widersetzt sich, wird ein sogenannter „Wildfang", ein „Tomboy", ein Mädchen, das sich benimmt wie ein Junge, also schlicht wie jemand, der auch Spaß, Bewegungsfreiheit und Abenteuer erleben will. Das nicht so wilde Mädchen lernt dagegen früh, sich anzupassen, verstummt und erfüllt ihre Rolle. Vielleicht wird sie später Feministin und kann die Rolle wieder verlassen. Was beiden Typen von Mädchen gemeinsam ist, ist die frühe Erkenntnis, in dieser Welt ein Mensch zweiter Klasse zu sein. Die junge Kampflesbe nimmt dies nicht so einfach hin, sie eignet sich Charakteristika der Erste-Klasse-Menschen an, sie rebelliert und fällt aus der ihr zugedachten Rolle. Somit wird sie schon früh nicht nur als Mensch zweiter Klasse behandelt, sondern auch noch als einer, der gegen diese Zwänge rebelliert, ein „schwieriges, unangepasstes, jungenhaftes Mädchen". Sie merkt in jungen Jahren, dass sie anders ist und zu vielem nicht passt. Sie stößt auf mehr Widerstand als die anderen Jungen und Mädchen um sie herum, und sie begreift langsam, aber sicher, sie ist nicht nur Mensch zweiter, sondern dritter Klasse. Sie beginnt unter Umständen, ihr Geschlecht, das Frausein, zu hassen, weil es mit so vielen Einschränkungen verbunden ist und von vornherein viel weniger spannend zu sein verheißt als ein Leben als Junge oder später als Mann. Sie beginnt vielleicht auch, andere Mädchen zu hassen, weil diese das verkörpern, was sie nicht sein kann oder will, und weil sie sie stets daran erinnern, wie schlecht Mädchen behandelt werden. So orientiert sich der Tomboy an Jungs, die von ihr idealisiert werden, während sie Mädchen, die oft weinen und in Rosa herumlaufen, blöd, schwach und langweilig findet. Eine erste Phase von Hass auf das eigene Geschlecht beginnt hier bei vielen. Und das alles spielt sich zumeist vor dem sexuellen Erwachen, also vor einem Coming-out ab.

Mitglied im Verein der Dritte-Klasse-Menschen

Irgendwann kommt die Erkenntnis hinzu, als Frau Frauen zu begehren, also homosexuell zu sein. Die meisten Frauen findet man zwar weiterhin blöd, schwach und angepasst, denn sie benehmen sich in erster Linie so, wie sie meinen, dass es bei Jungs gut ankommt – aber dann gibt es andere Mädchen oder Frauen, von denen ein Reiz, eine Anmut und eine Faszination ausgehen, dass sie ganz anders scheinen als die Frauen, die einem sonst so verhasst sind. Ein solches Begehren verwirrt zunächst, macht Angst, führt aber in den meisten Fällen – vorausgesetzt, die junge (oder auch nicht mehr so junge) Lesbe bekennt sich zu ihren Gefühlen – zu einer enormen Befreiung. Endlich weiß man, warum man anders ist. Vieles passt plötzlich zusammen und das „Anderssein" bekommt einen Namen: „Lesbischsein". Zugleich ist dies jedoch das Gütesiegel der „Dritte-Klasse-Menschen". Und in einer Gesellschaft, die zu mindestens 90 Prozent aus Menschen besteht, die sich als heterosexuell bezeichnen – oft, ohne den Begriff überhaupt zu kennen–, wird auch derjenigen klar, die noch nie über das Thema nachgedacht hat: Ich bin Teil einer Minderheit. Eine Minderheit, deren Existenz oftmals verschwiegen wird, die – anders als Schwulsein heutzutage in der westlichen Welt – keinerlei Coolnessfaktor beinhaltet, die kaum Vorbilder hat und schlicht ignoriert wird. Eine Minderheit, die für das Ausagieren ihrer Gefühle und ihres Begehrens in immerhin ungefähr einem Viertel der Länder dieser Welt ins Gefängnis kommen, körperlich misshandelt, ja sogar getötet werden kann.

Scham statt Stolz

Bleiben wir aber in der westlichen Kultur und bei den dort lebenden Lesben, die zwar wissen, dass sie auf Frauen stehen und zu einer Minderheit gehören, deswegen aber noch lange nicht kämpferisch oder offensiv lesbisch werden. Nicht Stolz, sondern Scham ist die häufigste Reaktion auf das eigene Lesbischsein. Kein Mädchen sagt: Wenn ich groß bin, will ich Kampflesbe werden! Oder SM-Lesbe oder Dyke oder Queer-Feministin. Nichts davon scheint erstrebenswert, nichts davon klingt nach Karriere, Ruhm, Geld oder Anerkennung. Es gibt nur wenige offen lesbische Frauen, die eine Vorbildfunktion einnehmen, denen Jüngere nacheifern könnten. Lesbischsein ist nicht cool, es hat sogar ein ausgesprochen schlechtes Image. Lesben gelten gemeinhin als eher verbissene, humorlose Frauen, denen der „Die haben nie genügend Sex und kommen immer zu kurz"-Makel anzuhaften scheint. Die Eigenschaften der einst wilden und lebenshungrigen Junglesbe, des Tomboys, werden nun ins Negative interpretiert. Kämpferisch-Sein wird mit Verbissenheit gleichgesetzt, mit Humorlosigkeit. Ist es nicht logisch, dass Männer in der patriarchalen Welt mehr zu lachen haben? Die Aneignung sogenannter männlicher Attribute wird nun als unsexuell angesehen, denn was bei Männern als begehrenswert gilt, ist für Frauen unschicklich und eine krasse

Anmaßung. Das beginnt beim breitbeinigen Sitzen, bei praktischer Kleidung und endet bei gleich gut bezahlten Jobs. Und auch hier sind es wieder Lesben, die überproportional häufig in guten Jobs und bequemer Kleidung zu finden sind. Statt dies zu bewundern, werden sie als unerotische, verbissene Kampflesben betitelt. Eine sehr effektive Methode, Menschen ihre Sexualität und ihre Vorbildfunktion abzusprechen und sie stattdessen zu verunglimpfen und als unattraktiv, zu politisch und deshalb spaßbefreit abzukanzeln. Kein Wunder, dass Lesbischsein nie in Mode kam, nie Trend wurde und nie als erstrebenswert galt.

Noch schlimmer jedoch ist es, dass viele Lesben keine Lesben sein wollen. Auch wenn die Gründe auf der Hand liegen, nicht zu einem als unsexy und uncool empfundenen „Verein" gehören zu wollen, ist es doch mehr als tragisch, dass ausgerechnet lesbische Frauen am allermeisten andere lesbische Frauen hassen, weil sie sie so sehr an sie selbst erinnern und das verkörpern, wofür sie sich selbst schämen. Sieht man als lesbische Frau mit an, wie andere Lesben in unserer Welt behandelt werden, belächelt werden, nicht ernst genommen und ausgegrenzt werden, so ist es doch viel leichter, da mitzumachen, statt aufzustehen und zu sagen: „Ich bin auch so eine!"

Getarnt wird diese Feigheit gern mit der Pseudo-Entschuldigung: „Ich möchte mich nicht als Lesbe bezeichnen; ich kann mich da nicht so festlegen." Sicher: Lesbisch, das sind immer die anderen. Die, die niemand angesagt und sexy findet und die niemand so richtig im Freundeskreis oder als Kolleginnen haben möchte: „Die sind immer so anstrengend, da muss man ja auf jedes Wort achten, das man sagt …"

Gern mal die Szene nutzen, aber nicht dazugehören wollen

Die lesbischen Feministinnen und offen lesbischen Kämpferinnen der 1970er und 1980er Jahre waren noch in der Lage, sich festzulegen, dem Wort lesbisch seine Schimpf- und Schande-Bedeutung zumindest vorübergehend zu nehmen und eine

Infrastruktur zu schaffen, die es vielen Frauen ermöglichte, in eine Lesbenszene zu kommen, in der sie sich selbst entdecken konnten. Das wird heute nicht nur vergessen, sondern von jungen Frauen oftmals ignoriert, selbst wenn sie sich der Errungenschaften der Szene wie selbstverständlich bedienen. „Dazugehören" möchten sie nicht, man ist zwar „frauenliebend", will sich aber nicht „festlegen" und sich schon gar nicht als „lesbisch" bezeichnen.

Doch was heißt hier eigentlich Sich-Festlegen? Wenn ich sage, ich bin homosexuell oder lesbisch, habe ich mich dann festgelegt? Ich bin vom ersten Tag meines Lebens an lesbisch gewesen. Also warum sollte ich nun so tun, als würde ich mich jeden Tag neu entscheiden wollen? Das will ich überhaupt nicht und brauche es auch nicht. Warum finden einige Menschen es bedrohlich, wenn andere sich festlegen? Und warum sollte ich mich nicht festlegen? Wer will mir verbieten, meine Festlegung unter Umständen eines Tages zu ändern?

„Fokussierung ist keine Reduzierung", hat ein schlauer Mensch gesagt. Bin ich in der Lage, meine sexuelle Identität als lesbisch oder schwul zu bezeichnen, fokussiere ich mich lediglich auf etwas. Genauso, wenn ich eine lesbische Party oder eine Zeitschrift für Lesben mache. Ich erlaube trotzdem allen, daran teilzunehmen.

Hier kommt nun das seit den späten 1990er Jahren gebräuchliche Wort „queer" ins Spiel. Queer ist das Zauberwort, das entgegen jeder Festlegung die Ablehnung heterosexuellen Einheitsmiefs bedeutet und trotzdem so wenig Bedeutung hat, dass man sich getrost jederzeit so bezeichnen kann. Queer heißt alles und nichts. Queer ist zumindest im deutschen Sprachraum das neue Wischiwaschi.

Die Haarlänge entscheidet noch immer über den Grad des Lesbischseins

Wer sich nicht als queer bezeichnen möchte, weil auch das anstrengend-politisch klingt, sagt gern: „Ich bin ganz normal."

Normal ist zum Gütesiegel geworden, wenn es darum geht, den eigenen gesellschaftlichen Status einzuordnen und in der Nahrungskette möglichst weit oben zu stehen. Normale sind besser als Lesben, ganz klar. Normale werden mehr gemocht und werden als weniger exotisch empfunden.

Was früher verächtlich als der Norm entsprechend und damit langweilig und vor allem als nicht selbstbestimmt abgetan wurde, gilt heute als erstrebenswert. Während die „Anderen“ lesbisch sind, sind die Normalen genau wie Heteros, nur ohne hetero zu sein. Sie heiraten, bekommen Kinder, haben möglichst viele ganz „normale“ heterosexuelle Freunde und werden von Heteros vermeintlich akzeptiert, weil sie diese ja bis zur Unkenntlichkeit imitieren. Und wer von Heteros anerkannt wird, die höher in der gesellschaftlichen Hackordnung stehen als Homosexuelle, der hat es sozusagen „geschafft“. Die Anbiederung an die heterosexuelle Mehrheit kennt heute kaum Grenzen und ist das traurige Ergebnis von Hass auf die eigene Homosexualität und das eigene Anderssein. Es ist die Angst vor der Angst, allein, ausgestoßen und am Rande der Gesellschaft zu stehen, so wie man sich landläufig vorstellt, dass offensichtliche Lesben, die sich auch als solche bezeichnen, es tun.

Am deutlichsten wird dieser Hass von Lesben untereinander bizarrerweise noch immer an der Frage der Haarlänge und der damit verbunden geglaubten Feminität. Wer nur feminin genug ist, kann gar nicht als böse Lesbe wahrgenommen werden, denn feminine Frauen werden nun mal gemocht. Da wird dann von denen, die die Definitionsmacht haben – den Heteros –, auch mal darüber hinweggesehen, dass eine feminine Frau lesbisch … Pardon, „frauenliebend“ ist oder „mit einer (aber wirklich nur einer!) Frau zusammenlebt“.

Einige langhaarige Lesben beklagen sich, sie würden in der Szene diskriminiert. Vergessen dabei aber, dass eben nicht jede mit einer Langhaarigen ins Bett möchte! Das heißt aber noch lange nicht, dass sie diskriminiert werden. Viele finden sie nur nicht sexy. Ich verweigere mich dem Schema, dass ich als Butch unbedingt Femmes sexy finden muss. Zusätzlich zu meinem Kampflesbentum finde ich auch noch Butches anziehend. Und ich fand lange Haare und lange oder lackierte Fingernägel und Handtaschen und geschminkte Gesichter und die Farbe Rosa und Kleider und Röcke und High Heels und Lippenstiftmünder schon immer unerotisch – egal ob bei Frauen, Männern, Homos oder Heteros.

Man nennt das wohl „Beuteschema", nicht aber Diskriminierung. Diskriminierung ist das, was mir auf der Straße widerfährt, wenn mir jemand „Scheißlesbe" hinterherruft oder mir „blöder lesbischer Fotze" Schläge androht. Das passiert, auch in Berlin, im Schnitt einmal alle sechs Monate – also in meinem langen (kampf-)lesbischen Leben widerfuhr mir das ungefähr über siebzig Mal. Manchmal kam es auch zu konkreter Gewalt; in den meisten Fällen begnügte man sich mit verbalen Beleidigungen. Das ist nicht schön, hat mein Leben aber nicht schlechter gemacht oder mich in meinem öffentlichen Auftreten beeinflusst. Etwa, dass ich überlegte, vielleicht „weniger lesbisch" auszusehen. Im Gegenteil. Ich sah schon vorher so aus und merkte erst durch die Anwürfe anderer, dass mein Aussehen, sprich: Mein offensichtliches Lesbischsein, andere provoziert. Statt mein Äußeres, mit dem ich mich wohl und authentisch fühle, zu ändern, halte ich lieber aus, was mir entgegengeworfen wird, bekämpfe die homophoben, frauenfeindlichen Dumpfbacken, wo ich nur kann, und werde dadurch stärker. Ich bin offensichtlich lesbisch und wenn alle Welt von der Unsichtbarkeit der Lesben redet – an mir liegt es sicher nicht!

Die lesbischen Femmes haben es da schon schwerer, sich ihre Diskriminierung in der Heterowelt abzuholen. Klar hören sie: „Ach, du siehst ja gar nicht lesbisch aus." Aber was feminine Frauen nun mal tun, ob sie wollen oder nicht, ist das sogenannte „straight passing", also ein „als Hetero durchzugehen". In einer hetero-dominierten Welt wird zu unser aller Leidwesen davon ausgegangen, dass alle Menschen heterosexuell sind, außer sie verneinen dies. Entweder verbal oder durch ihr Aussehen.

In der schwulen Welt ist „straight acting" sehr angesagt. Effeminiertes Verhalten oder „Schwuchteligkeit" von Männern – all das ist oftmals verpönt und eine Schande für die ganze Innung. Haben doch so viele Generationen von Schwulen um ihre

Anerkennung als „ganz normale" Männer gekämpft. Da will man sich von der heterosexuellen Mehrheit – gerade jetzt, wo man mit Homo-Ehe und schwulen Politikern im Anzug doch so sehr in der angepassten Mitte der Gesellschaft angekommen ist – nicht in die Suppe spucken lassen. Vielleicht gilt Gleiches ja für viele Lesben, die zu müde sind zu kämpfen und lieber auch mal hören wollen, dass sie schöne Frauen sind. Allein diesem Kompliment wohnt oftmals schlimme Frauenfeindlichkeit inne, ist es doch so gemeint, dass eine „schön", „anziehend" und folglich nicht lesbisch aussieht. Doch wird einer Lesbe gesagt, sie sei ja wie ein Mann oder sehe so aus wie einer, ist dies nie als Kompliment gemeint. Obwohl im Patriarchat alles Männliche toll ist, darf eine Frau sich nichts Männliches und kein Attribut der herrschenden Klasse aneignen. Sei es ein schnelles Auto, großes Motorrad, ein gut bezahlter Job, Unabhängigkeit oder bequeme Kleidung. Denn dann bist du keine „richtige Frau", sondern eine Lesbe, die gerne ein Mann wäre und somit nicht Frau, nicht Mann, sondern nur ein Wesen, das sich erdreistet, aus der ihr zugewiesenen Rolle zu fallen. Diesen Kampf muss man täglich ausfechten: Auf der Straße, in der Warteschlange, in Bus und Bahn, im Büro, in der Schule und am Arbeitsplatz.

Dieser Kampf ist ermüdend, wiederholt sich ständig und scheint mitunter aussichtslos. Doch bei aller Frustration darüber ist der Kampf wirklich erst dann verloren und wir geschlagen, wenn wir die Gleichgültigkeit, die Frauenfeindlichkeit, die Ignoranz, die Homophobie und die Angst der Mehrheit vor allem, was anders ist, auf uns selbst übertragen. Wenn dies dazu führt, dass Lesben andere Lesben für die Verwendung des Wortes „lesbisch" oder für ihr „lesbisches Auftreten" hassen, dann haben wir wirklich alles verloren, wofür bereits viele vor uns leidenschaftlich gekämpft haben.

„Ich will mich nicht freiwillig in eine Randgruppe begeben“

Lesbischer Selbsthass im Spiegel der Zeit.

Antonia Netzer

„Kein Bock auf Stigma“

2015 erschien mit *Straight* ein neues Magazin in der deutschsprachigen Presselandschaft. Es richtet sich an „Frauen, die Frauen lieben“. Diese Formulierung überrascht. Bezeichnungen wie „lesbisch“ oder „bisexuell“, wie sie die etablierte *L-Mag* nutzt, scheinen eigentlich griffiger zu sein. *Straight* möchte jedoch gewöhnlich erscheinen, „Kein Bock auf Stigma“ heißt es in einer Überschrift der ersten Ausgabe. Mir stellt sich die Frage, ob die Verwendung des Wortes „lesbisch“ bereits eine Stigmatisierung bedeutet. Ist das Wort „lesbisch“ so negativ besetzt, dass es Leserinnen davon abhalten könnte, das Blatt zu kaufen? Viele homosexuelle Frauen scheinen die Bezeichnung „lesbisch“ für sich abzulehnen und Umschreibungen wie „Frauen liebend“ oder auch das neutralere „queer“ zu bevorzugen. Mit „lesbisch“ können einige negative Beschreibungen verbunden werden – altbackene Klischees bezüglich Kleidung, Haarschnitt oder Auftreten zum Beispiel. Lesbisch liebende Frauen werden meist in zwei Stereotypen gedrängt: Die feminine Frau, die nur noch nicht den richtigen Mann gefunden hat und Objekt zahlreicher (heterosexueller) Pornos ist, und die maskuline Frau, die Männer hasst. Paradoxerweise gelten Lesben als prüde und langweilig, gleichzeitig jedoch als Verführerinnen. Solche noch heute existierenden Klischees erschweren es vielen Frauen liebenden Frauen, ihre eigene sexuelle Identität zu erkennen, anzunehmen oder sich positiv mit der Bezeichnung „lesbisch“ zu identifizieren. Gleichzeitig wird die Bezeichnung „lesbisch“ immer blasser und diffuser. Häufig wird „lesbisch“ auf das „L“ reduziert, zum Beispiel in *L-Mag* oder *L-Beach* (vgl. Kay 2012: 81ff).

Im Folgenden gehe ich der Frage nach, welchen Einfluss gesellschaftliche Ablehnung und negative Zuschreibungen auf die Entwicklung der lesbischen Subkultur in Deutschland hatten. Ich argumentiere, dass die Bezeichnung „lesbisch“‘ zu einem wenig identitätsstiftenden und emanzipativen Sammelbegriff für unterschiedlichste Selbstbeschreibungen wurde. Gemeinsam war und ist allen Lesben die Liebe zu anderen Frauen. Darüber hinausgehende Fragen führten und führen auch heute noch zu Streitigkeiten. So herrschte bereits in der aufkeimenden Bewegung der 1960er Jahre Uneinigkeit darüber, ob „lesbisch“ nur Bezeichnung für eine sexuelle Identität ist oder auch ein politisches Statement sein kann. Lesben setzten sich in der wachsenden Lesben- und Schwulenbewegung für eine allgemeine Anerkennung homosexueller Lebensweisen ein und engagierten sich über eigene Interessen hinaus in der zweiten Welle der Frauenbewegung. Doch in der Öffentlichkeit wurde ihr politisches Engagement nicht wahrgenommen oder marginalisiert. Bis heute outen sich viele Lesben nicht, sondern leben ihre Sexualität nur hinter verschlossenen Türen aus. Immer noch müssen geoutete Frauen mit homophoben Handlungen gegen sie rechnen.

Wichtigkeit positiver Selbstbezeichnungen

Gesellschaftliche, religiöse oder politische Gründe für Homophobie können vorgeschoben sein. Homophobie kann auch eine Angst vor der eigenen Sexualität bedeuten. Psychologische Tests zeigten, dass sich Individuen von Lesben und Schwulen stärker bedroht fühlten, wenn diese sie an eigene homosexuelle Tendenzen erinnern. Den eigenen inneren sexuellen Impulsen zu folgen, bedeutet dann, an der gesellschaftlichen Norm und an persönlichen Idealen zu scheitern. Homophobe Handlungen hingegen zeigen durch Machtausübung die Zugehörigkeit zur Mehrheit. Für homosexuelle Menschen bedeutet das im Umkehrschluss, dass sie als Minderheit nicht dazugehören und keine Verwirklichungsräume haben (vgl. Wiesendanger 2002). Diskriminierung wird etwas „Natürliches“. Lesbische Liebe wird entweder totgeschwiegen oder verächtlich betrachtet. Eine positive Auseinandersetzung mit der eigenen Identität fällt schwer, wenn Lesbischsein nur mit negativen Eigenschaften assoziiert wird. Oft dauert es Jahre, bis Frauen diesen Selbsthass überwinden und sich anerkennend als lesbisch bezeichnen können. Dabei ist es ein notwendiger Prozess, sich mit Stereotypen auseinanderzusetzen, um sie als Vorbilder zu nutzen, sie abzulehnen oder für sich selbst zu modifizieren (vgl. Frossard 2002). In einer Studie aus dem Jahre 2003 erzählen lesbische Frauen von ihrem Coming-out und persönlichen Alltagserfahrungen. Dabei nutzen sie auffallend oft negative Zuschreibungen für sich selbst. Sie haben Schwierigkeiten mit dem Begriff „lesbisch“ oder wollen sich zumindest nicht mit diesem identifizieren. Eine Frau führt ihre Argumente aus: „Ja, wenn meinetwegen auf einem Frauenfest ungefähr zum 400. Mal gespielt wird ‚It's Raining Men‘, dann denke ich mir, warum bin ich Lesbe geworden, warum bin ich gezwungen, in Scheiß-Clubs zu gehen, warum muss ich mir Scheiß-Musik anhören und warum sind die Frauen alle so scheiß-langweilig. Hm, also jetzt mal ganz ernsthaft, manchmal denke ich mir, ich wäre gerne schwul geworden, weil ich mir denke, Schwule sind so von der Gesellschaft so doppelt geküsst […] Aber als Lesbe, da bist du halt immer so, ja, ich weiß auch nicht was, aber auf keinen Fall irgendwie hip. Also, bisexuell ist vielleicht noch interessant, weil sich das die Männer immer so spitze vorstellen können, aber lesbisch ist halt irgendwie, ich weiß nicht, das reißt halt auch keinen vom Hocker, wenn du das erzählst. […] Also das wird eher so mit passiv assoziiert, du wirst es halt irgendwann, weil die Welt so grauslich zu dir ist oder weil du so hässlich bist.“ (Zuehlke 2003: 262) Positive Selbstbeschreibungen folgen nur, wenn das Umfeld unterstützend auf das Coming-out reagiert hat. Wurde mit negativen Reaktionen gerechnet, zieht die Mehrheit der Frauen es vor, ihre Sexualität zu verschweigen. Es folgen ein Abbau von Sozialkontakten und ein Rückzug in sich selbst. So wird die eigene Sexualität etwas Unaussprechbares – das genaue Gegenteil wäre jedoch wichtig. Lesbische Liebe muss eine positive Bestätigung erfahren, damit mehr Lesben sich trauen, ihre Sexualität nicht zu verheimlichen. Das erfolgreiche innere und äußere Coming-out ist wichtig, um gesellschaftliche Schranken und die gelernte Ablehnung gegen sich selbst zu überwinden und selbstbestimmt leben zu können.

Liebe im Verborgenen

Blicken wir 60 Jahre in der deutschen Geschichte zurück, so werden wir zu diesem Zeitpunkt auf wenige Frauen treffen, die sich selbst als „lesbisch" bezeichnet hätten. Es gab kaum Vorbilder in den Medien. Lesben lebten ihre Sexualität im Geheimen aus, während sie sich oft nur verniedlichend als „Freundinnen" bezeichneten. Viele Lesben lebten zurückgezogen im Privaten, um sich Angriffen und Diskriminierung zu entziehen. Eine freie Entfaltung der Sexualität war unter diesen Voraussetzungen nur selten möglich. Von Menschen außerhalb der „lesbischen Subkultur" wurden sie als heterosexuell wahrgenommen. Dieser Schutz bedeutete aber auch, dass lesbische Liebe in der Öffentlichkeit kaum beachtet wurde. Sie wurde verschwiegen und war in den 1950er Jahren in Deutschland weitestgehend unsichtbar. Selbst in der Wissenschaft wurde sie entweder ignoriert oder als zu heilende Krankheit beschrieben. Lesbischsein passte nicht zu den Rollen und Funktionen, die eine Frau in den 1950er Jahren gesellschaftlich zu erfüllen hatte. Die Gesellschaft wurde von Männern dominiert und war darauf ausgelegt, dass ihre Mitglieder heterosexuell liebten und Familien gründeten. Das Leben einer Frau sollte vollständig auf den Haushalt ausgerichtet sein. Es verwirklichte sich durch die Ehe mit einem Mann und das Gebären von Kindern. Eine offen lesbische Frau konnte die Vorgaben dieser patriarchalen Gesellschaft nicht erfüllen. Für viele Menschen war sie keine „richtige Frau". Auch wenn lesbische Liebe in Deutschland nicht strafrechtlich verfolgt wurde, konnte es drastische Konsequenzen für eine Frau haben, wenn ihre Homosexualität bekannt wurde. Offen lebende Lesben hatten mit Ablehnung und homophoben Angriffen zu rechnen; ihr Arbeitsplatz war gefährdet, der wirtschaftliche Bankrott möglich; kurz: Der Ausschluss aus der Gesellschaft drohte.

In den 1950er Jahren kam es wiederholt zu Diskussionen, ob der § 175 StGB auch auf Frauen auszudehnen sei, da lesbischer Sex zu kriminellen Taten anstifte. Diese Debatte wurde vor allem von dem Psychologen Hans von Hentig befeuert, der Lesben als „männlicher als viele Männer" (zitiert nach Kuckuc 1975: 9) beschrieb und als Hexen darstellte. Das Bundesverfassungsgericht beendete die Debatte 1957 und sicherte dem Lesbischsein Straffreiheit zu. Es erklärte, dass eine „Lesbierin nicht in dem gleichen Maße ausschließlich gleichgeschlechtlich eingestellt ist wie der homosexuelle Mann" (zitiert nach Wolf 2004: 37). Das Urteil verhinderte jedoch nicht, dass „lesbisch" fortan in den Köpfen vieler Menschen mit „kriminell" verbunden wurde. Eine großangelegte Hetz-Kampagne der *BILD*-Zeitung in den 1970er Jahren tat ihr Übriges: Der Prozess von Itzehoe gegen zwei lesbische Frauen, die wegen Mordes angeklagt waren, wurde zu einem Prozess gegen lesbische Liebe insgesamt stilisiert. Lesbische Frauen wurden als generell kriminell und gefährlich dargestellt. Die Frauen der Homosexuellen Aktion Westberlin (HAW) bezogen dagegen Stellung: „Blätter wie BILD, JASMIN, DIE BUNTE, KONKRET, PRALINE usw. haben sich angemaßt, sich über ‚lesbisch' auszulassen, geil oder väterlich herablassend, immer entstellend – allen waren wir bisher gut genug, mit derartigen Berichten Geld zu machen. Diese Artikel erfüllen vor allem einen Zweck: sie schrecken viele Frauen ab, sich als homosexuelle Frau zu akzeptieren. Somit ist es nicht nur Sache der so genannten ‚Lesbierinnen', sondern es geht alle Frauen an, weil hier erneut klar wird, wie sehr wir trotz rechtlicher Gleichstellung mit dem Mann im gesellschaftlichen Leben immer noch unterdrückt werden." (Zitiert nach Wolf 2004: 91) Inwieweit sich dieser Prozess auf die Akzeptanz lesbischer Lebensweisen auswirkte, ist nicht belegbar. Es waren gerade die 1970er Jahre, in denen Lesben den Mut fanden, sich trotz drohender gesellschaftlicher und wirtschaftlicher Sanktionen zusammenzuschließen und ihre Liebe öffentlich zu machen. Sie überwanden ihre eigenen Ängste und negativen Einstellungen und nahmen ihr Lesbischsein an.

Lesbische Liebe, Politik und Alltag

Es lässt sich nicht genau sagen, wo der Beginn der deutschen Lesbenbewegung zu finden ist. Anders als die damalige US-Bewegung, die von den Stonewall-Unruhen geprägt wurde, begannen sich die Frauen im Zuge der 68er-Bewegung zeitgleich mit homosexuellen Männern zu engagieren. Ein möglicher Anfang in Köln ist eine Kontaktanzeige Gertraut Müllers aus dem Jahr 1971, mit der sie nach gleichgesinnten Frauen suchte: „Sie, 28 Jahre, 1,70, sportlich, kritisch engagierter Typ, sucht Partnerin, mit der sowohl ein sinnvolles Gespräch als auch eine ruhige Stunde und eventuell eine politische Arbeit möglich ist." (Zitiert nach Dennert et al. 2007: 34) Es gab viele Zuschriften. Zum ersten Treffen 1972 fanden immerhin vier Frauen den Mut zu kommen. Die erste Lesbengruppe Kölns war gegründet. Im Mittelpunkt stand, Kontakt zu anderen Frauen aufzubauen. Es ging darum, Gemeinsamkeiten zu entdecken und sich seiner eigenen Sexualität bewusst zu werden. Durch Selbsterfahrung versuchten die Aktivistinnen Vorurteile, Selbst- und Frauenhass abzubauen. Bisher erfahrener Hass und Ablehnungen sollten überwunden werden und einem positiven Selbstbild weichen. Für viele war es die erste Chance, offen über eigene Bedürfnisse, den eigenen Körper oder die eigene Sexualität zu reden.

Ein Meilenstein der deutschen Lesben- und Schwulenbewegung war Rosa von Praunheims und Martin Danneckers Film *Nicht der Homosexuelle ist pervers, sondern die Situation, in der er lebt* im Jahr 1971 (vgl. l'Amour laLove 2013: 14f). Zwar wurden Lesben im Film nicht explizit erwähnt, doch sorgte er auch unter ihnen für Gesprächs- und Diskussionsstoff. Anlässlich einer

Filmbesprechung verglich Dannecker die Situation von Lesben und Schwulen in Deutschland: „Die Frauen sind in der gleichen Situation wie die Homosexuellen: auch sie sind Unterdrückte." (Zitiert nach Dennert et al. 2007: 35) Nach Veröffentlichung des Films kam es deutschlandweit zur Gründung von Gruppen für Homosexuelle, beispielsweise der HAW in Berlin. Diese setzten sich zum Ziel, gegen negative Identitäten zu arbeiten, und besetzten die Wörter „schwul" und später auch „lesbisch" positiv kämpferisch. Schon 1972, also wenige Monate nach der Gründung der HAW, entstand innerhalb der HAW eine Untergruppe für Frauen (vgl. l'Amour laLove 2012: 64f). Diese sollte der männlichen Dominanz bei Gruppentreffen entgegenwirken. Die Organisation in Gruppen war ein wichtiger Schritt hin zu lesbischer Emanzipation. Lesben wollten sich nicht länger in der breiten Masse verstecken und als heterosexuell gelesen werden, sondern sich von gesellschaftlichen Normen und Zwängen befreien. Ziel war es, sich dem eigenen Coming-out zu stellen und lesbische Liebe allgemein sichtbar zu machen. Dem Engagement der Frauen dieser Zeit sind viele Einrichtungen und Organisationen zu verdanken, die bis heute Bestand haben oder für die folgende Entwicklung der Szene grundlegend waren.

Ein weiterer Meilenstein der Lesbenbewegung war der deutsche Fernsehfilm *Und wir nehmen uns unser Recht! Lesbierinnen in Deutschland* von 1974. Der Film nahm Bezug auf Themen, die für viele Lesben große Relevanz hatten: Das Fehlen von positiven Rollenbildern und Selbstbeschreibungen, die Angst vor dem eigenen Coming-out und der damit verbundene Zwang zum Leben in Isolation. Im Kontext des Films gründeten sich zahlreiche kleinere Gruppen, die sich jedoch rasch wieder auflösten. Bestand hatte beispielsweise die Berliner Gruppe *L'74*, die vor allem ältere Frauen ansprechen sollte. Ab 1975 veröffentlichte die Gruppe mit der *UkZ – Unsere kleine Zeitung* eine der ersten Zeitungen in Deutschland, die sich an homosexuelle Frauen richtete. Auch die Frauengruppe der HAW bekam großen Zulauf durch den Film. Noch 1974 löste sie sich im Zuge der erstarkenden zweiten Welle der Frauenbewegung aus der HAW und damit aus der Schwulenbewegung. Mit dem *Lesbischen Aktionszentrum* (LAZ), das 1975 in unmittelbarer Nachbarschaft zur HAW gegründet wurde, existierte jedoch weiterhin eine Verbindung zwischen Lesben- und Schwulenbewegung. Lesben wollten sich von Schwulen abgrenzen, um den dortigen patriarchalen Strukturen zu entgehen und eigenständig wahrgenommen zu werden. Als Argument wurde genannt, dass Lesben aufgrund ihrer Homosexualität und ihrer Weiblichkeit doppelt gesellschaftlich benachteiligt seien. Der Ruf nach einer eigenständigen lesbischen Organisation wurde lauter. Die feministischen Strukturen, denen sich Lesben zuwandten, waren personell stark von lesbischen Frauen geprägt. Die Themen aber waren nicht explizit lesbische, sondern eher klassisch feministisch und damit heterosexuell angelegt.

Konfliktreiche Zusammenarbeit

Lesben, die sich in der allgemeinen Frauenbewegung engagierten, suchten gemeinsam mit Heteras nach Wegen, um das Patriarchat anzugreifen. Hauptziel der Gruppierungen war die weibliche Selbstbestimmung – die Emanzipation von gängigen Rollenbildern und die Befreiung von persönlicher und sexueller Identität (vgl. Perincioli 2015: 137ff). Der traditionellen, heteropatriarchalen Öffentlichkeit sollte eine feministische Alternative entgegengestellt werden, in der Frauen in der Mitte der Gesellschaft stehen. Die Reaktionen ließen nicht lange auf sich warten. Es wurde als ein Skandal angesehen, dass Frauen nicht nur nicht mit Männern sexuell verkehrten, sondern diese ganz aus ihrem Leben ausschließen wollten. Zum großen Teil kam zum Tragen, dass Lesben Männer allgemein ablehnen. Der Schmähbegriff „Männerhasserin" wurde geprägt. Daraus entstand eine starke separatistische Bewegung. Ironischerweise fand er auch in Bezug auf heterosexuelle Feministinnen Verwendung. In den 1970er Jahren gründeten sich zahlreiche lesbisch-feministische Projekte wie Buchläden, Verlage, die Sommeruniversität oder das *Lesbenfrühlingstreffen* (LFT). Lesbische Liebe wurde nun in der Öffentlichkeit sichtbar. Aus der sexuellen Selbstbezeichnung „lesbisch" war für viele eine politische Identität geworden. Gängige Rollenbilder wurden infrage gestellt, um starken Frauenbildern Platz zu machen. Als Ideal galt bewegungsintern eine androgyne Weiblichkeit, die Eigenschaften der Maskulinität und Feminität miteinander verbindet und nach außen stolz auftritt. Gegen diese selbstbewusst agierenden Frauenbilder regte sich alsbald Widerstand. Nicht offen lebenden, unpolitischen, nicht feministisch bewegten Lesben bereitete die neue Sichtbarkeit Sorge. Sie fürchteten, nicht länger von außen als heterosexuell gelesen zu werden und im Verborgenen leben zu können. Das eigene Coming-out kam für sie nicht infrage, da sie selbst ihre eigene Sexualität ablehnten. Anstelle der Chance zur Emanzipation sahen sie die Gefahr, gesellschaftlich geächtet zu werden. Dieses Risiko war ihnen zu hoch.

Neben gängigen Rollenbildern wurde auch die eigene Sexualität hinterfragt. Es wurde angezweifelt, dass der heterosexuelle vaginale Geschlechtsverkehr allein zur gewünschten Befriedigung führen könnte. Stattdessen wurde die Klitoris als Ort des Orgasmus und damit Zentrum der weiblichen Lust in den Mittelpunkt gestellt. Hierüber kam es zu Auseinandersetzungen zwischen heterosexuellen und lesbischen Frauen in der Bewegung, die später als „Lesben-Hetera-Konflikt“ bekannt wurden.

Angefacht wurde der Konflikt von dem 1973 von der amerikanischen Feministin Jill Johnston veröffentlichten Buch *Lesbian Nation*. Johnston forderte in diesem, dass sich die Lesbenbewegung nicht mehr mit anderen Bewegungen solidarisieren dürfe, da sie sonst keine Kraft mehr hätte, die eigenen Ziele zu verwirklichen. Das traf bei vielen Lesben der feministischen Bewegung auf offene Ohren. Sie waren frustriert darüber, dass keine gegenseitige Solidarität in der Bewegung herrschte. Lesben hatten sich für zentrale Themen heterosexueller Feministinnen eingesetzt. Dazu zählte die Abschaffung des § 218 StGB, der Schwangerschaftsabbrüche unter Strafe stellte. Umgekehrt jedoch setzten sich heterosexuelle Frauen nicht im gleichen Maße für lesbische Themen ein. Die weibliche Emanzipation wurde gehemmt. Johnston sieht lesbische Liebe als angewandten Feminismus an und prägte den Ausspruch „Feminismus ist die Theorie, Lesbianismus die Praxis“. Ihrer Meinung nach ist die sexuelle Orientierung frei wählbar. Heterosexuelle Frauen unterstützen demnach das Patriarchat, da sie sich freiwillig den vorgegebenen Strukturen fügen und von Männern unterdrücken lassen. Johnston forderte, dass sich alle Frauen solidarisieren, und erklärte in ihrem Buch: „Solange Frauen nicht in sich die Möglichkeit sehen, sich ganz wesentlich füreinander zu engagieren – was sexuelle Liebe mit einschließt, solange verweigern sie sich selbst die Liebe und Wertschätzung, die sie Männern so bereitwillig zukommen lassen, und bestätigen somit ihren zweitklassigen Status." (Zitiert nach Dennert et al. 2007: 50) Es kam zu kontroversen Diskussionen in feministischen Gruppierungen, ob die sexuelle Orientierung frei wählbar oder von Geburt an festgelegt ist. Heterosexuelle Feministinnen positionierten sich klar gegen diese These. Der „Lesben-Hetera-Konflikt" war ein Wendepunkt in der Zusammenarbeit von lesbischen und heterosexuellen Feministinnen. Es kam zum Bruch zwischen beiden Seiten. Die Enttäuschung war auf lesbischer Seite groß, hatte man doch geglaubt, in den heterosexuellen Feministinnen Verbündete gefunden zu haben, die sich für eine ähnliche Sache einsetzen. Es trat ins Bewusstsein, dass lesbische Emanzipation mit vielen Hürden und Auseinandersetzungen verbunden sein würde.

Streit um Begrifflichkeiten

Viele Lesben konzentrierten ihre Mitarbeit fortan auf rein lesbische Strukturen. In den 1980er Jahren wurden der *Lesbenring e. V.* und das LFT weiter ausgebaut. Beim *Christopher Street Day* gab es Lesbenblöcke, in denen lesbische Vereine und Gruppierungen vereint mitdemonstrierten. Ziel war es, alle Lesben zu vereinen und „männerberuhigte" Lesbenkollektive zu bilden. Männer sollten weitestgehend aus dem Alltag ausgeschlossen werden und Debatten, ob lesbische Ziele eine Daseinsberechtigung haben, sollten der Vergangenheit angehören. Die Forderung war, Lesbischsein und politisches Engagement zu verbinden, um ein lesbisches „Wir"-Gefühl zu schaffen (vgl. Pinl 2003: 2f).

Einige der Forderungen gingen Lesben in der unpolitischen Subkultur zu weit. Eine Abschottung von der Öffentlichkeit lehnten diese beispielsweise ab. Lesbischsein hieß für sie nicht automatisch, politisch engagiert zu sein. Viele dieser Subkulturlesben engagierten sich nicht mehr politisch; „lesbisch" verlor ein Stück weit seine politische Identität. En vogue waren in der unpolitischen Subkultur Butch/Femme-Rollenideale der 1950er Jahre. Es entfaltete sich eine lesbische Subkultur, die Lesbischsein sichtbarer denn je zuvor machte. Damals gängige Symbole wie Doppelaxt und verschlungene Frauenzeichen sind noch heute Zeichen der Bewegung. Die weite, burschikose Kleidung ist immer noch ein lesbisches Klischee. Doch viele störten sich an Konventionen und Normen, die in der Subkultur vorgegeben waren, und klagten, dass unter diesen Bedingungen keine freie Entfaltung der Sexualität möglich sei. Es kamen Diskussionen über Machtverhältnisse und Unterdrückung in der Subkultur auf. Einige der diskutierten Punkte sind bis heute strittig. Das angestrebte lesbische „Wir"-Gefühl konnte in den 1980er Jahren zwar nicht überall in der Subkultur erreicht werden, in der feministischen-lesbischen Bewegung dafür umso mehr. Mit den 1990er Jahren vertieften sich die Konflikte. Neue Streitthemen kamen durch queere Ansätze hinzu, und vielen galten lesbische Organisationen als überholt. Das lesbische „Wir" sorge für Ausschlüsse, beispielsweise von Transfrauen. Politik, die auf Identitäten beruht, solle stets hinterfragt werden, so eines der queeren Dogmen. Lesbisch müsse als Kategorie dekonstruiert werden. Gegen diese Idee wehrten sich viele politisch engagierte Lesben. Sie fürchteten das Ende des Feminismus, falls soziales und gesellschaftliches Geschlecht dekonstruiert werden würden. Vielmehr forderten sie den Erhalt expliziter Frauenschutzräume. Der Streit darüber, wie Transpersonen in diese einzubeziehen seien, schwelt bis in die Gegenwart weiter. Queere Bewegung und Lesbenbewegung kommen auch heute in einigen Punkten nicht auf einen Nenner.

Bezeichnend dabei ist, dass die lesbische Emanzipation immer von der Angst geprägt war, in Unsichtbarkeit zurückzufallen. Gleichzeitig wird genau dieses, eine Anpassung an gesellschaftliche Normen und somit Untertauchen in der heterosexuellen Masse, von vielen Lesben gefordert. Die Diskussion in der Subkultur bewegt sich also zwischen der Ablehnung der eigenen sexuellen Orientierung und der freien Entfaltung und Emanzipation dieser. In diesem Spannungsfeld entwickelte sich die lesbische Subkultur, die äußerst gegensätzlichen Ansprüchen genügen soll.

Wo steht die lesbische Liebe heute?

Blicken wir in die heutige Zeit, stellen wir fest, dass sich weltweit einiges bewegt hat. Das Coming-out prominenter Lesben ist zwar immer noch eine Schlagzeile wert, doch im Vergleich zu vor 20 Jahren kein Skandal mehr. Lesben sind in den Medien so zahlreich vertreten wie noch nie. Werbeplakate für *Orange Is the New Black*, einer US-amerikanischen TV-Serie, in der Lesbischsein ständiges Thema ist, zieren die Litfaßsäulen vieler Städte. Der französische Spielfilm *Blau ist eine warme Farbe*, der die Liaison zweier Frauen erzählt, gewann 2013 bei den Filmfestspielen in Cannes die Goldene Palme. Es gibt Magazine und Onlineportale, die sich explizit an Lesben richten. In Deutschland existieren zumindest in größeren Städten einflussreiche Vereine und an fast jeder Hochschule Studierendengruppen, die sich für die Belange von Lesben einsetzen. Doch der Kreis der Frauen, die sich öffentlich für lesbische Anliegen engagieren, ist sehr klein. Oft trifft man auf dieselben Personen in unterschiedlichen Gruppierungen.

Trotz der scheinbar hohen Präsenz leben viele Lesben zurückgezogen. Lesbisch scheint als Identität heute weniger denn je identitätsstiftend zu sein (vgl. Kuhnen 2015: 16ff). Lesben der gesellschaftlichen Mitte, deren Ziel ein akzeptierter Platz in der Gesellschaft ist, haben bei dem Begriff „lesbisch" immer noch negative Gedanken. Verbunden werden mit dem Begriff Anderssein und Ausgrenzung. Damit wollen sich viele nicht assoziieren. Lesbische Gedanken werden lieber unterdrückt und wenn, dann im Verborgenen oder im Schutz der Subkultur ausgelebt. Aus Angst vor homophoben Handlungen und Stigmatisierung outen viele sich nicht. Lesbische Vielfalt zeigt sich erst im Internet.

Damit schließt sich der Kreis zum eingangs skizzierten Selbsthass. Seltsam erscheint, dass sich die Diskussionen wiederholen. Heute werden die gleichen Kämpfe unter anderen Vorzeichen wie vor 20 Jahren ausgetragen. Im Mittelpunkt stehen Normen; gefordert wird Anpassung. Abgelehnt ist, was auffällt: Das trifft die lesbischen Extreme Butch und Femme gleichermaßen. Eine Butch stößt auf gesellschaftliche Ablehnung. Es kann passieren, dass ihr Schmähbegriffe wie „Mannweib" von Fremden zugerufen werden. Dagegen ist die Femme gesellschaftlich weitläufig akzeptiert: Für einige Heterosexuelle sind sie in Pornos ein Objekt der sexuellen Begierde, ihre Optik an bürgerliche Vorstellungen angepasst. In der lesbischen Subkultur stoßen sie jedoch häufig auf Ablehnung. Der Vorwurf ist, dass sie sich zu sehr heterosexuellen Vorstellungen unterwerfen. Es wird infrage gestellt, ob sie überhaupt lesbisch sind. Es ist schon vorgekommen, dass man ihnen den Zutritt zu Lesbenpartys verwehrte oder sie zumindest mit irritierten Blicken verfolgte. Paradoxerweise stehen Teile der Subkultur also einem Ausdruck von Weiblichkeit feindlich gegenüber, während die in der Subkultur weit verbreitete Androgynität und Maskulinität gesellschaftlich abgelehnt werden. Gefordert ist ein variabler gleichzeitiger Ausdruck von Männlichkeit und Weiblichkeit. Impliziert ist, dass Lesben ihr Auftreten dem Kontext anpassen und sich den in ihm geltenden Konventionen unterwerfen. Dies widerspricht einer freien Entfaltung der eigenen Persönlichkeit und Sexualität.

Alle sind gefragt

Es gibt nicht einen vorgegebenen Weg, um gegen Ablehnung und Selbsthass in der lesbischen Subkultur vorzugehen. Wichtig ist, dass alle lesbischen Liebesformen Aufwertung erfahren. In der Vergangenheit gab es mehrere Ansätze zur lesbischen Emanzipation. Am Anfang bildeten sich kleine Gruppen, um sich über das eigene Lesbischsein auszutauschen. Bald gründeten sich erste Vereine. Kurzzeitig entstand eine Art lesbische Identität. Viele schlossen sich der zweiten Welle der Frauenbewegung an, um gemeinsam gegen das Patriarchat vorzugehen. Doch die lesbischen Ziele waren mit den heterosexuellen Feministinnen nicht zu vereinbaren, es kam zum Bruch mit der Bewegung. Innerhalb der unpolitischen Subkultur entstanden Auseinandersetzungen über dieselbe und die dort geltenden Normen, die bis heute zu beobachten sind.

Männer und Frauen haben nach wie vor nicht die gleichen Chancen im Leben. Diskriminierung von Lesben ist allgegenwärtig. Ein Coming-out kann den Verlust des Arbeitsplatzes bedeuten. Freunde können sich abwenden. Lesben sind in letzter Zeit häufiger in den Medien vertreten. Dargestellt werden aber Idealtypen, die den heterosexuellen Vorstellungen angepasst sind. In der Gesellschaft sind sie noch nicht angekommen. Um Lesbischsein als wertvoll zu betrachten, reicht es nicht, dass entsexualisierte Lesben von der Gesellschaft anerkannt werden. Für die Gegenwart müssten meines Erachtens die Flügelkämpfe aufhören oder aber produktiv ausgetragen werden. Es geht nicht darum, *eine* lesbische Identität, sondern lesbische Identitäten zu schaffen. Diese können Klischees entsprechen oder auch nicht, sie sollten so oder so anerkannt werden. Denn es sind nicht Aussehen oder politische Einstellungen, die lesbisch machen: „Eine Lesbe ist in erster Linie die, die sich selbst als solche bezeichnet. Die sexuelle Orientierung – einschließlich der erotisch-emotionalen Zuwendung zu Frauen – ist dabei ein entscheidendes Merkmal, aber nicht das Einzige beziehungsweise Allumfassende. Darüber hinaus Aussagen zutreffen, die dauerhaft und allgemeingültig lesbische Identitäten definieren, ist schwierig, da die Gefahr der Einengung beziehungsweise Ausgrenzung besteht." (Wolf 2004: 57) Gerade weil sie eine Minderheit sind, müssen Lesben sichtbar werden. Unterdrückung von außen und Selbsthass von innen heraus müssen überwunden werden, um allgemeine Emanzipation voranzutreiben und eine persönliche Entfaltung zu erleichtern. Unter dieser Prämisse wäre eine Aussage wie „Ich will mich nicht freiwillig in eine Randgruppe begeben" (Zuehlke 2003: 92) nicht mehr notwendig.

Angeboren oder sozial konstruiert?

Transgeschlechtlichkeit zwischen neurowissenschaftlichem Determinismus und queertheoretischem Dekonstruktivismus

Till Amelung

„Ich wär so gern normal!" Diesen Satz haben schon viele transgeschlechtliche Menschen mit einer gewissen Verzweiflung gesagt oder zumindest gedacht[1]. Es ist die Sehnsucht nach einem Leben und einem Körper, welche nicht erklärungsbedürftig sind. Transgeschlechtlich zu sein heißt, dass sozial und medizinisch ein Weg zu gehen ist, der zunächst ganz viel persönliches Erklären mit sich bringt und später auch die Auseinandersetzung mit den Grenzen des Machbaren. Ein sehr wichtiger Aspekt für ein gutes Leben ist die reibungslose Anerkennung der eigenen Person – insbesondere in Bezug auf das Geschlecht. Dies wurde wieder in den erst kürzlich veröffentlichten Ergebnissen einer Befragung des Landes Niedersachsen deutlich (vgl. Plötz/Zacharias 2015). Häufig hindern Vorurteile und Diskriminierungen daran, dass sich transgeschlechtliche Menschen anerkannt fühlen. Der Kern solcher Vorurteile und Diskriminierungen besteht zumeist darin, dass das geäußerte Geschlecht von transgeschlechtlichen Menschen nicht ernst genommen, angezweifelt, lächerlich gemacht oder anders herabgesetzt wird. Ein großer Teil des politischen Aktivismus ist daher von Aufklärung und Kampf für die Anerkennung transgeschlechtlicher Menschen bestimmt.

Hier lassen sich zwei Ansätze ausmachen, die von aktivistischen Gruppen beziehungsweise Organisationen als Basis ihrer Arbeit verwendet werden: Biologisch-neurowissenschaftliche Argumentationen und queertheoretische Argumentationen (vgl. de Silva

2015: 26f). Allerdings führen diese beiden grundverschiedenen Ansätze häufig zu Kontroversen unter transgeschlechtlichen Menschen. In einer Zeit, wo auch die Politik Transgeschlechtlichkeit als Handlungsfeld begreift und dafür eine gut organisierte, professionalisierte Transcommunity bräuchte, dominieren in dieser Bewegung Grabenkämpfe um die Definitionshoheit. Meistens geht es dabei um neurowissenschaftliche und biologische Erklärungsmodelle von Transgeschlechtlichkeit gegen Theorien aus den Gender und Queer Studies. „Biologismus" einerseits und „Genderismus" andererseits sind die Kampfvokabeln, die ins Feld geführt werden, um das jeweils andere Lager zu verunglimpfen. Häufig kommt es beispielsweise im Netz zu erbitterten Auseinandersetzungen, in deren Folge sich besonders erregte Gemüter zu Beiträgen hinreißen lassen können, die dann zu Ausschlüssen aus der Diskussion, insbesondere anhand von Einzelpersonen, führen. Da es ein wichtiges Fundament politischer Arbeit ist, politischen Entscheidungsträger_innen zu erklären, wer man ist und was man braucht, lohnt es, sich diese beiden widerstreitenden Ansätze im Aktivismus genauer anzusehen. So will ich meine Leserschaft einladen, sich den Plus- und Minuspol des Transaktivismus anzuschauen, und nachvollziehbar machen, warum gerade neurowissenschaftliche und queertheoretische Argumentationen beliebt sind und welches Selbstbild von transgeschlechtlichen Menschen sich dahinter verbirgt. Meine These ist, dass in der Auseinandersetzung Affekte sichtbar werden, die einen Mangel an positiver Identifikation mit dem eigenen Transsein offenbaren. Das wiederum hat sehr viel mit dem gesellschaftlichen Stellenwert von transgeschlechtlichen Menschen zu tun. Daher werde ich diesen als Erstes skizzieren, bevor ich die beiden widerstreitenden Ansätze im Transaktivismus unter die Lupe nehme.

Transgeschlechtlichkeit als Stigma

Sich als transgeschlechtlicher Mensch oder Mensch mit transsexueller Vergangenheit erkennen zu geben, ist in der heutigen

Zeit zwar leichter geworden, aber trotzdem noch mit Risiken verbunden, gesellschaftlich ausgegrenzt zu werden. Laut einer europaweiten Studie von 2014 zu Diskriminierungserfahrungen von transgeschlechtlichen Menschen machen diese viel öfter Diskriminierungs- und Gewalterfahrungen als Lesben und Schwule (vgl. European Union Agency for Fundamental Rights 2014). Die Erfahrungen reichen von ungenügender medizinischer Versorgung bis hin zum Erleben von gewalttätigen Übergriffen im Alltag (vgl. ebd.). Beruflich bleibt ihnen die Teilhabe häufig verwehrt – und damit ein gesichertes finanzielles Einkommen, obwohl überdurchschnittlich viele Transmenschen einen Hochschulabschluss haben (vgl. ebd.). Die gesellschaftliche Norm lässt kaum Spielraum, wenn sie vorgibt, dass nur das Zuweisungsgeschlecht das richtige sei. Aufgrund dieser Norm sind transgeschlechtliche Menschen stigmatisiert. Der Soziologe Erving Goffman hat anhand von Behinderung aufgezeigt, wie Stigmatisierungen wirken. Ein Stigma ist nach Goffman eine Eigenschaft, die an sich neutral, aber gesellschaftlich verpönt ist (vgl. Goffman 2012: 11). Stigmatisierte Eigenschaften sind neben Behinderung unter anderem ethnische Herkunft, Hautfarbe und Homosexualität (vgl. ebd.: 12f). Menschen mit stigmatisierten Eigenschaften tun viel dafür, diesen zu entkommen: Sie kaschieren, überkompensieren, verschweigen, deuten um oder benutzen die stigmatisierte Eigenschaft als Grund, Dinge nicht zu tun (vgl. ebd.: 18f). Doch da sie immer mit den gesellschaftlichen Auswirkungen ihres Stigmas zu kämpfen haben, belastet das ihre Persönlichkeitsentwicklung und ihren Selbstwert erheblich (vgl. ebd.: 28f). In der Wahrnehmung und Anerkennung durch andere müssen Menschen mit stigmatisierten Eigenschaften immer dagegen anrennen, dass ihre Persönlichkeit nicht in all ihren Facetten gesehen und gewürdigt wird. „Der Behinderte“ wird automatisch als unfähig und bemitleidenswert abgestempelt; „die Transe“ gilt als gestört und pervers. Dieses Stigma und dessen gesellschaftliche Folgen sind der Treibstoff im politischen Aktivismus transgeschlechtlicher Menschen. Das ist freilich nichts Besonderes, denn die meisten sozialen Bewegungen sind letztlich aus diesem Grund entstanden. Die Summe an erfahrenen persönlichen Verletzungen und gesellschaftlicher Exklusion wird in Bewegungen vom tragischen Einzelschicksal hin zu handfesten politischen Analysen und Forderungen transformiert. In der Argumentation gibt es parallel existierende Strategien. In vielen Fällen stehen diese Strategien in Abgrenzung und Rivalität zueinander. Oftmals grenzen diese rivalisierenden Ansätze aus, denn gelebtes Leben lässt sich nur selten in eine ideale Schablone pressen. Wie bereits erwähnt, sind dies in der Bewegung transgeschlechtlicher Menschen vor allem biologisch-neurowissenschaftliche und queertheoretische Argumentationslinien – auf diese möchte ich nun eingehen.

Neurowissenschaften und Transgeschlechtlichkeit

Seit ungefähr 2010 häufen sich die aktivistischen Gruppen und Einzelpersonen, die Transgeschlechtlichkeit mit neurowissenschaftlichen Ergebnissen erklären. Kurz gefasst lautet die Erklärung so: In der pränatalen Entwicklung bildet sich nicht nur die genitale Ausstattung, sondern auch die Vorstellung davon im Gehirn heraus. Fehlgeleitete Steuerung führt dazu, dass transgeschlechtliche Menschen ein Gehirn haben, dessen sogenannte *„body map"* nicht mit dem Rest des Körpers übereinstimmt (vgl. Haupt 2012; ATME e.V.; Wergin 2015). Im Klartext erwartet das Gehirn eines Mannes, dass sein Körper über einen Penis und keinen Busen verfügt. Ist das männliche Gehirn nun mit dem Vorhandensein einer Vagina konfrontiert, kommt es zu schwerwiegenden Konflikten in der Entwicklung, die im späteren Verlauf nur mit einer operativen Angleichung behoben werden können (vgl. ebd.). Als Belege gelten Forschungsergebnisse aus den Neurowissenschaften, die sich grundsätzlich mit den Unterschieden zwischen Männern und Frauen im Gehirn beschäftigt haben (vgl. beispielsweise Baron-Cohen 2006; Brizendine 2007; Swaab 2009; Krause 2007). Untersucht werden dabei unter anderem emotionale Reaktionen, räumliches Denken, Reaktion auf Pornografie, sowie mathematisches und sprachliches Denken. Daraus werden Schlüsse gezogen, warum Frauen und Männer jeweils verschiedene Berufe ergreifen oder sich in bestimmten Situationen unterschiedlich verhalten. Soziale Faktoren werden nicht einbezogen. Aus den Ergebnissen wird geschlussfolgert, dass es essentielle, angeborene Eigenschaften gibt. In den meisten Studien geht es also nicht so sehr um das Verstehen des Phänomens Transgeschlechtlichkeit, sondern um die globale Erklärung von Männlichkeit und Weiblichkeit. So hat beispielsweise der Neurowissenschaftler Simon Baron-Cohen untersucht, wie lange wenige Tage alte männliche und weibliche Säuglinge jeweils auf ein Mobile und eine Puppe gestarrt haben (vgl. Baron-Cohen 2006; Fine 2010). Daraus, dass die männlichen Säuglinge länger auf das Mobile und die weiblichen länger auf die Puppe gestarrt haben, leitet er ab, dass Männer von Anfang an vor allem an technischen und komplexen Dingen interessiert seien. Frauen hingegen interessierten sich dementsprechend von Grund auf stärker für emotionale und beziehungstechnische Themen (vgl. ebd.). Das männliche Gehirn ist nach Baron-Cohen ein L-Gehirn – wobei das L für Logik steht. Das weibliche Gehirn ist von Natur aus ein E-Gehirn, also ein emotionales Gehirn. Louanne Brizendine kommt in ihren Untersuchungen zum männlichen und zum weiblichen Gehirn zu einem ähnlichen Ergebnis (vgl. Brizendine 2008; dies. 2010). Eine andere Studie zur Untermauerung von Baron-Cohen beschäftigt sich mit Mädchen, die mit der Intersexvariante Adrenogenitales Syndrom (AGS) geboren wurden (vgl. Knickmeyer et al. 2006). Diese Variante bewirkt, dass die Nebennierenrinde zu viel Androgene ausschüttet. Dadurch kommt es in vielen Fällen bereits im Mutterleib zu einer als vermännlichend beschriebenen Entwicklung, wie zum Beispiel einer vergrößerten Klitoris. Später seien diese Mädchen oft auffällig, weil sie sich im Sozialverhalten von Mädchen ohne AGS durch eher männliches Verhalten abheben würden. Auch daraus ziehen Knickmeyer et al. den Schluss, dass es fundamentale Unterschiede zwischen Männern und Frauen gibt. Andere Studien nehmen transgeschlechtliche Frauen mit und ohne Hormonbehandlung zusätzlich zu Männern und Frauen als Vergleichsgruppe (vgl. Krause 2007). Abgefragt wurde mittels Hirnscan, wie die unterschiedlichen Gruppen auf Erotik und emotionale Reize reagieren. Hierbei unterschieden sich alle drei Frauengruppen von der Männergruppe. Eine niederländische Studie verglich sechs Gehirne von verstorbenen transgeschlechtlichen Frauen (vgl. Zhou et al. 1995). Die Hirnstrukturen hatten dabei deutliche Übereinstimmungen mit denen nicht-transgeschlechtlicher Frauen.

Männlichkeit und Weiblichkeit werden in den Erklärungen anschließend von sozialen Kontexten entkoppelt. Deshalb kommt gerade aus feministischer Richtung viel Kritik, da bestehende soziale Ungleichheiten als rein logische Konsequenz aus den biologischen Unterschieden gedeutet werden. Die Neurowissenschaftlerin Cordelia Fine sezierte mehrere Studien gnadenlos. Der größte Kritikpunkt ist, dass die Studien, in denen Unterschiede gefunden wurden, häufig mit einer vergleichsweise kleinen Proband_innenzahl arbeiteten (vgl. Fine 2010). Damit derartige Studien überhaupt beachtet werden, sind Unterschiede laut Fine plakativer zu vermarkten als Gemeinsamkeiten. In Studien mit größeren Proband_innenzahlen lassen sich Unterschiede nicht mehr so stark postulieren. Häufig zeigt sich da eine größere Differenz innerhalb der einzelnen Vergleichsgruppen als zwischen den Vergleichsgruppen (vgl. ebd.). Nicht zuletzt zeigten andere Studien auch eine Manipulierbarkeit: So wurde untersucht, wie Frauen beim Lösen mathematischer Aufgaben abschneiden. Die eine Gruppe musste vorher einen Text lesen, der besagte, Frauen seien generell schlechter in Mathe als Männer (vgl. ebd.). Die zweite Gruppe las diesen Text nicht. Die durch den Text beeinflusste Gruppe schnitt deutlich schlechter im Lösen von mathematischen Aufgaben ab. Man muss also durchaus in Erwägung ziehen, dass unterschiedliche Resultate in den Pro-Differenz-Studien auch durch die unterschiedlichen sozialen Erwartungen beeinflusst sein können, die an Männer und Frauen bereits vom Tag der Geburt an gestellt werden (vgl. ebd.). Gerade Untersuchungen per bildgebender Verfahren werden vielfach als der ultimative Beweis angesehen (vgl. ebd.; Hasler 2012). Fine schreibt spöttisch, dass mit dieser Kleckskunde althergebrachter Sexismus wieder salonfähig gemacht werde (vgl. Fine 2010). Andere Kritiker_innen, wie Felix Hasler, betonen, dass die Neurowissenschaften einen allumfassenden Erklärungsanspruch propagieren, der in diesem Umfang nicht haltbar ist (vgl. Hasler 2012). Nicht zuletzt zeigte eine Forschungsgruppe mit dem sogenannten „Lachs des Zweifels“ auf, dass bildgebende Verfahren ebenfalls nicht von Fehlerhaftigkeiten ausgenommen sind: Die Forscher legten einen toten Salmo salar in ein fMRT und maßen seine neuronale Aktivität, während sie dem Fisch Bilder zeigten, die Emotionen stimulieren sollten (vgl. ebd.). Interessanterweise konnte man bei dem Fisch post mortem Aktivitäten messen. Nachdem die Messungen abgeschlossen waren, wurde der Fisch verspeist (vgl. ebd.).

Sigrid Schmitz kritisiert die naive Gläubigkeit in fMRT-Scans ebenfalls. Für sie sind die damit festgestellten Ergebnisse in erster Linie Momentaufnahmen. Sie sagen nichts darüber aus, wie sich das Gehirn dieser Person im Kontext ihres Lebens weiter entwickeln wird (vgl. Schmitz 2007). Die Biologin verweist auf eine grundsätzliche Plastizität des Gehirns und stellt die Frage, wie fMRT-Studien zu Geschlecht wohl ausfallen würden, wenn Frauen und Männer fernab von Stereotypisierungen ihre individuellen Potenziale frei entfalten könnten (vgl. ebd.).

Neben grundsätzlichen Mängeln stellt sich gerade in Bezug auf Geschlecht die Frage, weshalb sich Untersuchungen des Gehirns nur auf die Differenz zwischen männlich und weiblich beziehen. Es gibt genügend Menschen, die sich gefühlt und/oder körperlich nicht in der Geschlechterbinarität wiederfinden können. Mir sind jedoch keine Untersuchungen bekannt, in welchen diese Menschen als Maßstab genommen werden und etwa nicht-binäre Strukturen des Gehirns geschlussfolgert werden. Letztlich bleiben viele Fragen offen, weil das menschliche Gehirn noch nicht bis ins Letzte entschlüsselt wurde. So erregen zahlreiche Untersuchungen den Verdacht, zur Geschlechterdifferenz einer Voreingenommenheit zu unterliegen. Ich möchte nicht bestreiten, dass es überhaupt messbare Unterschiede gibt. Lediglich zur kritischen Zurückhaltung bei der Interpretation will ich mahnen. Andere Neurowissenschaftler_innen sehen die

Sache mit den Geschlechtsunterschieden im Gehirn darüber hinaus deutlich differenzierter: Sie sind der Ansicht, dass diese im gelebten Alltag keine herausragende Rolle spielen, da Fragestellungen und Probleme auf mehreren Wegen lösbar sind. Wie Zahlen belegen, hindert ein sogenanntes weibliches Gehirn Frauen schließlich nicht daran, vermehrt Medizin oder Naturwissenschaften zu studieren (vgl. Fine 2010).

In Bezug auf transgeschlechtliche Menschen besteht das Problem, dass sie häufig nur als Vergleichsgruppe in Studien dienen. Das bedeutet, dass nicht so sehr das Verständnis des Phänomens Transgeschlechtlichkeit im Vordergrund steht, sondern der Beweis universeller Differenzen zwischen Mann und Frau erbracht werden soll. Was nun bewegt einige politische Aktivist_innen für die Belange transgeschlechtlicher Menschen dazu, derartige Studienergebnisse als absolut gültige Beweise für Geschlechtsunterschiede im Gehirn anzunehmen? Der stärkste Grund ist die Hoffnung, dass Prägungen im Gehirn als maßgebliches Bestimmungskriterium von Geschlecht anerkannt werden – und analog dazu Transgeschlechtlichkeit. Somit könnte man der Pathologisierung durch psychiatrisch geprägte Sexualmediziner_innen entkommen. Durch die Nachweisbarkeit im Gehirn ist Transgeschlechtlichkeit eine natürliche Variante und die körperliche Angleichung eine logische Notwendigkeit. Kurz: Man kann sich so des immer leicht mitschwingenden Verdachts entledigen, verrückt zu sein. Eine sichtbare Beweisführung gilt als Beleg für die Existenz eines Phänomens. Ob man aber daraus ableiten kann, dass alle transgeschlechtlichen Menschen deswegen das Bedürfnis nach einer Geschlechtsangleichung inklusive Hormontherapie und Genitaloperation haben, muss kritisch geprüft werden. Dafür ist die Datenlage bislang nicht hinreichend gesichert. Zudem erscheint es mir aufgrund der Komplexität des Verhältnisses von körperlich-neurologischer Anlage und sozialer Entwicklung fragwürdig, ob man eine derartig klare Kausalkette erstellen kann. Menschliches Leben ist komplexer, als man es gerne hätte. Schaut man beispielsweise in die psychologische Traumaforschung, so herrscht immer wieder Erstaunen, wie unterschiedlich Menschen auf den gleichen schädlichen Einfluss reagieren. Die einen entwickeln psychische Erkrankungen, die anderen nicht. Analog dazu müsste bei transgeschlechtlichen Menschen gefragt werden, ob sich nicht trotz ähnlicher Hirnstrukturen unterschiedliche Entwicklungen ausmachen lassen. Im Klartext heißt das: Ob sich jemand mit einer „weiblichen Hirnstruktur" unabdingbar für eine Genitaloperation oder andere medizinische Maßnahmen entscheidet oder durch die soziale Entwicklung andere Bewältigungsstrategien findet und darauf verzichtet.

Diese Fragen sind den Befürworter_innen neurowissenschaftlicher Theorien unter den Transmenschen nicht unbedingt willkommen, sondern werden geradezu ignoriert und abgelehnt. Stigmamanagement kann also auch das Umdeuten von Ergebnissen der Hirnforschung bedeuten. Diese Ergebnisse werden als geeignete Grundlage gesehen, um Transgeschlechtlichkeit in den Maßstäben des sonst transexklusiven Verständnisses von Geschlecht als normale Variante in der Natur einzuführen. Das Aneignen von Argumentationsmustern aus transfeindlichen und gängigen Sichtweisen kann psychoanalytisch als Identifikation mit dem Aggressor gewertet werden. „Mit der Darstellung des Angreifers, der Übernahme seiner Attribute oder seiner Aggression verwandelt [der Angegriffene] sich gleichzeitig aus dem Bedrohten in den Bedroher" (Freud 1946: 88), schreibt Anna Freud über die Essenz dieses Phänomens. Der Aggressor ist sinnbildlich in der gesellschaftlichen Norm gefasst, die sichtbare Beweise von Geschlecht höher bewertet als die Selbstbezeichnung von Menschen.

Durch den affirmativen Umgang mit den genannten neurowissenschaftlichen Theorien belässt man Transgeschlechtlichkeit mit diesen Argumentationslinien im Bereich des Krankhaften. Die Abweichung von Gehirn und Körper wird weiterhin als unbedingt behandlungsbedürftig angesehen. Hier soll jedoch nicht in Abrede gestellt werden, dass es nicht wenige transgeschlechtliche Menschen gibt, die tatsächlich unter dem Widerspruch zwischen Selbstwahrnehmung und Körper leiden. Die heutigen Möglichkeiten der Medizin sind für viele hilfreich, um in ihrem Körper zu Hause sein zu können. Ich will lediglich vor Automatismen und Zirkelschlüssen warnen, die oft von einschlägigen Aktivist_innen propagiert werden, zumal die Unzufriedenheit sowohl subjektiven als auch gesellschaftlichen Ursprung haben und damit das „Problem" nicht im Transsein selbst liegt. Warum ist der Rückgriff auf diesen Forschungsstand aus meiner Sicht keine ganz so gute Strategie? Zum einen liefern wir uns selbst den machtvollen und uns unterdrückenden Weltbildern aus. Damit sind wir gebunden an das jeweilige gesellschaftliche Klima und im ungünstigen Fall wird Transgeschlechtlichkeit wieder zur Devianz erklärt. Außerdem heißt eine physiologische und biologische Nachweisbarkeit nicht automatisch, dass Menschen mit dieser Eigenschaft sozial angesehener werden. Bei Behinderungen und Intersexualität hat so eine Gleichung auch nicht funktioniert. Gleichzeitig kann eine solche Strategie die Stigmatisierung verschärfen. Am Beispiel psychischer Erkrankungen, die nun im Zuge des Hirnforschungsbooms ebenfalls rein hirnphysiologisch basiert angesehen werden, lässt sich laut dem Psychologen Nikolas Rose sehen, dass die Scheu diesen Menschen gegenüber zunehmen kann (vgl. Ayan 2015: 14f). Dies wiederum hat Auswirkungen auf die Partnerwahl und entsprechende Vorbehalte.

Das alles sind gute Gründe, mit Skepsis auf gar zu deterministische Theorien von Geschlecht zu reagieren. Handelt es sich dabei aber um ausreichend gute Gründe dafür, biologische Aspekte von Geschlecht gänzlich zu negieren?

Queer als Gegenspieler

Nun bewegen wir uns vom einen extremen Pol zum anderen – vom biologistischen Determinismus hin zu rein poststrukturalistischen, sprachbasierten Auffassungen von Geschlecht und Materialität generell. In den Gender Studies und in queerfeministischen Politgruppen spricht man gern mit Verweis auf theoretische Arbeiten von Judith Butler, Michel Foucault und anderen dem Poststrukturalismus zugeordneten Theoretiker_innen von der sozialen Konstruiertheit von Geschlecht. Nicht nur unsere gesellschaftlichen Vorstellungen, wie man sozial als Mann oder Frau zu sein hat, sind sozial konstruiert. Auch unsere Körper selbst werden in Teilen der Queer Theory durch die sprachlichen Zuweisungen sozial konstruiert. Intuitives Körperwissen, das Körpererleben und biologische Funktionen werden uns nur durch die Sprache zugänglich und dadurch geformt, dass sie sprachlich benannt und beschrieben werden. Transgeschlechtlichkeit ist in diesem Kontext häufig das Paradebeispiel, an dem die soziale Konstruktion von Geschlecht bewiesen werden soll.

In der Queer Theory geht es teilweise um subversive und widerständige Praxen gegen die heteronormative Zweigeschlechtlichtkeit (vgl. Brill 2008: 105). Sowohl von vielen Transmenschen als auch einigen Wissenschaftler_innen wird Kritik an dieser Herangehensweise geübt. Die kanadische Soziologin Vivian K. Namaste stellte bereits im Jahr 2000 fest, dass rein poststrukturalistische Betrachtungsweisen nicht hilfreich dabei sind, reale Selbstdefinitionen, das Selbsterleben und alltägliche Lebensrealitäten von Transmenschen zu erfassen. Dunja Brill bemängelt an der Queer Theory, dass sie sich ausschließlich auf die äußerlich wahrnehmbare Selbstinszenierung von Geschlecht konzentriert (vgl. ebd.: 106). Faktoren wie Subjektivität, Motivation und Intention werden dabei nicht berücksichtigt, führt Brill weiter aus. Ebenso wenig wird die Handlungsmacht des einzelnen Individuums mit einbezogen, da symbolische Strukturen anstelle sozialer Praxen in den Mittelpunkt gestellt werden (vgl. ebd.).

Viele kritische Transmenschen empfinden poststrukturalistische Ansätze als Negation ihres auch körperlichen Erlebens von Geschlecht. Sie fühlen sich damit als Mann oder Frau und in den daraus resultierenden Bedarfen einer körperlichen Angleichung nicht ernst genommen. Jüngstes Beispiel hierfür ist ein Blogeintrag in dem rechten Jugendmagazin *Blaue Narzisse.* Dort moniert die Autorin Trischa Dorner, dass diejenigen, die Geschlecht vor allem als gesellschaftliches Problem sehen und Transsein als Mittel anführen, um sich von den binären Geschlechternormen lösen zu können, die Anliegen von Transmenschen, die klassisch Mann oder Frau sind und körperliche Angleichungen benötigen, untergraben (vgl. Dorner 2015). Mit der Kritik verbunden ist der Wunsch nach schärferen Trennungen, die das Aufgreifen spezifischer Probleme ermöglichen. Problematisch an Dorners Artikel ist, dass sie sich auf das antifeministische und rechte Weltbild von Personen wie Beatrix von Storch bezieht, die eine tragende Rolle im rechten Sektor, insbesondere der Partei *Alternative für Deutschland* (AfD) spielt. Von Storch und die AfD machen immer wieder mit homosexuellenfeindlichen und antifeministischen Kampagnen von sich reden, die letztlich zutiefst antidemokratisch sind. Dennoch ist der Artikel ein aktuelles Beispiel für Kritik einer transsexuellen Frau an der Queer Theory und dazugehörenden Subkulturen. Allerdings wäre es absolut nicht nötig gewesen, sich dafür in den braunen Sumpf zu begeben.

Die negative Wahrnehmung von Queer Theory ergibt sich mitunter daraus, wie poststrukturalistische Denkmuster funktionieren: Der englische Wissenschaftstheoretiker Ian Hacking hat 1999 die Flut derartiger Arbeiten in allen wissenschaftlichen Bereichen kritisiert. Häufig seien sie nach einer sehr simplen Logik aufgebaut, die Hacking wie folgt zusammenfasst: „Nehmen wir X. X ist so nicht gut, wie es ist. X sollte anders sein oder gar nicht sein.“ Hier wird bereits das Ergebnis vorweggenommen. Damit bekommt man aber nicht in den Blick, was mit realen Menschen und anderen materiellen Gegebenheiten passiert. Hacking und Namaste zufolge kann man damit allenfalls analysieren, welche Ideen Menschen von bestimmten Begriffen haben und welche Machteffekte dafür sorgen, dass diese Ideen hegemonial sind. Dies sind durchaus wichtige Analysefelder, doch muss man sich ihrer Grenzen bewusst sein. Transgeschlechtlickeit ist, wie alle anderen Phänomene auch, etwas sehr Komplexes. Wenn man sich nur anhand transgeschlechtlicher Menschen anschaut, wie Geschlecht sozial konstruiert wird, dann verliert man aus dem Blick, dass diese Menschen ganz konkrete Akzeptanz in dieser Gesellschaft wollen und brauchen. Zudem vergisst man, lebensweltnahe Lösungen für konkrete Probleme zu erarbeiten.

Queer Theory hat auch in Deutschland nicht nur Eingang in die Wissenschaft gefunden, sondern auch zu der Entstehung einer damit verknüpften queeren beziehungsweise queerfeministischen Subkultur geführt, die sich auf Butlers Werk *Gender Trouble* mitunter wie auf eine Bibel bezieht (vgl. ebd.: 105; Pohlkamp 2015: 235).

Damit verbunden verpflichten sich queere Subkulturen mit einem politischen Auftrag zum gesellschaftlichen Wandel. Die Akteur_innen queerfeministischer Kontexte sind häufig bewegt durch erste rudimentäre Begegnungen mit dem queertheoretischen Rahmen und von einem linken Enthusiasmus, die Welt zu einem besseren Ort zu machen. Beseelt von der Utopie, Geschlecht „abschaffen“ zu können, kleiden und frisieren sie sich so, wie sie sich Geschlechtsneutralität vorstellen oder zumindest die Privilegien heteronormativer Cis-Geschlechtlichkeit hinter sich lassen können. Einige nutzen dann einen anderen Namen für sich und sagen, dass sie „trans“ sind, weil sie so ihren politischen Anspruch mit ihrer Identität vermitteln wollen. Personen, die im Auftreten und Stil zu eindeutig weiblich oder männlich wirken und oder dem gesellschaftlichen Ideal entsprechen, werden hier häufig ausgegrenzt oder angefeindet (vgl. Serano 2007: 345f). Die US-amerikanische Aktivistin und transsexuelle Frau Julia Serano kritisiert vor diesem Hintergrund, dass Transmenschen, die ganz selbstverständlich als Mann oder Frau wahrgenommen werden, in diesen scheinbar progressiven Kreisen ebenfalls keinen Platz finden. Sowohl bei den binären Transmenschen als auch den beschriebenen Cis-Menschen ist es dann völlig egal, ob diese sich politisch engagieren wollen. Sie sind schlicht nicht progressiv genug. Das ist insofern paradox, als dass Transmenschen aus Kreisen ausgeschlossen werden, die für Transmenschen sprechen wollen und vorgeben, gegen Sexismus zu kämpfen (vgl. ebd.: 348f). Serano bemängelt weiterhin, dass mit einem derartigen Umgang mit Geschlecht gesellschaftliche Stereotype und Hierarchisierungen reproduziert werden, anstatt sie zu bekämpfen. Frauen beispielsweise auf ihre möglicherweise feminine Erscheinung zu reduzieren und sie als vermeintlich nicht progressiv auszugrenzen, nimmt sie auf klassische sexistische Art und Weise nicht als ganze Personen wahr (vgl. ebd.). Brill kritisiert, dass queere Subkulturen analog zur Queer Theory Machtverhältnisse ausschließlich zwischen der dominanten heteronormativen Außenwelt und den unterdrückten nicht-heteronormativen Gruppen konstruieren, wodurch man sich die Möglichkeit einer ebenfalls notwendigen „internen" Analyse versperrt (vgl. Brill 2008: 108).

Durch ihren gesellschaftspolitischen Anspruch tragen viele queerfeministische Gruppen ihre Sichtweisen auch in andere Kreise und fordern diese auf, gemäß ihrer Denkweise sensibel zu sein und zu agieren. Derlei Ansprüche bringen einige transgeschlechtliche Menschen in diskriminierende Situationen, was ich im Folgenden an einem persönlichen Erlebnis illustrieren werde:

Als schwuler Mann, der andere Männer kennenlernen will, bin ich natürlich auf einer sehr bekannten schwulen Datingseite angemeldet. Dort schrieb mich der Organisator einer Göttinger Party für LGBT und Friends mit folgendem Text an: „Ich finde es toll, dass du dich überall so gegen Sexismus einsetzt!" Mehr hat er nicht geschrieben. Ich war erst einmal ganz verwirrt, später dann verärgert. Mein Profil auf der Datingseite beinhaltet unter anderem Angaben über meine sexuellen Bedürfnisse, die ich gern mit Interessierten ausleben möchte, sowie, dass ich ein Transmann bin. Das ist keine politische Kampagne gegen Sexismus, ich will meine Sexualität ausleben! Indem das als politische Botschaft gedeutet wurde, hat man mich quasi entsexualisiert. Das finde ich bedeutend schlimmer, als hätte mir jemand geschrieben, dass er meine Beschreibungen widerlich findet. Ich bin kein transgeschlechtlicher Mann, weil ich eine politische Botschaft habe, sondern weil ich ein Mann bin, dessen Körper nicht zu seinem Geschlecht passte. Erlebnisse wie diese lassen sich als Folge der Reduktion von Transgeschlechtlichkeit auf ein Analysemedium in Queer Theory und auf einen eher politischen subkulturellen Zugang zu Transgeschlechtlichkeit deuten. Die Ignoranz gegenüber konkreten Lebensrealitäten und Bedürfnissen in theoretischen und politischen Texten beziehungsweise Gruppen führt dazu, dass bei Außenstehenden eine unzureichende Rezeption erfolgt, die wiederum in gewiss unabsichtlicher Diskriminierung münden kann.

Zahlreiche transgeschlechtliche Menschen halten sich in solchen Kontexten auf, weil sie sich dort mehr Akzeptanz versprechen (vgl. Pohlkamp 2015: 236). Ines Pohlkamp betont, dass queere Räume für transgeschlechtliche Menschen zunächst die Möglichkeit bieten, einen alternativen Zugang zu Geschlecht kennenzulernen und dabei die eigene Geschlechtlichkeit zu finden und auszuprobieren (vgl. ebd.: 231). In queeren Räumen können sie die Erfahrung machen, nicht die einzige Person mit transgeschlechtlicher Thematik zu sein (vgl. ebd.: 232). Meiner Ansicht nach können queere Räume und Queer Theory für transgeschlechtliche Menschen aber auch eine Gelegenheit sein, die eigene, unter Umständen unangenehme Körperlichkeit aus dem Bewusstsein zu verbannen. Man verlagert das Thema „Geschlecht" ganz auf die gesellschaftspolitische Ebene und erwartet, dass dort das eigene Unbehagen mit dem Körper aufgelöst wird. Die gesellschaftspolitische Ebene kann dies jedoch nicht für jedes Individuum leisten und muss in diesem Zusammenhang zwangsläufig scheitern.

Noch einmal zurück zu den bereits erwähnten Personen, die sich das Label „trans" aus rein politischen Gründen aneignen. Hier kommen Mechanismen ins Spiel, die der Logik von Subkulturen folgen. In den (Sub)Cultural Studies wurde dafür der Begriff des kulturellen Kapitals entwickelt (vgl. Brill 2008: 113). Das kulturelle Kapital definiert sich in subkulturellen Kreisen demnach vor allem durch Transgression, Subversion und Hipness. Durch eine ungleiche Verteilung dieses kulturellen Kapitals entstehen dort Machthierarchien (vgl. ebd.). Je mehr ein Mensch also subkulturellen Idealen entspricht, desto mehr Ansehen ist die Folge, was zu Glorifizierungen führt. Das „Anderssein", das durch die subkulturelle Prägung aber jede Individualität vermissen lässt, wird in so einer queeren Subkultur zur Währung. Viele Menschen mit transgeschlechtlicher Thematik verstehen ihr Anliegen jedoch nicht als Trend in einer Subkultur, sondern ein auf sich selbst bezogenes Thema, das eigene Geschlecht ohne Hürden leben zu können. Sie wollen nicht permanent „das Andere" sein, sondern selbstverständliche Anerkennung in allen Lebensbereichen erfahren (vgl. Pohlkamp 2015: 246). Transgeschlechtlichkeit als Trend in einer Subkultur muss daher scheitern. Die real erlebten Probleme jenseits von Idealisierung und Glorifizierung bleiben dabei häufig auf der Strecke. Diese Differenzen zwischen Menschen mit transgeschlechtlicher Thematik und Transmenschen aus politischer/subkultureller Motivation führen dazu, dass es schwierig wird, in einem größeren Zusammenhang gemeinsame Interessen zu formulieren.

Alternativen für eine transpositive Zukunft im Aktivismus

Die von mir skizzierte Kontroverse erscheint zunächst unüberwindbar. Dennoch ist es für das Erreichen politischer Ziele unumgänglich, dass alle Strömungen der Transbewegung lernen, zumindest punktuell zusammenzuarbeiten. Existierende Differenzen müssen dafür sowohl von der cis-geschlechtlichen Mehrheit als auch von Menschen mit transgeschlechtlicher Thematik selbst ertragen werden. Geschlechtervielfalt ist unter diesem Aspekt als Herausforderung zu sehen, Irritationen aushalten zu können. Damit dieser Prozess gelingen kann, bedarf es zweier Entwicklungen: Zum einen müssen die negativen Folgen der gesellschaftlichen Stigmatisierungen überwunden werden. Transgeschlechtliche Menschen müssen sowohl individuell als auch politisch eine Form von Selbstbewusstsein entwickeln, die im Englischen mit dem Wort „pride" beschrieben ist. Dieser Prozess beinhaltet eine Emanzipation von klassischen pathologisierenden, stigmatisierenden Definitionen aus Medizin, Sexualwissenschaft und Neurowissenschaften. Die ausschließliche Deutung als furchtbares Schicksal und angeborene Fehlentwicklung verhindert einen positiven sowie akzeptierenden Zugang zu einem wesentlichen Teil der persönlichen Biografie.

Zum anderen darf Transgeschlechtlichkeit nicht, wie in queeren Subkulturen, zu einer Währung in Form von Hipness werden. Vielmehr bedarf es in diesen Subkulturen einer umfassenden Selbstkritik, ob ein derartiger Umgang der Komplexität von „Geschlecht" gerecht wird. Vorausgesetzt, dass diese Reflexionen stattfinden, könnten sich anschließend wichtige Bündnisse ergeben: Cis-Frauen und -Männer würden ebenfalls enorm profitieren, wenn die Gesellschaft in Bezug auf das Geschlecht mehr Irritationen aushielte. Die dafür erforderliche Reflexion hegemonialer Geschlechternormen kann als Prozess bei cis-geschlechtlichen Menschen mit „trans" aber nicht adäquat beschrieben werden.

Mehr Pride, weniger Hipness und ein konstruktiverer Dialog innerhalb der Transbewegung würden die politische Kraft erheblich vergrößern – und das wäre ihr unbedingt zu wünschen.

Anmerkungen

1 Um die angemessene Verwendung von Begriffen und ihre Bedeutungen toben heftige Kontroversen. Dieser Umstand kann in diesem Text nicht ad hoc aufgelöst werden. Ich bitte daher, von derlei Erwartungen abzusehen. „Trans" ist an sich schon offen, um mit der Vielfalt an Geschlechtern vervollständigt zu werden, sofern sie nicht in der heiligen Dreifaltigkeit von sozialer Rolle, Genitalien und Identität der heteronormativen exklusiven Zweigeschlechtlichkeit qua Geburt aufgehen. Daher wird auf ein Sternchen verzichtet.

„Dreckshomo“ und „Queerikone“

Transsein zwischen Selbsthass und Polit-Hype

Daria Majewski

Bei den Gedanken, die ich hier tippe, handelt es sich nicht um meine Meinung, die einer anderen mit einem gleichgültigen Schulterzucken gegenübergestellt werden kann: Du hast eben deine Meinung und ich meine. Es sind meine Erfahrungen, die in durchrauchten Nächten und an kaffeetrunkenen Nachmittagen am Küchentisch mit meinen Freunden und meinen Eltern diskutiert wurden. Sie haben ihre Spiegelung im Austausch mit anderen trans Menschen gefunden, sind in verliebten Auseinandersetzungen mit meinem Partner gewachsen. Alles andere als eine streng quantitative Studie also, und dennoch nicht nur meine Meinung, sondern Überlegungen, die auf meinen Erfahrungen in einer transfeindlichen Gesellschaft aufbauen. „Wer immer wir auch sind: Unser Verständnis von Gender, Politik und Feminismus wird von unseren Erfahrungen in der Liebe und im Sex beeinflusst […]. Wenn wir vom Kampf gegen den Sexismus sprechen, ist, bewusst oder unbewusst, unser gebrochenes Herz mit von der Partie, der verletzte Stolz, die grauenhaften sexuellen Zurückweisungen, Enttäuschungen, Einsamkeit und Sehnsucht, die Erinnerung an Verrat, der Schmerz unserer Kindheit.“ (Penny 2015: 53)

Ich orientiere mich in diesem Text an den einzelnen Bedeutungen der im Titel auftauchenden Worte von „Dreckshomo“, „Queerikone“ und beziehe diese auf die Frage nach „Emanzipation“. Warum genau diese drei Schlagworte in der Auseinandersetzung mit Selbsthass von trans Menschen? „Dreckshomo“ und „Queerikone“ stehen beispielhaft für ein Spannungsfeld, in welchem sich trans Menschen befinden: Die transfeindliche Gesellschaft, welche ihnen suggeriert, falsch, pervers, verrückt zu sein, auf der einen Seite. Subkulturen, welche sich voller Begeisterung auf trans Menschen werfen, auf der anderen Seite. Bei den Letzteren unterscheide ich der Einfachheit halber kaum zwischen der Ikonisierung von trans Menschen einer queeren Subkultur und einer Transfetischisierung durch die Sexindustrie.

Dieses Spannungsfeld spielt insofern eine entscheidende Rolle, als dass wir als Subjekte einem Werdungsprozess unterworfen sind, den wir beeinflussen, akzeptieren und/oder verwerfen können, der aber gleichzeitig von äußeren Faktoren bestimmt ist, die uns prägen und denen wir ausgeliefert sind. Wir werden also nicht als die Menschen geboren, die wir heute sind, sondern werden erst zu diesen (vgl. de Beauvoir 1951: 134). Bei der Frage nach Emanzipation und Transgeschlechtlichkeit stelle ich das Subjekt mit Transitionserfahrung[1] als ein selbstbestimmtes zu den beiden äußeren Einflussfaktoren von Transfeindlichkeit und Transfetischisierung in ein Verhältnis.

Dreckshomo

Ines Pohlkamp verwendet in ihrer im März 2015 erschienenen Studie *Gender Bashing – Gewalterfahrungen an den Grenzen der Zweigeschlechtlichkeit* den Begriff „als homosexuell gelesen" (vgl. Pohlkamp 2015: 215). Übertragen auf den Trans-Kontext könnte man von „als trans gelesen" sprechen. „Als trans gelesen" entkoppelt das Attribut „trans" vom realen Körper der betreffenden Person und richtet den Blick auf die Vorannahmen der Betrachtenden. Es öffnet Raum, das Themenspektrum „trans" unter gesellschaftskritischen Aspekten zu betrachten, ohne dabei Individuen auf ein Wesensmerkmal zu beschränken. Stattdessen wird Transfeindlichkeit als strukturelles Problem dargestellt, das letztlich jedem Menschen begegnen kann, sobald er nicht mehr in das binäre Geschlechtersystem eingeordnet werden kann.

Die Loslösung von dem Versuch einer festen Zuschreibung, was „trans" genau bedeuten soll, macht also klar, gegen wen sich die Feindlichkeit richtet: Butches, Tunten, Sissyboys, Tomboys, Kings und Queens, stark feminine Frauen, maskuline Frauen, nicht passende trans Menschen, genderqueere Menschen, androgyne Menschen und viele mehr. Nicht unbedingt nur gegen jene, deren Geschlechtlichkeit mit einer Transitionserfahrung verknüpft ist. Natürlich gibt es Diskriminierungserfahrungen, die mit konkreten Transitionserlebnissen verknüpft sind: Pathologisierung, Gutachterwesen, diskriminierende Sachbearbeiter und Ärzte. Diskriminierung von trans Menschen – ob als trans identifiziert, als solche gelesen oder anderweitig mit dem Trans-Spektrum verbunden – muss also durch ihre Bedingungen differenziert betrachtet werden. Eine der möglichen Gewalterfahrungen ist interpersonell: Die verbale Gewalt. Viele trans Menschen, beziehungsweise „als trans gelesene" Menschen, teilen die Erfahrung, als „Homo", „Tunte", „Schwuchtel" – also als Dreckshomo – beschimpft zu werden. Diese Form der Aggression richtet sich vornehmlich gegen „als trans weiblich gelesene" Menschen, trans Frauen, als verweiblichte Jungs gelesene Männer, manche Tomboys, Tunten oder Sissys. Die Erfahrungen von als „trans gelesenen" Menschen mit weiblich konnotierten Körpern, also beispielsweise trans Männer, weisen entsprechend der Misogynie unserer Gesellschaft vornehmlich einen anderen Inhalt der Gewalt auf: Die Vergewaltigungsandrohung. Ich spreche hier von „weiblich konnotierten Körpern", da es nicht um die Selbstbezeichnung der Menschen geht, sondern lediglich um die Annahmen, die der Aggressor über sie trifft.

„Als trans gelesene" Menschen werden als Bedrohung für die scheinbar natürliche, heteronormative Geschlechterordnung wahrgenommen. Hinzukommt, dass trans Frauen des Truges und der Verführung braver Männer beschuldigt werden: Sie würden vorgeben, Frauen zu sein, und die unwissenden Männer zu homosexuellen Handlungen verführen. Womit der so hinters Licht geführte Mann vermeintlich zum Triebobjekt eines Mannes würde, was ihn degradiert. Zwei Gewaltverhältnisse werden darin deutlich: Zum einen werden Frauen mit Transitionserfahrung, kommt die Transitionsgeschichte ans Licht, als Männer wahrgenommen und somit der Akt mit einem Mann als homosexuell bewertet. Gleichzeitig drückt sich darin die Abwertung homosexuellen Erlebens aus: Die bloße Unterstellung eines homosexuellen Aktes reicht aus, um als Mann degradiert zu werden. Wir müssten uns im nächsten Schritt also fragen, was denn so schlimm an einem homosexuellen Akt ist? Hierzu geben andere Aufsätze des vorliegenden Bandes Auskunft (vgl. l'Amour laLove; Sander in diesem Band). An der Beleidigung „Dreckshomo", die sich an als „verweiblichte Männer gelesene" Menschen richtet, äußert sich die Vorstellung, schwule Männer seien effeminiert, was als Vorwurf gehandelt wird, da alles Weibliche abgewertet wird.

Nun stellt sich die Frage, ob ich als Mensch mit Transitionserfahrung und als „als trans gelesene Frau" nicht mit der Welt, wie sie eingerichtet ist, Frieden schließen und mich selbst als „anders" akzeptieren kann. Immerhin kritisiere ich die Welt, wie sie ist. Hier beißt sich die Katze in den Schwanz: „Das Andere" darf in unserer Gesellschaft nur am Rande existieren, von wo aus es die gesellschaftliche Mitte nicht bedrohen und von dieser ignoriert werden kann. Eine Anpassung von trans Menschen an gesellschaftliche Konventionen ist zwar individuell möglich und kann zu Erfolgen führen, etwa wenn trans Menschen ihre Transitionsgeschichte unsichtbar machen und als „normale" Männer und Frauen unbehelligt leben. Dabei gilt es zu beachten, dass diese Möglichkeit nicht nur Selbstverwirklichungscharakter hat, sondern für nicht wenige Menschen eine Überlebensstrategie darstellt. Dies kann man als Gewaltprävention durch Anpassung bezeichnen. Gesamtgesellschaftlich stellt dies jedoch keine Lösung dar, da der Vorwurf der Unterwanderung des binären Geschlechtersystems bestehen und damit der Stempel des „Anderen" haften bleibt. Würden wir mit Assimilierung auf die derzeitigen Diskriminierungsverhältnisse antworten, bliebe außerdem eine ganze Reihe derer, die nicht anpassungsfähig sind, weiterhin stigmatisiert. Eine fade Lösungsstrategie für strukturelle Probleme also.

Wie bereits angemerkt, gehe ich davon aus, dass wir alle zu Männern und Frauen „werden", was unter anderem auf den Aspekt der Eigenverantwortung hinweist. Gleichzeitig liegt dieser Werdung das Moment der Prägung durch die Gesellschaft zugrunde. Gegen diese Gesellschaft kann ich mich auflehnen oder aber von ihren Möglichkeiten träumen. Transitionserfahrungen zu haben, ist selten ein Akt der Auflehnung. Eine trans Frau wird nicht zur trans Frau, weil sie trans sein möchte, sondern weil sie trotz oder mit ihrem männlich konnotierten Körper weiß, dass sie eine Frau ist. Das ist keine Auflehnung – vielmehr ist es einfach, wie es ist. Hinzu kommt, dass sich trans Menschen genau wie alle anderen ins Verhältnis zu gesellschaftlichen Ansprüchen setzen müssen: Schönheit, Partnerschaft, Karriere, Gesundheit und so weiter gelten als Erfolgskonzepte, die es zu erreichen gilt. Nur weil meine Subjektwerdung von Transitionserfahrungen geprägt ist, bin ich lange noch nicht davon losgelöst, von einer romantischen Zweierbeziehung, einem guten Job oder sozialer Anerkennung zu träumen. „Sei doch einfach du selbst“ zu akzeptieren, würde bedeuten, dass man in dieser Gesellschaft kaum Möglichkeiten zur Entfaltung hat. Der Dreckshomo bewegt sich also in dem Spannungsfeld zwischen Anpassung und Selbstentfaltung, die im Falle des Dreckshomos beide unmöglich sind, wenn er selbst möglich werden will. Selbst möglich zu werden, reicht darüber hinaus, sich sichtbar zu machen. Es geht um leibliche und seelische Unversehrtheit und materielle Sicherheiten – ein zufriedenes Leben. Um das zu garantieren, müsste die Gesellschaft jedoch zulassen, dass die Dreckshomos gleichberechtigt an gesellschaftlichen Prozessen partizipieren, als Unnormale also normal würden. Ließe diese Gesellschaft jedoch Partizipation ohne Assimilation zu, hätte sie sich selbst abgeschafft. Für trans Menschen heißt das also, in dieser Gesellschaft stets ein Dreckshomo zu bleiben und als dieser mit anderen unterdrückten Gruppen am Rande unsichtbar gemacht zu werden.

Queerikone

Transitionierte Körper erfahren in vielerlei Hinsicht Inanspruchnahmen: In den Mainstreammedien werden spätestens seit 2015 verstärkt trans Frauen präsentiert, mit der Implikation, sie seien sogar noch schöner als „richtige" Frauen. Gezeigt werden attraktive trans Frauen: Andreja Pejic, Caitlyn Jenner und Laverne Cox. Das Problem, das ich darin sehe, liegt nicht in den Personen begründet, sondern in der Art und Weise, wie über sie diskutiert wird. Es bleibt eine voyeuristische Gier der Gesellschaft auf transitionierte Körper und ihre Ausbeutung zugunsten neoliberaler Schönheitsnormen, denen zufolge Hunger, egal in welcher Form – nach Essen, Sex, Einfluss, Wissen oder Liebe – gebändigt werden muss. Neoliberale Schönheitsnormen stehen parallel zum neoliberalen Menschenbild: Entkörperlicht, flexibel, mobil und verwertbar. Es wird ein Idealkörper imaginiert und gleichzeitig der permanente Verfall der realen Körper mit all seinen Erscheinungen geleugnet: Nicht mehr stinken, schwitzen, kacken, altern, krank werden und am besten noch die eigene geschlechtliche Zurichtung vertuschen. Trans Menschen können nun also auch alles sein und alles erreichen, wenn sie sich nur brav genug unterwerfen. In dieser Gesellschaft gilt es als Kompliment, einer trans Frau zu sagen, dass sie viel „echter" aussehe als eine andere trans Frau, dass sie also ein besseres Erfolgskonzept hat, sich zuzurichten, als eine andere, die als gescheitert gilt. Im schwulen Kontext ist seit Langem ein ähnlicher Anspruch zu beobachten: „heterolike" oder „straight-acting" zu sein, gilt vielen als Erfolgskonzept des modernen Schwulen (vgl. l'Amour laLove in diesem Band). Es heißt nichts weiter, als sich so normal männlich zu verhalten, dass andere und am besten man selbst das Schwulsein nicht mehr bemerkt. Verkauf dich als Hetero, dann ist der Makel des Schwulseins nicht mehr ganz so frappierend!

Vor solchen normativen Zurichtungen versuchen sich viele queere Räume ihrem Anspruch nach zu schützen, wollen Schutzräume sein für „Queers". Ich habe meine Jugend in schwulen Räumen verbracht. Schwule Sexräume, keine Schutzräume. Und ich muss gestehen, dass all die Erniedrigung, Kränkung, Einsamkeit und der Missbrauch, den ich, wie viele Schwule, in diesen Räumen erfahren habe, stets aufrichtige Formen der Zurichtung waren. Denn niemand versprach mir

Schutz, niemand versprach mir Respekt. Das einzige Versprechen, das mir gegeben wurde, war, dass, solange mein Körper nur fickbar genug ist, ich bumsen kann, bis ich zu alt und hässlich bin. Queere Räume hingegen sind meist keine Sexräume, sondern wollen Schutzräume sein. Sie bergen ein hoffnungsvolles Versprechen, einfach man selbst sein zu können. Im *Manifest des Arschlochs* schreibt Aaron R. Schloch: „Schwule Räume, in denen Männer* Sex mit Männern* haben, sind zutiefst heterosexuelle Räume. Allerdings mit der Besonderheit gegenüber anderen heterosexuellen Räumen, dass der sie grundsätzlich charakterisierende Umstand, ihre Heterosexualität, ungesagt und unsagbar bleibt." (Schloch 2010: 17) Gleiches würde ich für die mir bekannten queeren Räume formulieren: Sie sind zutiefst heterosexuelle und gewaltförmige Orte, die trotz permanenter Aufforderung zur Selbstreflexion und Selbstpositionierung blind bleiben für die eigene Zurichtung. Allzu oft wird von der sich in ihnen ebenso wirksamen gesellschaftlichen Realität abgesehen. Stattdessen werden sprachliche Gebilde und neue Identitäten konstruiert, an welchen sich abgearbeitet wird. So wundert es nicht, dass die Zurichtungen auch in den queeren Schutzräumen stattfinden, in ihren spezifischen Formen jedoch ungesagt und unsagbar bleiben. Trans Frauen werden zu Fetischobjekten, die als verkörperlichter Beweis für die Dekonstruierbarkeit von Geschlecht herhalten und gleichzeitig beweisen müssen, dass sie auch wirklich nicht nur ein cis Mann im Frauenkleid sind. Wehe aber, sie überschreiten die queere Grenze und transitionieren zu binären, heterosexuellen Frauen, die auch noch feminin, nicht aber femme, und damit politisch ansehnlich sind. Nicht selten wird trans Menschen gerade in linken und queeren Kontexten die Reproduktion heteronormativer Geschlechterbilder vorgeworfen. Ich frage mich, was macht der Rest der Welt so Revolutionäres, um die derzeitigen Geschlechterverhältnisse abzuschaffen?

An trans Menschen erproben andere, die sich noch unsicher sind, ob sie queer genug sind, ihre eigene Queerness. Trans Menschen stehen für ein sehnsuchtsvolles queeres Ideal, und so wird sich ihrer Körper, ihrer Lust, ihrer Liebe und ihrer Kämpfe schlicht bedient, um sich selbst die eigene Queerness zu beweisen. Die von trans Menschen geäußerten Sehnsüchte, Zweifel und Ängste sind nur so lange legitim, wie sie in politische Raster passen. Gleichzeitig entsteht in queeren Kontexten eine – wie ich sie nennen würde – „Cis-Scham". Cis zu sein gilt als privilegiert und damit uncool. So wundert es nicht, dass der Überbegriff „trans" von immer mehr Menschen beansprucht wird, um sich selbst in queeren Kontexten aufzuwerten.

Wehren sich trans Frauen gegen diese vermeintlich progressive, queere Haltung gegenüber ihren Körpern und Identitäten, gelten sie entweder als dominant und in ihrer männlichen Sozialisation verhaftet oder aber schlicht als Unterstützer des binären Geschlechtersystems, des Patriarchats. Der löbliche Wunsch nach respektvollem Umgang miteinander, der in queeren Räumen diskutiert wird, endet nicht selten in einer autoritären Sehnsucht, die restriktive Verhaltensregeln zur Folge hat. Und so finden sich immer wieder Workshops, Vorträge und Handreichungen, die Anleitungen bieten sollen, wie man respektvoll mit trans Menschen umzugehen hat, obgleich trans eben nicht gleich trans ist. Die viel beschworene queere Identitätskritik, die „Queer" zu versprechen sucht, mündet in Identitätspolitiken. Abgesehen davon, dass es binäre und nicht-binäre trans Menschen gibt, trans Menschen, die medizinische Eingriffe vornehmen, und welche, die dies nicht tun, linksradikale und rechts-konservative trans Menschen, gibt es, wie bei allen anderen Menschen auch, die verschiedensten Verschränkungen sozialer Zugehörigkeiten und Identitätsmarker. Die eine biografische Erfahrung der Transition – wie auch immer diese aussieht – kann also nicht zu einem homogenen Subjektsein verschiedenster Menschen führen.

Emanzipation

In Selbsthilfeforen für trans Menschen ist häufig zu lesen: „Habe ich überhaupt eine Chance?" Damit ist gemeint: „Habe ich eine Chance, jemals wirklich auszusehen wie ein ‚normaler' Mann oder eine ‚normale' Frau?" Hinter der Frage, welche Chance man hätte, als normale Frau oder normaler Mann durchzugehen, steckt ein Rattenschwanz an gesellschaftlicher Transfeindlichkeit, ihren normativen Setzungen und deren Verinnerlichung: Demnach muss jeder Mensch eindeutig Mann oder Frau sein, es muss zwei eindeutige Geschlechter geben, Trans-Körper seien hässlich, trans Menschen seien Freaks. Als trans Mensch bist du nicht liebenswert. Du bist nicht vollwertig, du bist krank. Du bist nicht schön. Du bist nur ein falscher Mann oder eine falsche Frau. Beweise, dass du es ernst meinst. Wenn du wirklich eine Frau oder ein Mann bist, dann musst du dich komplett verändern. Wenn man dir deine Transitionsgeschichte ansieht, bist du gescheitert. Du bist nicht trans genug. Und so weiter. Man muss sich diesen Anforderungen nicht beugen. Es kann eine Erleichterung darstellen, sich von den normativen Zwängen zu befreien, indem man schlicht lebt, wie man es in dem Moment selbst für richtig hält. Nehmen wir trans Menschen in ihrem Geschlecht ernst, bedeutet das jedoch nicht, dass wir nicht mehr transitionieren dürfen, und es bedeutet erst recht nicht, dass trans Menschen die Aufgabe zukommt, die rigiden Geschlechterverhältnisse zu durchbrechen. Denn eine trans Frau ist in erster Linie eine Frau und ein trans Mann ein Mann, Neutrois sind Neutrois und Androgyne sind Androgyne. Ein weiterer Widerspruch also, den alle Menschen lösen müssen, egal welchen Geschlechts: Die Verweigerung, sich den Konturen einer ungerechten Welt anzupassen und gleichzeitig im Hier und Jetzt Glück und Zufriedenheit als die Individuen, die sie sind, zu fordern.

Stellen wir uns die Frage danach, wie Emanzipation für trans Menschen aussehen kann, muss zuerst festgestellt werden, dass jede Form der Kritik an Gesellschaft und jede Beschreibung einer Emanzipationsmöglichkeit aus den gegebenen Verhältnissen heraus entsteht. Somit bewerten, analysieren und kritisieren wir die derzeitigen gesellschaftlichen Verhältnisse und die Möglichkeiten, diese zu verändern und uns zu emanzipieren, stets aus einer spezifisch zugerichteten Position heraus. Da wir als Subjekte stets auch widerspenstige und selbstständig denkende Wesen sein können, mit unseren verschiedenen Bedürfnissen und Widersprüchen, sind wir in der Lage, nicht einfach zu dem zu werden oder das zu bleiben, was die Gesellschaft von uns erwartet, sondern zu dem zu werden, wer wir sind: Individuen, mit all ihren Bedürfnissen und Widersprüchen. Wir werden eben nicht als „Tabula Rasa“ geboren, die dann nach gängigen Maßstäben widerspruchsfrei geformt wird. Als heteronormierte, widerspenstige Subjekte einer heteronormativen, widersprüchlichen Gesellschaft stehen wir vor Widersprüchen, wenn wir uns fragen, wie Emanzipation nun aussehen kann. Und das ist die Antwort, die ich darauf geben möchte: Wir müssen uns mit Widersprüchen und Ambivalenzen auseinandersetzen, sie verhandeln und aushalten. Wir müssen – um es mit den Worten von Constanze Stutz zu sagen, Redakteurin der feministischen Zeitschrift *Outside the Box* – streiten! Streiten mit uns selbst, streiten mit unserer Familie und unseren Freunden, streiten mit unseren Politkreisen und der Gesellschaft (vgl. Stutz 2015). Denn es gilt auf der einen Seite, für eine bessere – und damit andere – Welt zu kämpfen, und gleichzeitig, im Hier und Jetzt für alle ein gleichberechtigtes und zufriedenes Leben einzufordern. Solange also die Gesellschaft so strukturiert ist, wie sie ist, müssen alle die gleichen Rechte und somit auch das Recht auf oder gegen ein „normales“ Leben haben. Es gilt, die eigenen Ressourcen zu nutzen, um für sich selbst ein gutes Leben zu gestalten und diese Möglichkeit auch für jene einzufordern, deren Zugänge zu Ressourcen aus verschiedenen Gründen eingeschränkter sind.

Gerade in queeren Räumen und deren Versuch der Dekonstruktion von Identitäten bei gleichzeitiger Pluralisierung von Identitäten werden Machtanalysen zwar proklamiert, finden jedoch nur einseitig statt. Die Vorstellung der Dekonstruierbarkeit gesellschaftlicher Kategorien wie homo, hetero, weiblich oder männlich macht die Wirksamkeit gesellschaftlicher Machtstrukturen unsichtbar. Jeder Mensch sei, was er von sich selbst behauptet zu sein. Somit stoßen in queeren Räumen vermeintlich „einfach Menschen“ aufeinander und fordern vermeintlich gemeinsam eine befreite Gesellschaft. Real befreien sich jedoch in queeren Räumen zum größten Teil diejenigen Menschen, die gesellschaftlich ohnehin bereits besser dastehen, von der Verantwortung, mit den eigenen Ressourcen einen produktiven Umgang zu finden. Beispielsweise wird mit der Dekonstruktion von Identitäten und der in queeren Kontexten fast schon dogmatischen Aufhebung monogamer romantischer Zweierbeziehungen zugunsten polyamouröser Beziehungsgeflechte die Verpflichtung zu Job, Ehe, Kindern – wie sie hauptsächlich heterosexuellen cis Menschen droht – gesprengt. Gleichzeitig aber würde niemand von sich selbst sagen, er sei hetero. Dadurch öffnen sich Räume für jene, die hinter der cis-Heteronorm verschwinden können, sich zu entfalten oder aber wieder in die Norm zurückzukehren. Durch den Hype nicht-normativer Lebenswelten bleibt jedoch die Norm für bestimmte Menschen verschlossen. Die Türen zur Selbstentfaltung öffnen sich also recht einseitig und nur für bestimmte Menschen.

Die vorgebliche Thematisierung von Herrschaftsverhältnissen trifft auf die eigentliche Ignoranz eben diesen gegenüber. Auf der einen Seite wird sehr fokussiert über Diskriminierungsmechanismen gesprochen. Auf der anderen Seite werden genau diese jedoch auf individueller Ebene abgeblockt, da ja jeder selbst bestimmt, wie er positioniert ist. So stellt sich der hetero cis Mann, der sich als queer bezeichnet, auf die Ebene von trans Menschen, wobei Differenzen nicht mehr klar benannt werden dürfen. Dabei entsteht implizit etwas, das Julia Serano als „subversivism" (Serano 2007: 346) bezeichnet. Also die Überhöhung vermeintlich subversiver, nicht-normativer Identitäten und Begehrensstrukturen wie „genderqueer" oder „polyamourös" und die Abwertung von beispielsweise „cis", „hetero" oder „monogam", die mit Normativität in eins gesetzt werden. Werden die konkreten Gesellschaftspositionen und die aus diesen hervorgehenden individuellen Bedürfnisse nicht benannt, wird sich wieder nur ein Teil derer, die unter dem Label „queer" zusammenkommen, emanzipieren: Cis Heteros. Denn für diese Positionen entfalten sich Wahlmöglichkeiten zu heiraten oder nicht, monogam zu sein oder nicht, Kinder zu haben oder nicht, diverses Begehren zuzulassen oder nicht, sich Identitäten anzueignen oder nicht, und so weiter. Wohingegen all jene, denen es nicht möglich ist, sich hinter der cis Heteronorm zu verstecken, mit der Etablierung des Queeren zwar an Legitimität gewinnen, aber nicht an Wahlmöglichkeiten zu sein, zu leben oder zu lieben. Gleichzeitig kann der einstweilige Legitimitätszuwachs für manche Queers vorerst das Überleben sichern. „Allzu viele soziale Bewegungen betrachten Frauen, Queers und Farbige (*sic*) als Kollateralschaden und raten uns, unser Leid hinunterzuschlucken, bis die Revolution vorbei ist – aber irgendwie ist es nie so weit." (Penny 2010: 197)

Ich wünsche mir eine Bewegung, in der trans Menschen beisammensitzen und es nicht darum geht, ob es trans Männer nun leichter hätten mit dem Passing oder ob eine trans Frau, die keine medizinischen Eingriffe vornimmt, denn nun eine richtige Frau sei. Eine Bewegung, die Raum hat für die heterosexuelle Vorstadtehefrau mit Transitionshintergrund *und* genderqueere, polyamouröse, promiske Androgyne. Eine Bewegung der Solidarität, die es vorzieht, für alle ein gutes Leben zu fordern, statt sich gegenseitig zu beschimpfen. Eine Bewegung, in der Menschen füreinander Verantwortung übernehmen und auch füreinander das Wort ergreifen, statt sich gegenseitig mundtot zu machen. Eine Bewegung, die den Hunger jedes Einzelnen nach einem zufriedenen Leben zulässt, ohne in Einzelkämpfe zu verfallen.

Zusammenfassend möchte ich sagen, dass wir auf Selbsthass lediglich damit antworten können, indem wir mit diesem einen liebevollen Umgang finden. In einer transfeindlichen Welt aufzuwachsen, ohne dabei zumindest in Teilen Transfeindlichkeit zu verinnerlichen, halte ich für unmöglich. Jede Möglichkeit bleibt jedoch in Bezug auf den Umgang mit dieser offen. Sich selbst gegen die verinnerlichte Transfeindlichkeit zu wenden, bedeutet, in einen Mehrfrontenkampf zu treten: Nach außen gegen die transfeindliche Welt, nach innen gegen die verinnerlichte Transfeindlichkeit. Hinzu kommen all die weiteren menschlichen Kämpfe, die es im Leben zu führen gilt. Wo bleibt da Platz für Ruhe und Selbstliebe? Als Feministin plädiere ich also dafür, sich selbst das Recht einzuräumen, man selbst zu sein – auch wenn dies an manchen Stellen bedeutet, eben nicht starrsinnig gegen alle Normen und Konventionen aufzubegehren, sondern hin und wieder sogar genau diese als Ziel zu verfolgen. So bleibt es in einer lustfeindlichen Welt stets progressiv, vor allem für Frauen und Queers, der eigenen Lust nachzugehen, mit Achtung vor sich selbst und achtsam gegenüber anderen.

Anmerkungen

1 An dieser Stelle füge ich eine kurze Auseinandersetzung mit dem Transitionsbegriff ein, da er nicht unumstritten ist. Mit ihm einhergeht nicht selten die Frage danach, wer eigentlich unter dem Umbrellaterm „trans“ zu verstehen ist. Unter Transition verstehe ich Angleichungen und (Ver-)Änderungen auf der körperlichen, sozialen und seelischen Ebene: Namens- und Pronomenänderung, das Tragen bestimmter Kleidung, Änderung von geschlechtsspezifischen Verhaltensweisen, medizinische und kosmetische Eingriffe, Selbstverortungen und dergleichen. Alles in allem stellt die Transition also den gesamten geschlechtsangleichenden Prozess dar. Dabei spielt es keine Rolle, welche der möglichen Angleichungsprozesse in Anspruch genommen werden und welche nicht. Die Transition ist eine persönliche Entfaltungsmöglichkeit, die nach eigenem besten Wissen und Gewissen gestaltet werden kann. Nach bestem Wissen und Gewissen meint, dass auch dies ein Abwägungsprozess ist, in welchem genau gefragt werden muss, was gewollt ist und mit welchen Konsequenzen dabei gerechnet werden muss, und schließlich, ob man bereit ist, diese Konsequenzen auch zu tragen. Transition ist ein Erfahrungswert. „Trans“ verwende ich somit als Attribut, das diesen Erfahrungsschatz an Transitionsmöglichkeiten umfasst und lediglich einen Aspekt von Menschen beschreibt. Er kann zu einer Identität werden: „Ich bin trans!“, oder aber lediglich eines von vielen Wesensmerkmalen darstellen: „Ich bin ein starker, emotionaler, trans und gebildeter Mann!“

„Damit habe ich nichts zu tun …“

Über das Phänomen der internalisierten Trans*feindlichkeit

Erik Meyer

In den Sozialwissenschaften hat sich in den letzten Jahrzehnten die Auffassung durchgesetzt, dass „Geschlecht eine der grundlegenden Kategorien ist, mit deren Hilfe sich die Gesellschaften eine Ordnung geben“ (Hirschauer 1996: 240; vgl. Meyer 2015b). Niemand erfährt dies so grundlegend und häufig auch leidvoll wie Menschen, die herkömmlichen Vorstellungen von „Männlich“- oder „Weiblich“-Sein nicht entsprechen. Dies sind beispielsweise Trans*menschen[1] als eine in besonderer Weise von Diskriminierung betroffene Gruppe (vgl. Franzen/Sauer 2010; Fuchs et al. 2012; LesMigraS 2012; Pohlkamp 2015). Diskriminierung wirkt sich auch bei Trans*personen häufig so aus, dass sie beginnen, sich selbst mit dem stigmatisierenden Blick der Außenwelt zu sehen. Diese feindselige Haltung richten sie dann (häufig unbewusst) als Selbsthass gegen sich und die eigene Identität (vgl. García Núñez et al. 2015; Rauchfleisch 2014a; Rauchfleisch 2014b). Diese Ablehnung schließt oft andere Trans*menschen mit ein, weshalb manche von ihnen den Kontakt zur Trans*community (zum Beispiel Selbsthilfegruppen) meiden. Trotz mancher Unterschiede knüpft die Trans*bewegung in vielem an die inzwischen etabliertere Schwulen- beziehungsweise Lesbenbewegung an. In diesem Sinne soll hier das in Anlehnung an den Begriff der „internalisierten Homophobie“ entwickelte Konzept der „internalisierten Transphobie“ beschrieben werden. Das Verständnis der damit verbundenen Mechanismen kann die Voraussetzung schaffen, emanzipatorische Gegenstrategien zu entwickeln. Mit Bezug auf Überlegungen zur Begriffsfindung wird im Folgenden, außer in Zitaten, vorzugsweise der Begriff „Trans**feindlichkeit*" verwendet.

Trotz einer im öffentlichen Diskurs beobachtbaren Tendenz, aufgrund verbesserter Teilhabemöglichkeiten für Frauen die Bedeutung des Geschlechts als eher gering zu bewerten, zeigen sich nach wie vor eine große Starrheit und Undurchlässigkeit der binären Geschlechterkategorien. Diese Struktur lässt sich gut mit dem Begriff der Heteronormativität (vgl. Wagenknecht 2007; Warner 1991) beschreiben: Dabei wird von einer festen, wesensmäßigen Verknüpfung von körperlichen Geschlechtsmerkmalen, Geschlechtsidentität, Geschlechtsrollenverhalten (die jeweils nur entweder „männlich" *oder* „weiblich" sein dürfen) und sexueller Orientierung (die sich auf das jeweils *andere* Geschlecht beziehen muss) ausgegangen. Alle Abweichungen davon werden als nicht natürlich angesehen. Heteronormativität gilt als die Ursache für Heterosexismus[2] (vgl. Herek 1990). Hiermit sind Benachteiligungen, diskriminierendes und feindliches Verhalten bis hin zu sogenannten „hate crimes" gegenüber Menschen gemeint, die dieser Norm in irgendeiner Weise nicht entsprechen. Das betrifft sowohl schwul, lesbisch oder bisexuell orientierte Menschen als auch Trans*personen sowie intersexuelle Menschen, deren Körper Merkmale beider Geschlechter aufweisen. Betroffen von der gesellschaftlichen Bedingung der Heteronormativität sind letztlich auch Menschen, die auf andere Weise sexuellen beziehungsweise Geschlechternormen nicht entsprechen wie etwa Sexarbeiter_innen sowie asexuell oder polyamourös Lebende.

Eine weitere Auswirkung von Heteronormativität ist, dass homosexuelles Verhalten jahrhundertelang sanktioniert beziehungsweise kriminalisiert wurde (was auch heute noch in vielen Ländern der Fall ist). Ab etwa Ende des 19. Jahrhunderts erfolgten Bestrebungen der Psychopathologisierung von Homosexualität als vermeintlich „menschenfreundlicherer" Alternative der Markierung und Sanktionierung sexueller beziehungsweise geschlechtlicher Normabweichung, beispielsweise durch den

Psychiater Richard von Krafft-Ebing, der in seiner *Psychopathia Sexualis* gleichgeschlechtliches Verhalten als „funktionelle Degeneration" beschrieb (vgl. Rauchfleisch et al. 2002). Kriminalisierung und Pathologisierung von Homosexualität fanden in Folge mehr oder weniger parallel statt, Erleichterungen für die Lebenssituation der davon Betroffenen erfolgten erst allmählich: So wurde Homosexualität bereits 1973 aus dem Diagnosemanual für psychische Störungen DSM (*Diagnostic and Statistical Manual of Mental Disorders*) gestrichen, aus der in Deutschland vor allem gebräuchlichen *Internationalen Klassifikation psychischer Störungen* (ICD) der *Weltgesundheitsorganisation* (WHO) wurde sie jedoch erst 1992 mit der 10. Ausgabe entfernt. Allerdings ist die Pathologisierung von Homosexualität nach wie vor über die Diagnose „ichdystone Sexualorientierung" (vgl. Dilling et al. 2000) sozusagen „durch die Hintertür" möglich. Der § 175 StGB, der Homosexualität unter Strafe stellte, wurde erst im Jahr 1994 aufgehoben.

Trans*menschen wurden zeitweise ebenfalls als vermeintlich homosexuell angesehen, mit den damit verbundenen Konsequenzen. Seit 1978 erhalten sie die psychiatrische Diagnose „Transsexualismus" (vgl. Hartmann/Becker 2002: 12). Das Verhältnis von Trans*personen zu dieser Diagnose ist ambivalent (vgl. auch Amelung in diesem Band): Einerseits lehnen die meisten von ihnen eine Psychopathologisierung ab, da sie sich selbst als psychisch gesund, allenfalls als von den gesellschaftlichen Verhältnissen belastet, erleben. Andererseits möchten viele von ihnen medizinische „geschlechtsangleichende" Maßnahmen in Anspruch nehmen – eine Finanzierung durch das Gesundheitssystem müsste jedoch nicht an eine *psychiatrische* Diagnose geknüpft sein (vgl. Schirmer 2014; STP 2013).

Als Gegenstrategie zur beschriebenen Psychopathologisierung Homosexueller entwickelte der amerikanische Psychologe und Psychotherapeut George Weinberg in den 1960er Jahren das Konzept der „homophobia" zur Beschreibung homosexuellenfeindlicher Einstellungen (vgl. Weinberg 1972). Ihm fiel damals auf, dass Heterosexuelle – auch psychoanalytisch arbeitende Psychotherapeutinnen und -therapeuten – sich häufig sehr ablehnend gegenüber Homosexuellen verhielten. Als Ursache vermutete er eine irrationale Furcht („Phobie“) davor, selbst homosexuell „verseucht“ zu werden. Seitdem hat sich der Begriff „Homophobie“ weltweit für die Beschreibung von Ablehnung gegenüber Menschen mit homosexueller Orientierung durchgesetzt. So gehen der Psychoanalytiker Udo Rauchfleisch und seine Mitautor_innen davon aus, dass „Menschen, die Andersfühlende [...] stigmatisieren und diskriminieren, ein großes – meist unbewusstes und damit uneingestandenes – Problem mit ihrer eigenen Identität haben.“ (Rauchfleisch et al. 2002: 56) In diesem Sinne interpretieren sie Homophobie als Folge einer meist unbewussten Unsicherheit und „Angst vor Infragestellung“ (ebd.) der eigenen (heterosexuellen) Identität. Dabei werden die aggressiven, homosexuellenfeindlichen Reaktionen als Teil einer Abwehr homosexueller Anteile des eigenen Begehrens verstanden. Allerdings bezweifeln viele Wissenschaftler_innen und Aktivist_innen, dass die Ablehnung und Abwertung homosexuellen Verhaltens und Begehrens durch eine krankhafte Furcht („Phobie“) vor dieser Gruppe verursacht wird, weshalb sie synonym die Begriffe „Homonegativität“ oder „Homofeindlichkeit“ beziehungsweise „Homosexuellenfeindlichkeit“ bevorzugen (vgl. Göth/Kohn 2014; l'Amour laLove in diesem Band). Zieht man neuere soziologische Ansätze hinzu, lässt sich dieses Phänomen als eine Form der gruppenbezogenen Menschenfeindlichkeit (vgl. Zick et al. 2012) einordnen – wobei inzwischen auch dieses Konzept, nämlich als die Verhältnisse verkürzt darstellend, kritisiert wird (vgl. Attia 2013)[3].

Auch bei Trans*menschen wird davon ausgegangen, dass als Folge der in der westlichen Gesellschaft wirksamen Heteronormativität ähnliche Mechanismen der Diskriminierung wirksam sind wie bei Lesben, Bisexuellen und Schwulen[4]. Aus dem Konzept der „Homophobie“ wurde Ende der 1980er Jahre der Begriff der „Transphobie“[5] (auch: Trans*phobie) abgeleitet. Er steht aus denselben Gründen in der Kritik, auch hier etablierten sich analog die Alternativen „Trans(*)negativität“ bzw. „Trans(*) feindlichkeit“. Homosexuellen- und Trans*feindlichkeit wirken sich nicht nur auf Schwule, Lesben und Bisexuelle beziehungsweise Trans*menschen aus, sondern auch auf Menschen, die für schwul, lesbisch, bisexuell oder trans* *gehalten* werden (vgl. Majewski in diesem Band; Pohlkamp 2015). Darüber hinaus treten sie auch innerhalb der LSBT*IQ-Communitys[6] auf (vgl. Jagose 2001), sogar zwischen Angehörigen derselben Gruppe.

Doch damit nicht genug: Heteronormativität und Heterosexismus wirken nicht nur von außen auf Subjekte, die dieser Norm nicht entsprechen, sondern sie durchziehen diese Subjekte selbst (vgl. Foucault 1977) und entfalten ihre zerstörerische Wirkung sozusagen auch „von innen". Dieser intrapsychische Mechanismus wird als „internalisierte Homophobie" (vgl. Rauchfleisch et al. 2002) bezeichnet. Die Psychotherapeut_innen Margret Göth und Ralph Kohn beschreiben „internalisierte Homonegativität" als „Internalisierung von soziokulturell vorgegebenen negativen Einstellungen und Bildern durch nicht-heterosexuell empfindende Menschen. Die negativen Einstellungen speisen sich sowohl aus Erfahrung und dem Wissen von Homofeindlichkeit, aber auch durch die eigene Nicht-Entsprechung der Heteronorm mit der damit einhergehenden expliziten und impliziten negativen Bewertung" (Göth/Kohn 2014: 19). Perfide ist, wenn auf diese Weise beispielsweise schwul, lesbisch oder bisexuell orientierte Menschen die ablehnenden Einstellungen ihrer heteronormativ strukturierten Umgebung in den eigenen psychischen Innenraum übernehmen und dadurch auch gegen die eigene Person richten, was sich negativ auf das Selbstwertgefühl und die Akzeptanz der eigenen Person auswirkt (vgl. Rauchfleisch et al. 2002), mit oft verheerenden Folgen für die psychische und körperliche Gesundheit (vgl. Langer 2012; Plöderl 2013; Wolf 2004). Auch dies geschieht natürlich nicht bewusst. Als Erklärung ziehen Wissenschaftler_innen häufig das „Minority-Stress-Modell" des Gesundheitswissenschaftlers Ilan H. Meyer (1995) heran. Dieses Konzept besagt, dass verschiedene Stressoren wie internalisierte Homophobie, Stigmabewusstsein und direkte Erfahrungen von Diskriminierung und Gewalt sich unabhängig voneinander und kumulierend negativ auf die psychische Gesundheit von Angehörigen einer Minderheit auswirken (hier zunächst bezogen auf Homosexuelle).

Die Lebenslagen transidenter Menschen sind nicht grundlegend anders als die homosexueller, aber aufgrund der gravierenderen Überschreitung der Geschlechternormen noch prekärer. Insofern lässt sich der Begriff der internalisierten Homofeindlichkeit auch auf die Situation von Trans*personen übertragen. In diesem Sinne beschreibt die Forschungsgruppe um den Schweizer Psychiater David García Núñez „internalisierte Transphobie“ als „einen unbewussten Prozess, der bei Trans*Menschen entsteht und dazu führt, dass (externe) transphobe Sichtweisen und Haltungen von diesen Personen übernommen werden.“ (García Núñez et al. 2015: 221) Dies kann sich als „verinnerlichte feindselige Haltung dem eigenen Trans*sein gegenüber“ (Rauchfleisch 2014b: 93) ausdrücken, in Form von Selbsthass oder zumindest verringertem Selbstwertgefühl, Schuldgefühlen, Scham oder Peinlichkeit („trans shame“), bis hin zu parasuizidalem oder selbstschädigendem Verhalten wie beispielsweise Selbstverletzungen oder Alkohol-/Drogenmissbrauch (vgl. Raj 2007). Weitere Auswirkungen internalisierter Trans*feindlichkeit können allgemeines Unbehagen dem Thema Trans* gegenüber sein, aber auch Berührungsängste oder „Fremdschämen“ in Bezug auf andere Trans*personen. So äußern Klient_innen in der Trans*beratung erfahrungsgemäß häufiger Bedenken, die örtliche Selbsthilfegruppe zu besuchen, weil sie die Selbstdarstellung der Teilnehmenden als unangenehm überzogen („überkandidelt“) empfinden. Weitere Merkmale internalisierter Trans*feindlichkeit können innerliche Zustimmung zu negativen Äußerungen über andere Trans*menschen oder zur Entwertung der eigenen Person sein, überangepasstes (Geschlechtsrollen-)Verhalten, beispielsweise im Beruf, oder auch der Wunsch nach „Normalität“ (vgl. Rauchfleisch 2014a). García Núñez und Kolleg_innen benennen für Trans*menschen unterschiedliche Formen der Stigmatisierung, die offensichtlich die Anfälligkeit für psychische Erkrankungen, wie zum Beispiel Angststörungen, erhöhen. Das sind auf der einen Seite externe Stressoren, beispielsweise durch strukturelle Diskriminierung, andererseits auch interne Stressoren. Hiermit ist zum einen „Stigmabewusstsein“ gemeint, das „die Sensibilität für potenziell gefährliche Situationen erhöht“ und die Vermeidung solcher möglicherweise mit Diskriminierungserfahrungen verbundener Situationen fördert. Als ein weiterer interner Stressor wirken die oben beschriebenen „internalisierte[n] stigmatisierende[n] Verhaltensweisen und Haltungen“ (García Núñez et al. 2015: 221), die eigentliche internalisierte Trans*feindlichkeit. Darüber hinaus gehen die Autor_innen davon aus, dass „traumatisierende Erlebnisse infolge internalisierender psychodynamischer Mechanismen den Behandlungsverlauf einer Transition direkt oder indirekt [negativ; Anmerkung von Erik Meyer] beeinflussen“ (Sandon et al. 2013)[7].

Auch wenn die Forschung in diesem Bereich gerade erst in den Kinderschuhen steckt[8], scheint sich das Konzept der internalisierten Trans*feindlichkeit dazu zu eignen, die indirekten Wirkungen von Stigmatisierungsprozessen auf Trans*personen aufzudecken und genauer zu analysieren. Die Frage ist nun, welche emanzipatorischen Strategien Trans*menschen daraus entwickeln und auf welche Weise Zugehörige und professionell Helfende sie darin unterstützen können. In einem Seminar sammelten die Teilnehmenden Möglichkeiten zur Überwindung internalisierter Homo- und Transphobie (vgl. Rauchfleisch 2014a), die hier im Folgenden zusammengefasst werden: Wesentlich erschien das Sich-bewusst-Machen der eigenen internalisierten trans*feindlichen Anteile. Als besonders wichtig wurden die Unterstützung durch die jeweilige Community eingeschätzt sowie das Finden positiver Vorbilder, auch aus Büchern und Filmen. Ein Vorschlag war, entwertende Worte und entsprechende innere Bilder umzuformulieren beziehungsweise umzugestalten und sie dadurch zu entmachten. Dabei erschien es auch notwendig, sich von dem Wunsch, von allen gemocht zu werden, sowie von eigenen Idealen zu verabschieden, sie vielleicht auch zu betrauern. Wichtig erschien außerdem, einerseits im Sinne der Psychohygiene gut für sich selbst zu sorgen, andererseits die mit der eigenen Lebenssituation verbundenen Schwierigkeiten zu akzeptieren und zu lernen, geduldig mit dem eigenen Entwicklungsprozess zu sein, sich dabei zu „erlauben, auch mal schlecht drauf zu sein". Ein Vorschlag war, selbstbewussteres und offensiveres Verhalten zunächst in Schutzräumen zu üben, beispielsweise zu Hause oder bei Community-Veranstaltungen. Als vielversprechend wurde angesehen, die eigene Lebensweise und Identität (in Abgrenzung zur Mehrheit) affirmativ zu besetzen. Es wurde auch die Möglichkeit genannt, eine trans*feindliche Umgebung durch politische Aktivität positiv zu beeinflussen (vgl. Raj 2007). Wut über die vorhandenen Missstände wurde als mögliche Kraftquelle eingeschätzt. Dabei wurde jedoch als wichtig angesehen, tatsächliche Gefahren und emotionale Kosten des eigenen Verhaltens zu reflektieren. Bei starker Trans*feindlichkeit in der Umgebung wurde dazu geraten, sich diesem Einfluss zu entziehen, beispielsweise durch Beenden einer Freundschaft oder durch einen Wechsel des Arbeitsplatzes.

Darüber, welche Bezeichnung sich für das Phänomen der internalisierten Trans*feindlichkeit, Trans*negativität beziehungsweise Trans*phobie am besten eignet, sollte weiter diskutiert werden. International hat sich der Begriff „transphobia" etabliert, der wegen des Bezugs zur „Phobie" als psychischer Erkrankung als ungünstig angesehen wird. Die Bezeichnung „Trans*negativität" klingt gegenüber den gravierenden Auswirkungen von Diskriminierung verharmlosend, weshalb hier dem Begriff der Trans*feindlichkeit der Vorzug gegeben wurde. Dabei kennzeichnet das „Sternchen" Trans* als für vielfältige Lebensweisen offenes Konzept. Unabhängig von konzeptionellen Diskussionen sollten jedoch Trans*menschen und ihre Unterstützer_innen gemeinsam gegen personalisierte und strukturelle Diskriminierung und das damit verbundene Leid von Trans*menschen antreten und dabei auch intersektional damit verschränkte Diskriminierungsformen wie etwa Sexismus, Homosexuellenfeindlichkeit und Rassismus im Blick behalten.

Anmerkungen

1 „Trans* umfasst als Oberbegriff unterschiedlichste Identitäten und Lebensweisen von Menschen, die sich ihrem bei der Geburt zugewiesenen Geschlecht nicht oder nur eingeschränkt zugehörig fühlen […]. Das ‚Sternchen' dient dabei als Platzhalter (‚Wildcard') für verschiedene Möglichkeiten der Selbstdefinition. Bezeichnungen, die diese Menschen wählen oder die andere ihnen zuschreiben, sind beispielsweise Transgender (auch synonym für Trans*), Transidente, Transsexuelle, Transmann/Transfrau, Transvestiten (Crossdresser) usw. Manche Trans* möchten sich äußerlich so weit wie möglich ihrem Identitätsgeschlecht angleichen und streben möglicherweise eine dauerhafte ‚Transition' mithilfe medizinischer Maßnahmen an […]. Ihnen ist es sehr wichtig, im Alltag zu ‚passen', also von Außenstehenden als dem Identitätsgeschlecht zugehörig ‚wahrgenommen' zu werden. Andere Trans*menschen erleben sich als zwischen den Geschlechtern stehend bzw. wollen sich nicht einem Geschlecht zuordnen. Manche von ihnen bezeichnen sich als ‚genderqueer' oder ‚weder-noch'" (Meyer 2015b: 72), bi-, agender oder auch als ‚neutrois'. Nachdem sich die Schreibweise mit dem „Sternchen" in der Trans*community seit Längerem etabliert hat, grenzen sich in letzter Zeit einige Aktivist_innen davon ab, indem sie darauf verweisen, sie seien „echte Transsexuelle" beziehungsweise „echte Männer und Frauen", während für andere das Konzept nicht mehr von Bedeutung ist, weshalb sie das „Sternchen" nicht mehr verwenden. In diesem Text wurde sich bewusst für den Begriff „Trans*" entschieden, weil er aus Sicht des Autors am besten geeignet ist, als Umbrellaterm die Vielfalt der geschlechtlichen Ausdrucksformen gleichzeitig sichtbar zu machen und (auch als soziale Bewegung) zu verbinden.

2 „Heterosexism is defined here as an ideological system that denies, denigrates, and stigmatizes any nonheterosexual form of behavior, identity, relationship, or community." (Herek 1990: 316)

3 Die Erziehungswissenschaftlerin und Rassismusforscherin Iman Attia wirft den Autor_innen der Studien zum Konzept der „gruppenbezogenen Menschenfeindlichkeit" (GMF) unter anderem mangelnde Bezugnahme auf die neueren wissenschaftlichen und politisch-medialen Diskurse vor sowie Fokussierung auf ein „antiquiertes Geschlechterverhältnis" (Attia 2013: 5). Die Folge sei unter anderem eine verharmlosende Verkürzung und damit Entpolitisierung von „Rassismen, Sexismus, Homophobie usw." (ebd.: 4) sowie die mangelnde Berücksichtigung intersektionaler Wirkungen von Diskriminierung.

4 Die genannten Liebens- beziehungsweise Lebensweisen stehen exemplarisch für viele weitere Möglichkeiten nicht-heterosexuellen Begehrens, beispielsweise Pan- oder Asexualität. Dabei ist Geschlechtsidentität unabhängig von sexueller Orientierung, also der Ausrichtung des sexuellen Begehrens. So kann eine Transfrau sich möglicherweise als lesbisch verstehen, eine andere als heterosexuell.

5 Davina Anne Gabriel, eine US-amerikanische Trans*aktivistin und ehemalige Herausgeberin der Zeitschrift TransSisters: The Journal of Transsexual Feminism, schreibt sich zu, den Begriff „transphobia" 1989 als Erste verwendet zu haben (vgl. Gabriel 2000).

6 Die Abkürzung LSBT*IQ steht für lesbisch, schwul, bisexuell, trans*, intersexuell und queer. Je nach Kontext wird die Buchstabenkombination verkürzt, variiert oder sogar noch deutlich erweitert, indem weitere Lebensweisen mit einbezogen werden, wie beispielsweise „asexuell" oder „questioning".

7 García Núñez und Kolleg_innen forschen als eine der ersten Gruppen (vgl. Sandon 2013) systematisch zu internalisierter Trans*feindlichkeit („internalisierter Transphobie"). Das Forschungsvorhaben ist noch nicht abgeschlossen, derzeit findet eine umfangreiche „Online-Befragung zur Erfassung der Lebensqualität und der psychischen Gesundheit von homo- und bisexuellen bzw. Trans*personen" statt (vgl. García Núñez 2016).

8 Die Recherche zu „transphob*" am 23.1.2016 ergab bei PsycINFO keinen, bei PSYNDEX gerade einmal drei und bei PubPsych zehn Treffer (jeweils einer davon Meyer 2015b), von denen sich jedoch keiner vorrangig auf das Konzept der internalisierten Trans*feindlichkeit („Transphobie") bezog. Die Suche zu „Trans*feindlichkeit" ergab keinen Treffer.

Bewegung für Gesundheit!

Was beeinflusst die Gesundheitsprofile sexueller Minderheiten und was muss getan werden?

Dirk Sander

Es besteht guter Grund zu der Annahme, dass alle sexuellen Minderheiten besonderen und zusätzlichen Belastungen ausgesetzt sind, die auf individueller, aber auch kollektiver Ebene gesundheitliche Folgen haben können. Belastbare Zahlen, Daten und Fakten haben wir in der Bundesrepublik Deutschland dazu wenig, allenfalls in der HIV-/AIDS-Forschung. Bevölkerungsweite vergleichende Studien, die nach sexuellen Vorlieben und Geschlechtern unterscheiden, fehlen vollkommen. Das ist Teil des Problems.

In diesem Artikel wird der Frage nachgegangen, inwieweit die strukturell vorhandene gesellschaftliche „Homophobie" – oder besser: „Homonegativität" – die Gesundheitsprofile schwuler und bisexueller Männer, aber auch anderer sexueller Minderheiten belasten kann.

„Gesundheit" ist keine statische Größe, kein vorrangiges „Lebensziel", sondern beschreibt ein dynamisches Verhältnis. Es sind nicht nur Bakterien, Viren oder körperliche Verletzungen, die unsere Gesundheit „angreifen", vielmehr sind es strukturelle (Umwelt-)Bedingungen wie zum Beispiel Armut oder Diskriminierung, die „Gesundheit" beeinflussen können. Die Vulnerabilität (Verletzbarkeit, Verwundbarkeit) ergibt sich im individuellen Lebenslauf durch das Wechselspiel von Belastungen und Belastungsbewältigung. Vulnerabilisierende Faktoren stellen die Hintergrundkontexte epidemiologisch-statistischer Daten dar; sie beleuchten die Kontexte der in der Epidemiologie verwendeten konstanten Kriterien wie Alter, Geschlecht, Gruppenzugehörigkeit, Bildungsniveau und sexuelle Orientierung und erweitern diese durch (prozessuale) lebensweltliche beziehungsweise biografische Hintergründe. Auch kritische Lebensereignisse, dazu gehören Kriegszustände, Flucht, aber auch private Trennungen oder Verlust durch Tod eines Familienmitglieds oder eines engen Partners beziehungsweise einer engen Partnerin, können die Gesundheit und das Gesundheitsverhalten massiv beeinflussen. Die Kenntnis dieser Zusammenhänge bestimmt die Ansätze in der Prävention und Gesundheitsförderung (vgl. Sander 2010).

In einer bevölkerungsweiten US-amerikanischen Studie, die sich mit dem Einfluss des strukturellen Stigmas auf die Mortalitätsraten sexueller Minderheiten beschäftigte, wurde errechnet, dass die Lebenserwartung sexueller Minderheiten im Durchschnitt zwölf Jahre kürzer ist. Beeinflusst wird die statistisch geringere Lebenserwartung durch die Anzahl der Selbstmorde, durch Gewalt gegen sexuelle Minderheiten bis hin zum Mord, aber auch die auffällig hohe Belastung durch Gefäßerkrankungen in diesen gesellschaftlichen Teilgruppen (vgl. Hatzenbuehler et al. 2014: 33).

In einer von der Universität Cambridge in England veröffentlichten vergleichenden Studie wird festgestellt, dass sexuelle Minderheiten zwei- bis dreimal so hohe Werte bei psychischen beziehungsweise emotionalen Befindlichkeiten aufweisen als die heterosexuelle Vergleichsgruppe (vgl. Elliot et al. 2014). Fast elf Prozent der schwulen und 15 Prozent der bisexuellen Männer berichten darüber. Bei Heterosexuellen sind es lediglich fünf Prozent. Auch im allgemeinen Gesundheitsindex schneiden schwule und bisexuelle Männer schlechter ab. Zurückgeführt wird dies auf gemachte Erfahrungen in den staatlichen und privaten Gesundheitsinstitutionen. Mit der Arzt-Patienten-Kommunikation sind die Befragten jedenfalls alles andere als zufrieden; es mangelt an Vertrauen, die Kommunikation mit den Ärzten und dem medizinischen Personal wird als unbefriedigend beschrieben. Man kann deshalb davon ausgehen, dass sexuelle Minderheiten generell einen schlechteren Zugang zum herkömmlichen Gesundheitssystem, zu Prävention und Versorgung, haben (vgl. ebd.).

Diese Erkenntnisse anglo-amerikanischer Studien werden in Deutschland nur von wenigen Experten_innen zur Kenntnis genommen. Das bedeutet auch, dass es bei uns außerhalb der Ballungszentren kein auf die spezifischen Gesundheitsproblematiken sexueller Minderheiten ausgerichtetes Versorgungssystem gibt. Verwiesen werden kann auf die Erfahrungen und Angebote, die die AIDS-Hilfen und angeschlossene Institutionen in den letzten 30 Jahren hervorgebracht haben. Da schwule und bisexuelle Männer bis heute aus verschiedenen Gründen die Hauptbetroffenengruppe bei den HIV-Infektionen sind, sind diese Angebote aber auch wesentlich auf diese Teilgruppe ausgerichtet. Es verwundert deshalb nicht, dass die AIDS-Hilfen und Schwulenberatungen in den letzten Jahren eine zunehmende Nachfrage ihrer Angebote von Menschen mit unterschiedlichen Geschlechtern und Sexualitäten erleben.

Ich werde im Folgenden versuchen, sowohl durch theoretische Erklärungsmuster als auch anhand empirischer Daten die Einflussfaktoren auf die Gesundheit sexueller Minderheiten zu skizzieren. Abschließend möchte ich zu einer „Bewegung" zu mehr Gesundheit einladen.

Theoretischer Bezugsrahmen

Zunächst möchte ich auf das wesentlich von Ilan H. Meyer entwickelte Konzept des „Minority Stress" verweisen. Hier wird davon ausgegangen, dass sexuelle Minderheiten besonderen psychischen Stressoren ausgesetzt sind. Der Stress erwächst aus gesellschaftlichen Strukturen und Einstellungen, denen sich das Individuum nicht entziehen kann. Im Gegensatz zu „normalen" und vorübergehenden lebensweltlichen Stressoren wirken diese Belastungen permanent und additiv; sie erfordern auf Seiten der Betroffenen eine dauerhafte Auseinandersetzung und besondere Bewältigungskapazitäten (vgl. Meyer 2003). „Stigma und Diskriminierung wirken auf mehreren Wegen auf die Gesundheit von LGBT ein. Einige sind leicht zu erkennen: Es handelt sich um Gewalt- und Diskriminierungserfahrungen sowie mangelnde ärztliche Versorgung. Es gibt aber auch Einflussfaktoren, die eher unsichtbar, aber dafür weit verbreitet sind: Dazu gehören das mangelnde Bewusstsein hinsichtlich der spezifischen Gesundheitsproblematiken von LGBT, stereotypisierende Einstellungen, die Tatsache, dass LGBT im Vergleich eine kleine Gruppe sind, weiterhin sind Wissenslücken und mangelndes Einfühlungsvermögen hinsichtlich der lebensspezifischen Besonderheiten von LGBT bedeutsam." (Meyer 2001: 857; Übersetzung von Dirk Sander)

Meyer weist gleichfalls auf ein Dilemma im Hinblick auf die zunehmende Beachtung der besonderen gesundheitlichen Belastungen sexueller Minderheiten hin. Er führt aus, dass staatlich gelenkte Programme auch Risiken bergen können. Für eine stigmatisierte Gruppe könnten diese Programme dann weniger wirkungsvoll sein. Es würden schließlich die gleichen sozialen Kräfte, nämlich Homonegativität, Heterosexismus und Sexismus, die bisher zur Ausgrenzung sexueller Minderheiten beigetragen haben, nun möglicherweise ebenso ungeeignete und sogar schädliche Programme hervorbringen (vgl. ebd.: 858). Der skeptischen Betrachtung von Meyer kann entgegengehalten werden, dass zumindest in der HIV-Prävention in Deutschland vergleichsweise gute Ergebnisse erzielt werden konnten, auch aufgrund der strategischen Arbeitsteilung zwischen staatlichen Stellen und partizipativ arbeitenden, Community-basierten Einrichtungen.

Der theoretische Bezugsrahmen, auf den ich mich im Folgenden wesentlich beziehen werde, stellt das Modell der „Syndemieproduktion" dar. Es wurde in den ersten Jahren des neuen Jahrtausends von einer amerikanischen HIV-Forschungsgruppe um den Gesundheitswissenschaftler Ron Stall entwickelt. Über 20 Jahre zeigten US-amerikanische Studien, dass schwule und andere Männer, die Sex mit Männern haben, verstärkt Drogen gebrauchen, (sexuelles) Risikoverhalten zeigen und erhöhte Dispositionen für psychische Problematiken haben. Die Forscher_innen fragten sich, ob diese „Epidemien" möglicherweise zusammenhängen und sich gegenseitig verstärken: „Wenn es also im Lebenslauf nicht gelingt, homonegativen Umwelten etwas entgegenzusetzen und eigene soziale Netzwerke zu entwickeln, wenn gemachte Erfahrungen von Gewalt, Beleidigungen und Missbrauch wiederholt werden, wenn eine emotionale Bindung zu anderen schwulen Männern nur über Sex oder Drogen aufgenommen werden kann, wenn kein Zugang zu sozialen Einrichtungen für schwule Männer gefunden wird, dann ist eine Anfälligkeit für unterschiedliche psycho-soziale Gesundheitsprobleme in dieser Teilpopulation gegeben." (Stall et al. 2003; Stall et al. 2008; vgl. auch Daria Majewski in diesem Band)

Mittlerweile liegt insbesondere in den USA eine Reihe von Studien vor, die die Wechselwirkungen dieser Epidemien belegen. Eine erste deutsche Erhebung aus der HIV-Forschung hat diese Wechselwirkungen untersucht und weitgehend bestätigt. Darauf möchte ich im Folgenden eingehen.

Wechselwirkungen und Erklärungsmuster

Der Soziologe Michael Bochow hat seit den späten 1980er Jahren federführend die regelmäßigen von der Bundeszentrale für gesundheitliche Aufklärung finanzierten Befragungen zum Schutz- und Risikoverhalten schwuler und bisexueller Männer durchgeführt. Ihm war es von Anfang an wichtig, in seiner Arbeit auch das Maß an erlebter psychischer und physischer Gewalt abzubilden, und zwar in allen Erhebungen im Zeitverlauf, um eventuelle Veränderungen im sozialen Klima abzubilden. Gefragt wurde jeweils, ob die Befragten im letzten Jahr Erfahrungen physischer und/oder psychischer Gewalt gemacht hätten. Ungewöhnlich aus Sicht der Sozialwissenschaft ist die Tatsache, dass sich über die Jahre kaum Veränderungen in den Zahlen ergeben haben. Die Ergebnisse deuten jedenfalls darauf hin, dass sich trotz mancher gesellschaftlicher beziehungsweise gesetzlicher Veränderungen in den letzten Jahren auf individueller Ebene kaum Veränderungen in den individuell berichteten

Diskriminierungserfahrungen ergeben und es eine Zeitstabilität beziehungsweise eine Kontinuität dieser Erfahrungen gibt.

Das steht meines Erachtens auch nicht im Widerspruch zu den Ergebnissen von Studien zur Entwicklung von Homonegativität in der Bundesrepublik (vgl. Küpper/Zick 2012), die eine Abnahme homonegativer Einstellungen in der Bevölkerung über die Jahre ausmachen. Da, wo Homosexuelle und Trans* „sichtbar" werden, werden auch Diskriminierungserfahrungen gemacht. Das Fazit der Studie von Bochow et al. lautet wie folgt: „Dort, wo schwule Männer als solche sichtbar werden, setzen sie sich einer höheren Gefahr aus, Ziel antischwuler Gewalt zu werden: Männer, die sowohl Orte schwuler Geselligkeit wie auch Treffpunkte für schnellen Sex öfter besuchen, weisen den höchsten Anteil an erfahrener physischer Gewalt auf (37%), sie erleben auch zu einem höheren Anteil verbale Gewalt (36%)." (Bochow et al. 2012: 60)

Besonders bemerkenswert ist der Anteil berichteter psychischer Gewalt in den jüngeren Altersgruppen. Dass das nicht ohne Wirkungen auf die Gesundheit bleibt, will ich im Folgenden ausführen.

2011 wurde eine Sekundäranalyse des *Deutschen Jugendinstituts* zur Lebenssituation schwuler und lesbischer Jugendlicher in Deutschland vorgelegt. Die Autoren stellen fest, dass homonegative Stimmungen, Diskriminierung und Gewalt immer noch zu den Sozialisationsbedingungen dieser Teilpopulation gehören. Sie schreiben, dass der Schritt in die Gewissheit, einer sexuellen Minderheit anzugehören, auch heute noch mit negativen Gefühlen wie Unsicherheit und Furcht verbunden sei. Sich in der Familie und an der Schule zu outen, stelle keine Selbstverständlichkeit dar und würde von den Jugendlichen als Stressfaktor wahrgenommen (vgl. Sielert/Timmermanns 2011).

Erfahrungen mit Mobbing scheinen bei schwulen Jugendlichen weit verbreitet zu sein. Berichtet wird über verbale Anmache, Beschimpfungen und andere Gewalterfahrungen „in Schule, Nachbarschaft, Familie, im Bus oder im Internet [...]. Die Auswirkungen solcher Gewalterfahrungen sind unterschiedlich, sie reichen von Verunsicherung, Selbstzweifeln, Traurigkeit,

Angst, Wut, Rückzug, Verlust an Selbstwertgefühl, Drogengebrauch, bis hin zu Depressionen und Selbstmord(versuchen).“ (Timmermanns 2013: 25)

Auch in einer 2013 veröffentlichten europäischen Studie konnte herausgearbeitet werden, dass homonegative gesellschaftliche Einstellungen und Verhaltensweisen (zum Beispiel psychische und körperliche Gewalterfahrungen) auf individueller Ebene internalisierte Homonegativität und Selbststigmatisierungen begünstigen können. Dies wiederum kann sich zum Beispiel negativ auf die Suche nach Gesundheitsinformationen und die Wahrnehmung von Gesundheitsdienstleistungen und von speziellen Testangeboten auswirken (vgl. Berg 2013).

Im Hinblick auf das oben vorgestellte Konzept der „Syndemieproduktion“ können wir also festhalten, dass sich Diskriminierungserfahrungen nicht nur in einer höheren Anfälligkeit für psychische Probleme manifestieren können, weiterhin haben sie einen Einfluss auf die HIV-Epidemie.

In der Masterarbeit von Martin Kruspe wurde erstmals in Deutschland die psychische Gesundheit schwuler und bisexueller Männer untersucht. Die Werte bei depressiven Symptomen waren vergleichsweise hoch. Ein offener Umgang mit der eigenen Homosexualität stellte zwar einen positiven Effekt dar, allerdings wurde auch ein paradoxer Effekt in der Analyse beschrieben: Es zeigte sich, dass die „Offenheit“ hinsichtlich der sexuellen Präferenz zwar das psychische Wohlbefinden im Zusammenhang mit dem damit verbundenen größeren Unterstützungsnetz positiv beeinflusst. Je offener die befragten Männer aber wiederum mit ihrer sexuellen Orientierung umgingen, desto angreifbarer machten sie sich anscheinend auch im Hinblick auf verbale und/oder physische Diskriminierungserfahrungen. Dies hat dann wiederum einen negativen Einfluss auf das psychische Wohlbefinden (vgl. Kruspe 2013). In der aktuellen Studie von Jochen Drewes und Martin Kruspe wird mit Verweis auf die eingeschränkte Vergleichbarkeit aufgrund des unterschiedlichen Studiendesigns konstatiert, dass „die schwulen und anderen MSM […] über alle Altersgruppen hinweg zu einem höheren Anteil eine depressive Symptomatik aufweisen“

(Drewes/Kruspe 2015: 77) als die männlichen Teilnehmer einer Befragung der Gesamtbevölkerung.

Den stärksten Einfluss auf das psychische Wohlbefinden hat in dieser Studie die Erfahrung antihomosexueller physischer Gewalt: Bei den Betroffenen konnte ein Anteil von knapp 40 Prozent errechnet werden, die moderate oder schwerwiegende ängstlich-depressive Symptome aufweisen. Bei denen, die keine antihomosexuellen Gewalterfahrungen berichteten, waren es 13 Prozent (vgl. ebd.).

Zu fragen bleibt, wie die deutschen Zustände in einem europäischen Vergleich einzuordnen sind. In der Studie der *European Union Agency for Fundamental Rights* zu Diskriminierungserfahrungen wurden nicht nur schwule und bisexuelle Männer befragt, sondern auch weitere sexuelle Minderheiten (vgl. FRA 2013). Anhand der Daten können die Prävalenzen nach Ländern differenziert betrachtet werden. Die Ergebnisse der Auswertung werden „in vielerlei Hinsicht als besorgniserregend“ (ebd.) eingestuft: Fast die Hälfte, nämlich 47 Prozent der Befragten, erklärte, innerhalb des letzten Jahres vor der Erhebung persönlich Erfahrungen mit Diskriminierung oder Belästigung wegen ihrer sexuellen Ausrichtung gemacht zu haben. Die Mehrheit, nämlich 59 Prozent der Teilnehmer_innen, die im vergangenen Jahr Gewalt erfahren hatten, gab an, dass „der Angriff bzw. die Gewaltandrohung zum Teil oder ausschließlich darauf zurückzuführen gewesen sei, dass sie als LGBT-Personen wahrgenommen wurden. Nach eigener Aussage haben jedoch die wenigsten Befragten Vorfälle von Diskriminierung oder Gewalt gemeldet, in erster Linie, weil eine behördliche Meldung ihrer Meinung nach ohnehin nichts bewirken oder ändern würde.“ (ebd.: 3) Im Hinblick auf den Anteil der Befragten, die sich in den vorangegangenen zwölf Monaten aufgrund ihrer sexuellen Ausrichtung diskriminiert fühlten, nimmt die Bundesrepublik Deutschland einen mittleren Platz ein: 46 Prozent der befragten LGBT beantworteten diese Frage zustimmend, während der Mittelwert in der EU 47 Prozent beträgt (vgl. ebd.: 16).

Im Folgenden möchte ich die Frage aufgreifen, wie sich der „Selbsthass“ (l’Amour laLove 2014), welcher durch die Internalisierung abwertender Zuschreibungen entstehen kann, auf die Gesundheit auswirkt.

Internalisierte Homonegativität: Prävalenzen bei MSM und psychisches Wohlbefinden

Internalisierte Homonegativität „gilt als einer der bedeutendsten Einflussfaktoren auf die Entwicklung und Aufrechterhaltung von psychischen und somatischen Störungen bei schwulen und bisexuellen Männern" (Göth/Kohn 2014: 32). Nach dieser Definition handelt es sich bei der gesellschaftlichen „Homonegativität" um eine „antihomosexuelle Einstellung, die zu Ausgrenzungen und abfälligen Bemerkungen bis hin zu massiver Gewalt gegen Lesben und Schwule führt. Sie entsteht aufgrund negativer Annahmen über gleichgeschlechtliche Orientierungen und Lebensweisen (Vorurteile), wobei von der Heteronormativität ausgegangen wird" (Rauchfleisch 2014c), das heißt, Heterosexualität gilt als Norm, alles davon Abweichende wird als „schlecht", „krank", „sündig", „schmutzig" oder auch „nicht natürlich" abgewertet.

Aus der gesellschaftlichen negativen Bewertung kann auch eine negative Selbstzuschreibung erwachsen. Der Psychoanalytiker Udo Rauchfleisch schreibt, dass Lesben und Schwule in einer Gesellschaft aufwachsen, in der sie immer wieder mit homonegativen Äußerungen konfrontiert sind. Diese verinnerlichen sie auch mehr oder weniger. So kann es dazu kommen, dass sie schließlich sogar negative Bilder von sich selbst, also als Lesben und Schwule, haben. Diese internalisierte Homophobie wirkt dann wie ein „Feind von innen" (Rauchfleisch 2014d).

Internalisierte Homophobie manifestiert sich zum Beispiel durch „Verheimlichung", Selbstbeobachtung, Selbstzweifel, negative Selbstbilder, Gefühle von Minderwertigkeit bis hin zu Selbstwertkrisen und Scham über das gleichgeschlechtliche Begehren. Weiterhin die Distanz zu anderen Schwulen, Lesben, Trans*Personen, die (Über-)Anpassung an heteronormative Stereotype, die Ablehnung von Weiblichkeit („Effeminiertheit"), die Überbetonung vermeintlich „männlicher" Stereotype. Uwe Tüffers schreibt 2013 im zweiten Männergesundheitsbericht (Schwerpunkt: Psychische Gesundheit), der sich immerhin auf drei von 270 Seiten auch mit der psychischen Gesundheit schwuler und bisexueller Männer in Deutschland beschäftigt, dass die „Sehnsucht nach einer heterosexuellen Geschlechtsrollenkonformität und die gleichzeitige Ablehnung der eigenen Homo- bzw. Bisexualität" eine „starke innerpsychische Belastung" darstellt, die „möglicherweise im späteren Leben psychische Erkrankungen wie Depressionen hervorruft. [...] Viele Indizien deuten darauf hin, dass geschlechtsrollen-untypisches Verhalten schon in der Kindheit vulnerabilisiert." (Tüffers 2013: 191) Deshalb ist es auch nötig, schon früh in der Entwicklung, zum Beispiel in der Schule, unterschiedliche sexuelle Orientierungen und Geschlechter zu valorisieren.

In der oben schon zitierten Studie von Drewes und Kruspe wurde auch die Verbreitung internalisierter Homonegativität bei Männern, die Sex mit Männern haben, gemessen. Anhand folgender skalierter Fragen mit der Einordnung zwischen „stimme voll zu" bis „stimme gar nicht zu" wurde der „internalisierten Homonegativität" nachgegangen:

1. „Ich fühle mich in Schwulenbars wohl."
2. „Ich fühle mich in Gegenwart von offen schwulen Männern wohl."
3. „Es macht mir nichts aus, wenn ich mit offensichtlich schwulen Männern in der Öffentlichkeit gesehen werde."
4. „Ich fühle mich wohl als schwuler Mann."
5. „Homosexualität ist für mich moralisch akzeptabel."
6. „Ich würde meine sexuelle Orientierung ändern, wenn ich könnte."

In der Auswertung wurde festgestellt, dass keiner der Befragten frei von den beschriebenen homonegativen Internalisierungen ist, circa ein Viertel weist starke Werte internalisierter Homonegativität auf, weitere 47 Prozent mittlere Werte (vgl. Drewes/Kruspe 2015: 64). Die Autoren sehen auch einen Zusammenhang zwischen internalisierter Homonegativität und der Größe des Wohnortes: „In den kleineren Städten mit weniger als 100.000 Einwohnern ist die internalisierte Homonegativität am stärksten ausgeprägt, in den Millionenstädten am geringsten. Dieser Zusammenhang zeigt sich in allen Altersgruppen, außer der jüngsten Altersgruppe, in der die höchste internalisierte Homonegativität unter Teilnehmern aus Städten mit 100.000 bis 500.000 Einwohnern zu verzeichnen ist. Die niedrigste internalisierte Homonegativität findet sich unter Männern, die älter als 44 Jahre sind und in Millionenstädten leben." (Ebd.)

Drewes und Kruspe konnten in ihrer Erhebung, wie schon in der oben zitierten britischen Studie, einen Zusammenhang zwischen dem Maß der internalisierten Homonegativität und der Offenlegung der eigenen Homosexualität gegenüber dem_der Hausarzt_Hausärztin feststellen: „57 Prozent der Teilnehmer mit gering ausgeprägter internalisierter Homonegativität haben ihrer Hausärztin/ihrem Hausarzt gegenüber ihre sexuelle Orientierung offengelegt, aber nur 20 Prozent der Teilnehmer mit hoher internalisierter Homonegativität." (Ebd.: 65)

Wir können festhalten, dass ein negatives gesellschaftliches Klima gegenüber sexuellen Minderheiten und die daraus resultierenden Diskriminierungserfahrungen die Internalisierung von Homo- und Transnegativität in mehreren Bereichen und in wechselseitiger Verstärkung das individuelle und kollektive Gesundheitsprofil verschlechtern. Das betrifft sowohl das psychische Wohlbefinden als auch das Informationssuchverhalten und das HIV-Schutz- und Testverhalten. Im Hinblick auf das Modell der „Syndemieproduktion" bleibt noch die Frage offen, wie sich Wechselwirkungen zum Drogengebrauch herstellen lassen.

Drogengebrauch und Scham

Alkohol und andere Drogen kann man als „sozialen Schmierstoff" bezeichnen. Sie ermöglichen lockere Geselligkeit und werden bekanntlich nicht nur in homosexuellen Kreisen gern eingesetzt, um Schamgrenzen herabzusetzen. Nicht selten, um damit eine entspannte Sexualität zu ermöglichen. Ob Drogenkonsum als gelingend oder weniger gelingend bezeichnet werden kann, hängt auch davon ab, welche Hintergründe und Kontexte den Konsum bedingen. Soll ein positives Gefühl verstärkt werden oder soll durch den Konsum eine als negativ empfundene Situation ausgeblendet werden?

Eine 2014 veröffentlichte britische Studie, die sich mit dem Drogenkonsum von Männern in den schwulen Szenen beschäftigte, stellt fest, dass es schwule Männer gibt, die sehr bewusst und relativ kontrolliert Drogen einsetzen, zum Beispiel, um länger feiern zu können und intensivere Gefühle beim Sex zu haben (vgl. Bourne 2014). Es gibt aber auch andere Facetten in den Gründen für Drogenkonsum: Das Gefühl, nicht attraktiv genug zu sein, um den normativen Anforderungen in den schwulen Szenen zu genügen, und den stereotypen Bildern nicht zu entsprechen, die beispielsweise von schwulen Lifestyle-Magazinen systematisch gesendet werden. Drogen werden zum Teil auch genommen, weil sie eine Sexualität erst ermöglichen, die allgemein als falsch, unnatürlich und schmutzig gilt. Hier stellt die internalisierte Homophobie ebenfalls einen wichtigen Einflussfaktor für das Verhalten her, nämlich die Scham über das eigene sexuelle Begehren.

In den Medien finden wir in den letzten Jahren eine verstärkte Berichterstattung oder gar einen Hype zum Gebrauch von Crystal Meth, einem hochwirksamen psychoaktiven synthetischen Metamphetamin, „welches zuerst in Japan Ende des 19. Jahrhunderts hergestellt wurde, und bei deutschen Wehrmachtssoldaten unter dem Namen ‚Pervitin‘ oder ‚Panzerschokolade‘ Ermüdungs- und Angsterscheinungen im Gefecht verhindern sollte.“ (Langer 2013)

Zwar handelt es sich prozentual gesehen um eine sehr kleine Gruppe, die Crystal Meth konsumiert. Die Politik ist aber alarmiert, vor allem weil der Konsum eine hohe Bereitschaft zu riskanten Sexpraktiken und Konsumformen und somit eine Übertragung von HIV und Hepatiden impliziert.

Der amerikanische Therapeut David Fawcett merkt zur Wirkweise der Droge an: „Ein Aspekt des Crystal-‚Hochs‘ ist dessen

Fähigkeit, tief sitzende negative Gefühle zu neutralisieren, die sich als Selbstzweifel, problematisches Selbstbild, Sozialangst oder als Gefühle des Ausschlusses aus einer größeren Gemeinschaft äußern. Crystal erlaubt es den Nutzern, sich plötzlich stark und selbstbewusst zu fühlen. Sie fühlen sich sexuell attraktiv und furchtlos." (Zitiert nach Langer 2013: 10) Auf dem Hintergrund einer schwierigen schwulen Identitätsbildung in einer heteronormativen Gesellschaft und des strukturell verankerten Anerkennungsdefizits sowie daraus möglicherweise resultierender Selbstwertproblematiken erscheint der Crystal-Konsum deshalb erklärlich, so jedenfalls der Sozialpsychologie Phil Langer (vgl. ebd.: 10).

Zusammenfassung und Ausblick

Ich will es bei dem Exkurs zum Drogenkonsum belassen und abschließend folgendes Fazit ziehen: Eine ganzheitliche Betrachtung der Gesundheit schwuler und anderer MSM, aber selbstverständlich auch anderer sexueller Minderheiten ist anhand der vorgestellten Studienergebnisse und Erklärungsmuster mehr denn je nötig. Wir sind spezifischen gesellschaftlichen Diskriminierungs- und Stigmatisierungserfahrungen ausgesetzt, die uns angreifbar machen für physische und psychische Erkrankungen. Wir stehen in der Bundesrepublik Deutschland noch am Anfang einer spezifischen Prävention und Gesundheitsförderung für sexuelle Minderheiten. In bevölkerungsweiten Umfragen zur Gesundheit und zur sozialen Ungleichheit kommen wir gar nicht vor; es fehlen also vergleichende Daten, die benötigt werden, um entsprechende Anträge zu formulieren und die richtigen Angebote zu machen.

Es gilt für die Zukunft, Heteronormativität, Heterosexismus, Diskriminierungen, Minderheitenstress und internalisierte Homonegativität in ihrer Wirkung zu erkennen und abzubauen, spezifische Ressourcen und Resilienzen zu aktivieren und eine sinnvolle Angebotsstruktur zu entwickeln (vgl. Göth/Kohn 2014: 32).

Wir können alle dazu beitragen, unsere Lebensqualität zu verbessern. Dazu brauchen wir „Bewegung“, hier verstanden als eine gemeinschaftliche Form, sich zu erheben und gemeinsam die strukturellen Triebkräfte unserer besonderen Belastungen zu erkennen, sie zu skandalisieren und Einfluss zu nehmen auf Politiken, die diese strukturellen Hindernisse bedingen. Zur Erreichung von möglichst viel „Gesundheit“ müssen sowohl Einzelne als auch Gruppen ihre Bedürfnisse befriedigen können, ihre Wünsche und Hoffnungen wahrnehmen und verwirklichen sowie ihre Umwelt meistern beziehungsweise verändern können. So jedenfalls wurde es in der *Ottawa-Charta zur Gesundheitsförderung* im Jahr 1986 formuliert. Wir müssen das, wie schon in der Bekämpfung der AIDS-Krise, weitgehend selbst in die Hand nehmen, gegebenenfalls in Kooperationen mit bestehenden Einrichtungen. Insbesondere vor dem Hintergrund, dass das vorhandene Gesundheitssystem strukturell heteronormativ angelegt ist. Die meisten Ärzte_Ärztinnen wissen wenig bis gar nichts über spezifische Gesundheitsprobleme sexueller Minderheiten.

Warum wir glauben – und es nicht wissen

Sama Maani

Nach einem Vortrag von mir über den Islam (vgl. Maani 2015) entwickelte sich im Foyer des Veranstaltungssaals der folgende Dialog. Ein junger Journalist, mit – wie er betonte – internationaler Erfahrung, verwickelte mich in ein Gespräch und meinte sinngemäß: Was immer wir über den Islam denken mögen – wir sollten diesen auf jeden Fall *respektieren*. Dies sagte er mit solcher Bestimmtheit, daß ich im Begriff war, ohne weiteres zuzustimmen. Ich zögerte aber und fragte, einem Einfall folgend: „Sie respektieren also den Islam?" „Ja", sagte er. „Was genau", fragte ich, „respektieren Sie an ihm?" Und setzte, da er offenbar Mühe hatte zu antworten, nach. „Der Islam ist doch ein Glaube – Glaubenslehre und Glaubenspraxis. Und als Glaubenslehre und -praxis hat er konkrete Inhalte. An welche konkreten Inhalte dieser Glaubenslehre, respektive -praxis, denken Sie, wenn Sie sagen, Sie respektieren den Islam?" Mein Gegenüber schwieg, und ich begann mehrere, zurückhaltend formuliert, problematische Aspekte der islamischen Glaubenspraxis aufzuzählen. „Respektieren Sie es etwa, daß in einigen islamisch geprägten Ländern Apostaten, also vom Glauben Abgefallenen, und Homosexuellen die Todesstrafe droht? Ehebrecher(inne)n gar die Steinigung? Daß etwa im Iran, offiziellen Angaben der Behörden zufolge, Jahr für Jahr zehntausende Mädchen zwischen zehn und fünfzehn, mitunter auch unter zehn Jahren verheiratet werden? Daß –" Nein, meinte der Journalist, *das* respektiere er natürlich nicht – und daß man den Islam auch anders interpretieren könne: Liberaler, aufgeklärter, moderner. „Ja", sagte ich, „das kann man. Es gibt verschiedene Interpretationsweisen des Islams und verschiedene Weisen, ihn zu leben. *Sie* respektieren den Islam aber nur, sofern er *Ihren eigenen* aufgeklärten und liberalen Vorstellungen entspricht. Sie respektieren also nicht ‚*den Islam*', als das Andere und das Fremde, Sie respektieren, im Gegenteil, bloß Ihre eigenen Haltungen – als modernes, aufgeklärtes, demokratisch gesinntes Subjekt."

Die skizzierte Rede vom ‚Respektieren-Müssen des Islam' enthält also, bei genauerem Hinsehen, das Gegenteil dessen, was sie zu enthalten scheint: Es ist nicht der Journalist, der „den Islam" respektiert – er erwartet vielmehr, umgekehrt, vom „*Islam*", daß er ihn, den Journalisten, und seine Werte respektiere. Dennoch sollten wir der Versuchung widerstehen, die – weit verbreitete – Rede vom „Respektieren-Müssen" des Islam als substanzlos abzutun. Als Gerede, das sich, bei Lichte betrachtet, in Nichts auflöst. Stattdessen sollten wir uns fragen, wie das offensichtlich falsche Bewusstsein, das sich in solcher Rede ausdrückt, überhaupt zustande kommt. Und was – wenn es so offenbar falsch ist – dessen weite Verbreitung und Wirkmächtigkeit denn ausmacht.

Wie kommt es, daß so viele sich als weltoffen und aufgeklärt empfindende Zeitgenossen sich ihrem eigenen Denken gegenüber so *un*aufgeklärt zeigen? Daß sie vor den Widersprüchen dieses ihres eigenen Denkens die Augen verschließen? Daß sie nicht wissen, was sie sagen?

Daß die Falschheit der Aussage „Ich respektiere den Islam" leicht durchschaubar sein *müßte*, in der Regel aber nicht durchschaut *wird* – dieser Zusammenhang verdient besondere Beachtung. Weist er doch auf den dringenden Wunsch vieler moderner, demokratisch gesinnter Zeitgenossen hin, an die Wahrheit dieser Aussage zu *glauben*. Zu glauben – als moderne, demokratisch gesinnte Subjekte –, ‚den Islam' respektieren zu können, und nicht nur einen Islam, der seinerseits Demokratie, Aufklärung und Moderne respektiert, so daß sich jene Respektbezeugung in ihr Gegenteil verkehrt. Und es spricht für die Stärke ihres Wunsches, daß er es möglich macht, diesen Glauben – seiner Absurdität zum Trotz – aufrechtzuerhalten.

Ein Glaube, der sich aus einem starken Wunsch speist, ist seinerseits stark, so daß wir, in Abwandlung des Tertullian zugeschriebenen Diktums „Credo quia absurdum" („Ich glaube, *gerade weil* es absurd ist")[1], sagen können: *Gerade weil* die Behauptung jener modernen, demokratisch gesinnten Zeitgenossen, sie würden ‚den Islam' respektieren, offenbar absurd ist, gerade dieser Absurdität wegen, müssen wir hinter jener Behauptung einen Glauben annehmen – und zwar einen starken. Oder anders: Gerade weil er absurd ist, *ist* dieser Respekt ein Glaube.

Als *Monolatrie* bezeichnet die Religionswissenschaft eine Form des Glaubens, der die Verehrung eines einzigen Gottes unter einer Vielzahl von Göttern gebietet. Die Existenz anderer Götter, auch der Götter fremder Völker, wird zwar nicht bestritten, diese gelten aber nicht als *verehrungswürdig*. In der Geschichte des Judentums etwa wird eine polytheistische Phase von einer Phase der Monolatrie nach dem babylonischen Exil unterschieden. Dem Monotheismus im strengen Sinn begegnen wir im Alten Testament erst relativ spät[2]. Der idealtypische monolatrische Jude jener Zeit ‚glaubte' also beispielsweise an die syrisch-levantinische Liebesgöttin Astarte, sofern er ihre Existenz nicht bestritt. Sofern er sie jedoch (im Unterschied zu Jahwe) nicht für verehrungswürdig und für ‚gut' hielt, glaubte er *nicht* an sie. *Glauben* heißt hier: *Jemanden oder etwas für verehrungswürdig – und für gut halten*. Daß Glauben ‚Für-gut-Halten' bedeuten kann, ist uns auch aus profaneren Zusammenhängen bekannt. Wenn etwa ein Fußballtrainer seinem Team zuruft: „Ich glaube an euch!", will er den Mitgliedern des Teams nicht etwa versichern, daß sie auch tatsächlich existieren, er signalisiert ihnen vielmehr, daß er sie für gut hält, daß er glaubt, sie hätten das Zeug dazu, das Spiel zu gewinnen und ähnliches mehr. Glauben im Sinne von ‚jemanden für gut halten' ist aber gleichbedeutend mit: ‚Jemanden *respektieren*' im Sinne von jemanden wertschätzen oder ihm Ehrerbietung erweisen. So bedeutete etwa im monolatrischen Judentum des Alten Testaments an Jahwe zu glauben – in allererster Linie –, daß man ihn, im Unterschied zu einer Reihe anderer, eigener und fremder Götter, zu *respektieren* hatte. Der Respekt, den heutige Zeitgenossen dem Islam entgegenbringen, ist also auch in diesem zweiten, ‚monolatrischen' Sinn *ein Glaube*.

Während der idealtypische monolatrische Jude an die Existenz der Astarte glaubte, ihr zugleich aber den Glauben im Sinne des *Respektierens* verweigerte (Respekt, im Sinne von Ehrerbietung und Wertschätzung, brachte er einzig Jahwe entgegen), glaubt der typische, weltoffene Zeitgenosse, der ‚den Islam' respektiert, umgekehrt, *nicht* an die Existenz Allahs[3], weil er möglicherweise an überhaupt keinen Gott glaubt. Auch glaubt er nicht daran, daß Mohammad der Gesandte dieses für ihn nicht existenten Gottes sei, auch nicht an die Paradies-Jungfrauen der islamischen Jenseitsvorstellung und so weiter. Andererseits *glaubt* er, *im Sinne des Respektierens*, sehr wohl an den Islam: Hält er diesen doch für ein (zumindest im Kern) ‚gutes Objekt', dem Wertschätzung – und Ehre gebührt.

Aber halt. Wir hatten doch gesehen, daß jener aufgeklärte, demokratisch gesinnte, ‚den Islam' respektierende Zeitgenosse bei genauerer Betrachtung nur an das Gute in der Demokratie, der Aufklärung, der Moderne glaubt – keineswegs an das Gute im ‚Islam'. Daß er ‚den Islam' nur dann für gut hält, wenn ‚der Islam' seinerseits seine ‚eigenen' Werte als demokratischen, aufgeklärten, modernen Zeitgenossen respektiert. Sofern das Respektieren ‚des Islam' ein Glauben ist, *glauben jene Zeitgenossen also lediglich, an den Islam zu glauben*. Oder: Sie wünschen es. Jener weltoffene, demokratisch gesinnte Zeitgenosse, der den Islam respektieren will, hat einen *Glaubenswunsch*: Den Wunsch, an das Gute im ‚Islam' glauben zu können – kann es aber nicht, sofern er ein aufgeklärter, demokratisch gesinnter Zeitgenosse bleiben will.

Die Situation unseres weltoffenen, den Islam respektierenden Zeitgenossen erinnert an die absurde Geschichte eines Mannes, der sich in finanzieller Not befindet, oder glaubt, sich in einer solchen zu befinden. Und der einen vermeintlich reichen Onkel aufsucht, im Glauben, der Onkel könne ihm Geld leihen, und ihn so aus der Not retten. Es stellt sich aber heraus, daß der Onkel arm ist. Ärmer noch als der Neffe, der am Ende, um seine Illusion zu retten, vom reichen, großzügigen Onkel gerettet zu werden, seinem Onkel Geld schenkt – damit der Onkel wiederum ihm Geld leihen kann … Der Aspekt des (tatsächlichen oder vermeintlichen) Mangels auf Seiten des Neffen könnte uns der Antwort auf die Frage: „Wie kommt es, daß sich als aufgeklärt empfindende Zeitgenossen sich ihrem eigenen Denken gegenüber so *un*aufgeklärt zeigen?“ ein Stück näher bringen. Wir behaupten: Der Glaubenswunsch jener modernen, ‚den Islam‘ respektierenden Zeitgenossen, ihr dringender Wunsch, an das Vorhandensein von Reichtum und Fülle im ‚Islam‘ zu glauben, resultiert aus einem Gefühl des Mangels. Anders gesagt: Aus einem *Unbehagen an der ‚eigenen‘ Kultur.* ‚Unbehagen an der eigenen Kultur‘ können wir auch durch ‚Unbehagen an der Zivilisation‘, ‚der Moderne‘ – oder ‚am Kapitalismus‘ ersetzen.

Unbehagen an der Zivilisation, der Moderne oder am Kapitalismus als Motive hinter dem Wunsch, an das Gute im ‚Islam‘ glauben zu können, konfrontieren uns allerdings mit einer weiteren Absurdität: Als Gegenentwurf gegen Zivilisation, Moderne oder Kapitalismus kommt der Islam nicht in Frage. Zum einen sind Gesellschaften mit islamischer Bevölkerungsmehrheit natürlich nicht ‚unzivilisiert‘. Zum anderen sind sie weder von der Moderne verschont geblieben – noch vom Kapitalismus. Im Gegenteil. In zwei der wichtigsten (untereinander durchaus unterschiedlichen) islamisch geprägten Gesellschaften, im Königreich Saudi-Arabien und in der Islamischen Republik Iran, werden Politik, Wirtschaft und Gesellschaft bis ins kleinste Detail von der sunnitisch-wahhabitischen beziehungsweise von der schiitischen Richtung des Islam bestimmt und gestaltet. Die gesellschaftspolitische und wirtschaftliche Situation beider Länder hat daher ‚sehr viel mit dem Islam zu tun‘, so daß hier der – bei Kritik an problematischen Aspekten islamisch geprägter Gesellschaften häufig verwendete – Einwand „Das hat ja mit dem Islam nichts zu tun“ nicht in Anschlag gebracht werden kann. Nehmen wir an, es handle sich bei jenem Unbehagen unseres modernen, den Islam respektierenden Zeitgenossen um ein Unbehagen am Kapitalismus, das sich etwa an der Kategorie ‚Ausbeutung‘ festmachen ließe – dann müsste ihn die Situation in einem Land wie Saudi-Arabien weit unbehaglicher stimmen als jene in den kapitalistischen Ländern des Westens. In Saudi-Arabien sind, laut *Amnesty International*, Streiks und Gewerkschaften genauso verboten wie Tarifverhandlungen. „Das Recht auf Versammlungsfreiheit und das Recht, sich in Bezug auf Arbeitsbedingungen und Löhne zu organisieren, wird nicht gewährt. Wer es dennoch versucht, wird entlassen, verhaftet – oder im Falle von GastarbeiterInnen [...] ausgewiesen.“ (Amnesty International 2000) Sechzig bis achtzig Prozent aller Arbeitnehmer in Saudi-Arabien – und an die 90 Prozent[4] aller in der in der Privatwirtschaft Tätigen – sind Ausländer. Ihre Lebenssituation kann je nach Herkunft beträchtlich variieren. Während Experten aus westlichen Industrieländern eine privilegierte Stellung einnehmen, bilden Fremdarbeiter aus armen asiatischen oder afrikanischen Ländern die, so *Amnesty International*, „rechtloseste und gefährdetste“ (ebd.) Gruppe. Die meist ungelernten Arbeiter(innen) werden von Agenturen nach Saudi-Arabien vermittelt und einem Sponsor zugeteilt, der in der Regel mit dem Arbeitgeber identisch ist. Die Lebenssituation dieser größten Gruppe von Fremdarbeitern bezeichnet *Anmesty International* als „moderne Form der Sklaverei“ (ebd.). Die Arbeiter(innen) seien „den Sponsoren buchstäblich ausgeliefert [...], können ohne Zustimmung des Sponsors weder den Arbeitgeber noch die Unterkunft wechseln [und auch nicht] in ihre Heimat zurückkehren. [...] Die Arbeitszeiten betragen häufig zwölf bis vierzehn Stunden am Tag. Urlaub wird in den ersten beiden Jahren nicht gewährt. Nur der Freitag ist frei. Die Bezahlung ist [...] gering.“ (Ebd.) Weibliche Haushaltshilfen seien besonders gefährdet. Sie würden häufig „von der Familie des Arbeitgebers hemmungslos ausgenutzt und [...] mißbraucht, eingesperrt [...] körperlich mißhandelt und vergewaltigt.“ (Ebd.)

Diese Missstände werden in den offiziellen Medien der Islamischen Republik Iran, die mit Saudi-Arabien um die regionale Hegemonie rivalisiert, immer wieder scharf kritisiert. Getreu dem Bibelwort: „... den Balken aber im eigenen Auge bemerkst du nicht?“ „Iran“, so die *Jährliche Übersicht über Verletzungen der Gewerkschaftsrechte des Internationalen Gewerkschaftsbunds* „ist eines jener Länder, in denen die Repression gegenüber der Gewerkschaftstätigkeit am stärksten ist.“ (Internationaler

Gewerkschaftsbund 2013) Unabhängige Gewerkschaften sind verboten. Streiks und Arbeiterproteste sind in der Islamischen Republik dennoch an der Tagesordnung. Mit gutem Grund. „‚Über fünfzig Prozent der iranischen Arbeiter'", so der Leiter des iranischen Arbeiterverbands, Fatollah Bayat, „‚[leben] unter der Armutsgrenze'. Nach offiziellen Angaben gelten Menschen in der Hauptstadt mit einem Einkommen unter 510 Euro pro Monat als arm. Die meisten Arbeiter in Teheran verdienen jedoch umgerechnet nur 400 Euro pro Monat. Den Mindestlohn hat ‚Irans Oberster Rat für Arbeit' auf nur 180 Euro festgelegt. [...] Iranische Internetportale berichten, viele Arbeiter hätten aufgrund des massiven finanziellen Drucks ihre Familien in kleinere Städte geschickt und würden nun an einem kleinen Schlafplatz, direkt an ihrem Arbeitsplatz, übernachten. Das soll dazu geführt haben, daß Arbeitgeber ihre Angestellten immer mehr in Anspruch nehmen und ihnen häufig Überstunden abverlangen." (Payar 2012) Trotz des erwähnten Verbots kam es nach der islamischen Revolution immer wieder zur Gründung unabhängiger Gewerkschaften. Besonderes – auch internationales – Aufsehen erregte 2005 die Gründung der Gewerkschaft der Angestellten der Teheraner Busgesellschaft, die von zahlreichen der über 17.000 Beschäftigten der Gesellschaft, offenbar wegen ihrer Unzufriedenheit mit den miserablen Arbeitsbedingungen, aktiv unterstützt wurde.

Nach einem Streikaufruf der Gewerkschafter im Januar 2006 wurden über tausend Personen – Angestellte der Busgesellschaft, aber auch einige ihrer Ehefrauen und Kinder – verhaftet, darunter die zwölfjährige Tochter eines Gewerkschaftsmitglieds, die geschlagen und brutal in einen Polizeibus geworfen wurde. Dreißig der Verhafteten wurden schwer verletzt. Mansour Osanloo, mittlerweile legendärer Führer der Teheraner Busgewerkschaft, war fünf Jahre lang im berüchtigten Teheraner Evin-Gefängnis inhaftiert. Er schreibt: „I was physically and psychologically tortured and threatened with rape. My interrogators also often threatened to detain, torture and rape my wife and my children. My son Puyesh was imprisoned and severely tortured. The authorities expelled my other son, Sahesh, from his university.

Intelligence agents kidnapped Sahesh's wife, Zoya, three times. She was beaten and threatened, and during one of this episodes, she miscarried." (Osanloo 2013) Wofür immer die schiitische Islamische Republik Iran oder das sunnitisch-wahhabitische Königreich Saudi-Arabien stehen mögen – ‚antikapitalistisch' sind sie nicht. Sie praktizieren, im Gegenteil, einen ungleich brutaleren Kapitalismus als jenen der entwickelten kapitalistischen Gesellschaften des Westens.

Zurück zu unserem weltoffenen, ‚den Islam' respektierenden Zeitgenossen und seinem Unbehagen am Kapitalismus – als pars *pro toto* für all jene Unbehagen, die moderne Subjekte umtreiben und sie veranlassen mögen, ‚den Islam' zu respektieren – oder zu beneiden (wobei ‚der Islam' wiederum als pars pro toto für vorkapitalistische oder besser als vorkapitalistisch imaginierte Kulturen aufgefasst werden kann). Dieses Unbehagen ist natürlich nicht neu. Es begleitete den modernen (Industrie)Kapitalismus seit seinen Anfängen und artikulierte sich etwa in den Werken eines Charles Fourrier, jenes Frühsozialisten, der die politisch-ökonomische und sexuelle Befreiung zusammendachte, den Begriff ‚Feminismus' erfand und später zu einem der geistigen Väter der 68er avancierte. Oder in den Aktionen der Maschinenstürmer in Deutschland und der von Byron besungenen Luddisten in England – und ist seither nicht abgeklungen.

In den letzten Jahrzehnten scheint sich aber die Position des Subjekts im Kapitalismus und mit ihr der Charakter seines Unbehagens an demselben verändert zu haben. Die industrielle Revolution hatte die Subjekte aus ihrer Abhängigkeit von feudalen Strukturen befreit. Seither stehen sie (zumindest de iure) in keinem *persönlichen* Abhängigkeitsverhältnis mehr – sind aber dem Zwang unterworfen, ihre Arbeitskraft verkaufen zu müssen. Gelingt ihnen das nicht, werden sie (als Empfänger von Arbeitslosengeld oder Notstandshilfe) auf das Existenzminimum reduziert und sozial deklassiert. Ihre „*persönliche* Unabhängigkeit" ist also, um mit Marx zu sprechen, „auf *sachliche* Abhängigkeit gegründet" (Marx/Engels 2005: 91). Diese „sachliche Abhängigkeit" zwingt die Subjekte, einen Käufer zu finden, den Arbeitgeber, der ihnen ihre Arbeitskraft um eine bestimmte Summe, den Lohn, abkauft und mit ihnen, als Arbeitnehmer, ein sachliches Abhängigkeitsverhältnis eingeht. Dieses Abhängigkeitsverhältnis war nun bis vor wenigen Jahrzehnten in aller Regel tatsächlich ein sachliches. Es kam zwar vor, daß jemand ‚für seinen Beruf lebte' oder ‚in seinem Beruf aufging'. So jemand wurde aber, war er nicht gerade Priester oder in einem der heute so genannten kreativen Berufe tätig, eher als Ausnahmeerscheinung betrachtet, wenn nicht als Sonderling. Jedenfalls galt solches Verhältnis zur Arbeit nicht als gesellschaftlicher Standard. Der Arbeitgeber erwartete von der Arbeitskraft, die er bezahlte, die effiziente Erledigung der Arbeit. Nicht mehr und nicht weniger. Die *persönliche Einstellung* jener Arbeitskraft zu der von ihr verrichteten Arbeit war ihm, solange die Qualität der Arbeit stimmte, in der Regel herzlich egal. Genau das kommt in der sachlichen, unpersönlichen Bezeichnung *Arbeitskraft* ja zum Ausdruck. Heute scheinen die Dinge aber anders zu liegen. Vorstellungsgespräche etwa ähneln mehr und mehr psychologischen Tests. Die Bewerber werden nach sozialer Kompetenz, emotionaler Intelligenz, Kommunikationsfähigkeit, Teamfähigkeit, Kreativität und so weiter gefragt, vor allem, ob sie sich mit ihrer potentiell zukünftigen Arbeit und ihrer potentiell zukünftigen Firma zu *identifizieren* vermögen. Ganz so, als verkauften sie nicht ihre Arbeitskraft – sondern ihre Seele. ‚Persönliche Unabhängigkeit' scheint also heute nicht mehr bloß auf *sachliche*, sondern paradoxerweise auch auf *seelische* Abhängigkeit gegründet. Diese seelische Abhängigkeit wird von den Subjekten allerdings selbst begehrt: Identifikation mit der Arbeit ist ja nicht bloß eine vom Arbeitgeber an die Adresse ‚seiner' Arbeitskräfte gerichtete Erwartung. Mehr und mehr Zeitgenossen erscheint die Identifikation mit der Arbeit – sprich: die Selbstverwirklichung im Beruf – als höchstes Lebensziel.

‚Beruf' kommt von ‚Berufung'. Ein Begriff, den Luther aus der exklusiven Verknüpfung mit Priesterschaft und Mönchtum löste und auf *alle Gläubigen* ausweitete. Sein vom Konzept der ‚Berufung' abgeleiteter Begriff von ‚Beruf' basiert auf dem Gedanken von der religiösen Bedeutung der weltlichen Arbeit.

„Unbedingt neu“, schreibt Max Weber über Luthers Berufskonzeption, „war jedenfalls [...] die Schätzung der Pflichterfüllung innerhalb der *weltlichen* Berufe als des höchsten Inhalts, den die sittliche Selbstbetätigung [...] annehmen könne. Dies war es, was *die Vorstellung von der religiösen Bedeutung der weltlichen Alltagsarbeit* zur unvermeidlichen Folge hatte und den Berufsbegriff in diesem Sinn erstmals erzeugte. Es kommt also in dem Begriff ‚Beruf‘ jenes Zentraldogma [...] zum Ausdruck, welches als das einzige Mittel, Gott wohlgefällig zu leben, [...] die Erfüllung der innerweltlichen Pflichten kennt, wie sie sich aus der Lebensstellung des einzelnen ergeben, die dadurch eben sein ‚Beruf‘ wird.“ (Weber 2010: 97; Hervorhebungen von Sama Maani).

Wenn ‚Berufung‘ bedeutet, daß jemand, einem ‚inneren Ruf‘ folgend, sein Leben einer Sache widmet, in dieser Sache also *aufgeht*, dann entspricht dies exakt dem heute weit verbreiteten Anspruch, sich mit seiner Arbeit zu identifizieren, dem Wunsch, ‚sein Selbst‘ in ihr zu ‚verwirklichen‘. In diesem Sinne sind mit ihrer Arbeit identifizierte Zeitgenossen Berufene im Luther'schen Verständnis. Mit dem Unterschied aber, daß für sie der Beruf kein Mittel ist, um gottgefällig zu leben – sondern Selbstzweck. Die Arbeit *als solche* ist ihnen heilig. Oder noch einmal anders: Mit ihrer Arbeit identifizierte Subjekte *glauben* an ihre Arbeit. Und beziehen aus diesem ihrem Glauben Selbstachtung.

Robert Pfaller unterscheidet in Anlehnung an den französischen Psychoanalytiker Octave Manoni zwei Existenzformen des Glaubens: „*Bekenntnis(glauben)*“ (foi) und „*Aberglauben*“ (croyance). Im Falle des Bekenntnisglaubens ist, Pfaller zufolge, *das Subjekt selbst* mit bestimmten (Glaubens)inhalten *identifiziert* und bezieht aus dieser Identifikation mit *seinem* Glauben *Selbstachtung*. Dabei kommt es (hier verwendet Pfaller die Terminologie der zweiten Freud'schen Triebtheorie) zu einer Zunahme an *narzisstischer Libido* – auf Kosten sogenannter *Objektlibido*. Die Zunahme an Selbstachtung geht also, um es wieder in der Alltagssprache zu sagen, mit einem *Verlust an* (manifester) *Lust* einher. Der Bekenntnisglaube ist prinzipiell lustfeindlich – und mit asketischen Idealen verknüpft. Bekenntnis in diesem spezifischen Sinn erinnert an Luthers Worte „Hier stehe ich, ich kann nicht anders“ auf dem Reichstag zu Worms und an Max Webers These von der „innerweltlichen Askese“ des Protestanten als Grundlage des modernen Kapitalismus. Auch wenn Luther jene Worte so nicht gesagt haben dürfte und „innerweltliche Askese“ eher den calvinistischen Protestantismus charakterisiert als den lutheranischen.

Der Glauben jener mit ihrer Arbeit identifizierten, an ihre Arbeit *glaubenden* und aus diesem ihrem Glauben Selbstachtung beziehenden Zeitgenossen ist jedenfalls in dieser Sicht ein – *Bekenntnisglauben*. Im Unterschied zum Bekenntnis handelt es sich bei jenem von Pfaller „Aberglauben“ genannten Glaubensmodus um einen *Glauben ohne Träger*. Eine „Einbildung, die niemand für sich [selbst] reklamiert.“ (Pfaller 2002: 61) Mit „Aberglauben“ in diesem besonderen Sinn haben wir es etwa dann zu tun, wenn jemand beteuert, an einen Unsinn wie Astrologie natürlich *nicht* zu glauben, dennoch aber täglich den unwiderstehlichen Drang verspürt, sein Horoskop zu lesen. Aus einem solchen *Glauben, zu dem man sich nicht bekennt*, kann man – im Unterschied zum Bekenntnisglauben – natürlich keine Selbstachtung beziehen. Andererseits ist „Aberglauben“ (den Pfaller mit dem *Spiel* im Sinne Johan Huizingas gleichsetzt), wiederum im Unterschied zum Bekenntnisglauben, ‚lustfreundlich‘.

Nun scheint aber jener – lustfeindliche – Bekenntnisglaube nicht bloß unsere Position der *Arbeit* gegenüber zu bestimmen, sondern darüber hinaus unser Verhältnis zu einer Reihe anderer Lebensbereiche. Im Bereich der *Politik* etwa entspringt die Sorge des an die Tugend der *politischen Korrektheit* glaubenden Zeitgenossen um die Korrektheit und ‚Sauberkeit‘ *seiner* politischen Äußerungen – seiner Sorge um Selbstachtung. Genauer: Seinem Bemühen, die Achtung seines Über-Ichs zu gewinnen. Und seiner narzisstischen Sorge um das Heil und die Reinheit seiner Seele – die ihn objektiv-materielle gesellschaftliche Zusammenhänge ausblenden lässt.

Auch das Bekenntnis zu ‚öko-ideologischen' Glaubenssätzen à la: „Wenn jeder von uns *seinen* Beitrag leistet, also auch *ich*, können wir alle – kann also auch *ich* – die (Um)Welt retten!", befördert die Selbstachtung des Bekennenden, der sich als zugleich bescheidenen *und* großartigen Retter der (Um) Welt phantasiert. Der Gewinn an narzisstischer Libido geht auch hier auf Kosten politischer Urteilskraft: Die Illusion, das Heil der Welt hinge von meiner Tugendhaftigkeit ab, respektive von der Tugendhaftigkeit ‚jedes Einzelnen', reduziert Gesellschaft auf die Summe vieler kleiner Ichs – bei Leugnung der Bedeutung, ja der Existenz gesellschaftlicher Zusammenhänge und Strukturen. Zugleich geht solcher ökologischer Bekenntnisglauben mit einem Versiegen von Lustressourcen einher, die den, im ökologischen Diskurs immanenten, asketischen Idealen zum Opfer fallen.

Auch im Bereich der *Sexualität* scheint die Lust vor lauter Bekenntnisglauben, den wir hier *Identifizierungsglauben* nennen könnten, mehr und mehr zu versiegen – was zunächst an den *Diskursen* über Sexualität auffällt: „Sexualität im Sinne von Lebensfreude kommt in ihren Schriften kaum vor. Und wenn, dann stets in Verbindung mit einer entsprechenden *Selbst*vorstellung, die es […] zu verteidigen gilt. Fast immer scheint es mehr um ‚Gender-Expression' als um körperlichen sexuellen Lustgewinn zu gehen." (Heider 2014: 228f) Dieses Urteil Ulrike Heiders über die Texte *der* Gendertheoretikerin Judith Butler kann wohl für die meisten aktuellen Diskurse über Sexualität Geltung beanspruchen. Alternative, sich als progressiv empfindende Sexualitätsdebatten scheinen jedenfalls fast nur um das Thema sexuelle *Identität* zu kreisen – die kritische Auseinandersetzung mit herkömmlichen Formen sexueller Identitätspolitik mit eingeschlossen. Der vom sexuellen Identifizierungsglauben beförderte Lustverlust – die „Austreibung des Sexuellen aus der Sexualität" (Quadfasel 2014) – beschränkt sich allerdings nicht auf das Reden über dieselbe.

„Das allgegenwärtige Getue um Körperlichkeit zielt ja am allerwenigsten auf das polymorph-perverse […] Paradies, vor dem die Imame [und] die Pfaffen […] händeringend warnen.

Es forciert vielmehr die Austreibung des Sexuellen aus der Sexualität, einen Triebverzicht zweiten Grades. Wo das Begehren beständig auf einen ihm äußerlichen Zweck bezogen wird – Fitsein für die Karriere, Reklame für die Welt –, verliert Lust ihren einzigen und ureigenen Sinn: nichts zu wollen als sich selbst." (Ebd.)

Auch und gerade dort, wo die Gegenwartskultur jenen Körperkult zelebriert, den sie selbst als ‚hedonistisch' und ‚materialistisch' missversteht, geht es ihr nicht um körperliche – sprich: sexuelle – Lust ‚im Sinne von Lebensfreude'. Sondern um die Verwirklichung asketisch-narzisstischer Ideale eines Bekenntnis-, respektive Identifizierungsglaubens, der uns gebietet, aus unseren Körpern schöne und schlanke Hochleistungsmaschinen zu machen. So bleibt für ein, wie immer geartetes, Objekt des Begehrens kein Platz. Und schon gar nicht für das, was einmal Trieb hieß. Es ist also nur konsequent, wenn der sexuelle Identifizierungsglauben in die Identität des ‚Asexuellen' mündet, den neuesten sexuellen Identitäts-Trend, als Alternative zu Hetero-, Homo-, Bi- oder Transsexualität.

Das Unbehagen am Kapitalismus, das wir weiter oben mit dem Wunsch, an ‚das Gute im Islam' zu glauben, in Verbindung gebracht haben, können wir nun also – präziser – als das *Unbehagen am Bekenntnisglauben* bestimmen. In seinem Buch „Die Illusionen der anderen" verweist Robert Pfaller auf einen für uns interessanten Zusammenhang zwischen der Lustökonomie des Bekenntnisglaubens und Phänomenen wie Fremdenfeindlichkeit und Rassismus. Die dem Bekenntnis immanente asketische Versagung erzeuge zwar eine eigentümliche *Lust an der asketischen Unlust.* Diese Lust sei aber – weil unbewusst – *nicht erfahrbar*. Bekenntnisgläubige müssten daher „das eigene ‚Glück' nach außen projizieren, es […] bei anderen Leuten – vorzugsweise Fremden [ansiedeln], die dafür *gehaßt und beneidet werden.*" (Pfaller 2002: 236; Hervorhebung von Sama Maani)

Die Phantasien des Rassisten kreisen stets um das Verhältnis des Fremden zum Genießen – und zum Verzicht (vgl. Zizek 2000: 92). So war der Jude für den nationalsozialistischen Antisemiten[5] entweder der soziale Parasit, der auf Kosten des ‚Wirtsvolkes' (sprich: des deutschen Steuerzahlers) lebte, also genoss, *ohne* zu verzichten – und dabei dem Deutschen den Genuss stahl. Oder er war, umgekehrt, der asketische Geizhals, der auf das Genießen verzichtete, sich raffgierig und erbarmungslos zum Kapitalisten hinaufarbeitete, um den Deutschen auszubeuten – und ihn so wiederum um seinen Genuss zu bringen.

Daß der Wunsch jener weltoffenen Zeitgenossen, ‚den Islam' zu respektieren, derselben unbewussten libidinösen Logik folgen soll wie rassistische Ressentiments, mag verwundern. Versteht sich doch der weltoffene, ‚den Islam' respektierende Zeitgenosse als deklarierter *Gegner* rassistischer Hetze gegen Migranten aus Ländern mit islamischer Bevölkerungsmehrheit – einer Hetze, die er ‚Islamophobie'[6] nennt.

Um allerdings zwischen der Position jener Zeitgenossen, die ‚den Islam' (zu) respektieren (wünschen) und der – ihr scheinbar entgegengesetzten – Position des Rassisten, der gegen Migranten aus islamisch geprägten Ländern hetzt, eine Verwandtschaft zu erkennen, müssen wir nicht in die Untiefen psychoanalytischer Libidotheorie hinuntertauchen. Ein wenig Kratzen an der Diskursoberfläche genügt. Der weltoffene, ‚den Islam' respektierende Zeitgenosse bezeichnet den Rassismus von AfD, PEGIDA, FPÖ und Co. zu Recht als Rassismus. Darin, daß er diesen Rassismus *Islam*ophobie nennt – oder *Islam*feindschaft – drückt sich aber, unbemerkt, eine zutiefst rassistische Position aus: Die Feindschaft gegen den – oder die Angst vor dem – Islam als ‚rassistisch' zu bezeichnen, macht nur dann Sinn, wenn wir zwischen der (imaginären) Kategorie ‚Rasse' und dem Bekenntnis zum Islam einen unauflöslichen Zusammenhang behaupten würden. ‚Rassistisch' könnte ‚Islamophobie' nur dann sein, wenn wir ‚den Islam' zur unauflöslichen, quasi ‚rassischen' Eigenschaft von Türken, Arabern oder Iranern erklären. Statt also die rassistische *falsche Verknüpfung* zwischen Herkunft und Bekenntnis mit Entschiedenheit zurückzuweisen, bleibt der weltoffene, ‚den Islam' respektierende Zeitgenosse bei den Vorgaben der Rassisten. Darin, daß Menschen in erster Linie ‚ihre'

Religion, respektive ‚ihre' Kultur repräsentieren – und dann lange nichts –, ist sich der weltoffene, ‚den Islam' respektierende Zeitgenosse mit den (Kultur-)Rassisten von PEGIDA, FPÖ und Co. also einig. So etwas wie ein Widerspruch zwischen dem Einzelnen und ‚seiner' Kultur darf für den weltoffenen, ‚den Islam' respektierenden Zeitgenossen nur und nur zwischen *ihm selbst* und ‚seiner eigenen', ‚westlichen' Kultur existieren. Und in eben diesem Unbehagen an ‚seiner eigenen' Kultur – genauer: In eben diesem Unbehagen an seinem Bekenntnisglauben – gründet ja sein Wunsch, ‚den Islam' zu respektieren. Und sein geheimer Neid auf ‚den Moslem'. Tatsächlichen oder vermeintlichen Moslems hingegen steht Unbehagen an ‚ihrer' Kultur nicht zu.

Die Verwendung von Begriffen wie ‚Islamophobie', die den Rassisten von FPÖ, PEGIDA und Co. in die Hände spielen, statt sie zu bekämpfen, resultieren aber nicht bloß aus Denkfehlern jener weltoffenen, den Islam respektierenden Zeitgenossen – womit wir wieder bei jenen Untiefen psychoanalytischer Libidotheorie angelangt wären, die wir gerade verlassen haben. Die Identifikation des Bekenntnis- oder Identifizierungsgläubigen mit asketischen Idealen in Arbeit, Freizeit, Sexualität, Politik und so weiter geht auf Kosten der Lust ‚im Sinne von Lebensfreude'. Und des Glücks. Glück aber, und Lust, existiert in der narzisstischen Logik des Identifizierungsglaubens einzig – in der Identifizierung. Auf sein Unglück reagiert der Identifizierungssüchtige mit *more of the same*. Ganz so wie der Junkie, der seine drogeninduzierte Verzweiflung durch noch mehr Drogen zu heilen versucht, sucht der glücklose Bekenntnisgläubige sein Glück in noch mehr narzisstischer Gratifikation – die er aus noch stärkerer Identifizierung mit seinen asketischen Idealen zu beziehen versucht. Am Ende ist er mit seinem Unglück gänzlich identifiziert. Um ihn – um dessen vermeintliches Glück – beneiden zu können, wendet der bekenntnisgläubige, den Islam respektierende Zeitgenosse diese Logik des *more of the same* auch auf den ‚moslemischen Anderen' an: Je unglücklicher sein eigener Identifizierungsglauben ihn macht, umso vollständiger identifiziert er ‚den Moslem' mit ‚dem Islam' – um dann jenem vollständig Identifizierten (mehr oder weniger unbewusst) Glück, Lust, die Teilhabe an der heilen Welt zuzuschreiben. Vollen Genuss bei *voller Identität*[7].

Indem er jedoch den – tatsächlichen oder vermeintlichen – Moslem in der vollen Identität mit dem Islam aufgehen lässt, eliminiert er ihn als eigenständiges, von ‚seiner' Kultur unterschiedenes Subjekt aus den politischen und gesellschaftlichen Debatten. Tatsächlichen oder vermeintlichen Moslems, die an ‚ihrer' Kultur, respektive ‚ihrer' Religion – zumal öffentlich – so etwas wie Unbehagen artikulieren, begegnet der weltoffene, den Islam respektierende Zeitgenosse seinerseits mit Unbehagen – und großer Intoleranz. Denn *Respekt* lässt für religiöse *Toleranz* allein deshalb keinen Platz, weil er dieser Toleranz schlicht das Objekt entzieht: Geht es ihm doch einzig um die imaginäre Kategorie ‚Islam', nicht um real existierende Angehörige von Gesellschaften mit islamischer Bevölkerungsmehrheit.

„Niemand soll wegen seinen Anschauungen, selbst religiöser Art, belangt werden, solange deren Äußerung nicht die (…) öffentliche Ordnung stört." Der religiöse Toleranzgedanke, der hier, im Artikel X der Erklärung der Menschen- und Bürgerrechte der französischen Nationalversammlung von 1789, als *Recht auf Religionsfreiheit* zum Ausdruck kommt, gründet auf der Freiheit des Einzelnen der Religion gegenüber – jener Voraussetzung aller Aufklärung. Daß der religiöse Toleranzgedanke seinen angemessensten Ausdruck hier in der Sphäre des *Rechts* findet, ist im Hinblick auf die psychoanalytische Unterscheidung zwischen *Gesetz* und *Über-Ich* kein Zufall: Während das Gesetz, das unsere *Handlungen* zu steuern versucht, unserer *inneren Einstellung* gegenüber gleichgültig bleibt (so daß ich das Gesetz befolgen kann, *ohne* mit ihm identifiziert zu sein), zielt das Über-Ich auf unser Innerstes. Es genügt ihm nicht, daß wir seine Gebote bloß befolgen – es will, daß wir uns mit ihnen *identifizieren*. Das Über-Ich sagt uns also nicht (nur), was wir *tun* sollen – sondern was wir *wollen* sollen. So daß uns nicht der geringste innere Spielraum bleibt. Während es also relativ leicht fällt, gegen das Gesetz aufzubegehren, ist das Rebellieren gegen das Über-Ich unendlich schwieriger, zwingt es uns doch, uns selbst zu unterwerfen – und diese unsere Unterwerfung insgeheim auch noch zu genießen. Während wir der religiösen Toleranz also in der Sphäre des Gesetzes begegnen, dem der *Inhalt* des Glaubens der Rechtssubjekte *gleichgültig* ist (solange jener Glaube „nicht die öffentliche Ordnung stört"), ist die Domäne des *Respekts* das des Über-Ichs. Jenes kleinen Gottes des Identifizierungsglaubens, der unserem weltoffenen Zeitgenossen gebietet, ‚den Islam' zu respektieren, also einen spezifischen Glauben *mit spezifischen Inhalten*, all jene – vermeintliche oder tatsächliche – Moslems, die sich der Ideologie der vollen Identität mit ‚ihrem Islam' nicht fügen, aber nicht toleriert.

Das – mehr und mehr um sich greifende – Respekt-Gebot des Über-Ichs lässt uns weit hinter den religiösen Toleranzgedanken der Aufklärung zurückfallen. Religionsfreiheit, die einmal die Freiheit des *Einzelnen der Religion gegenüber* meinte (und die Freiheit *von* Religion selbstverständlich mit einschloss), bedeutet im Respekt-Diskurs des Über-Ichs nunmehr die Freiheit *der Religion gegenüber dem Einzelnen.* Das Anrecht religiöser Überzeugungen aller Art nicht bloß auf Toleranz, sondern auf Respekt – auf jene glaubensartige Verehrung also im erwähnten ‚monolatrischen' Sinn.

Der einzelne – vermeintliche oder tatsächliche – Moslem verliert im Respekt-Diskurs nicht bloß seine Freiheit der Religion gegenüber, sondern seine Eigenständigkeit. Wird er doch in fixer, unauflöslicher Verbindung mit ‚dem Islam' wahrgenommen, in dem er aufgehen und sich auflösen soll. Die Auflösung dieser Auflösung ist die Bedingung der Möglichkeit der – wiederzugewinnenden – Toleranz. Die Auflösung jener falschen Verknüpfung zwischen der Herkunft vermeintlicher oder tatsächlicher Moslems und ‚dem Islam'. Einer Verknüpfung, die Rassisten von FPÖ, PEGIDA und Co., aber auch jene weltoffene, ‚den Islam' respektierende Zeitgenossen stets aufs neue reproduzieren.

Anmerkungen

1 Das geflügelte „Credo quia absurdum“ ist die Abwandlung eines Satzes aus Tertullians Streitschrift *De Carne Christi* (*Über den Leib Christi*): „Et mortuus est Dei filius, prosus credibile est, quia ineptum est.“ („Gestorben ist Gottes Sohn; es ist ganz glaubhaft, weil es ungereimt ist.“)

2 Wenn es etwa bei Jesaja (45,5) heißt: „Ich bin der Herr und sonst niemand; außer mir gibt es keinen Gott.“

3 ‚Allah‘ ist das arabische Wort für Gott, das auch von arabischen Christen verwendet wird. „… glaubt zwar nicht an die Existenz Allahs …“ bezieht sich auf die weitverbreitete *Vorstellung*, Allah sei ‚der Gott der Moslems‘.

4 Stand 2011 (vgl. Hecking 2015).

5 Antisemitismus ist natürlich, wie Detlev Claussen richtig feststellt, nicht bloß „eine Unterabteilung des Rassismus“ (Faßmeier 2001). Die Libidoökonomie des Rassisten und des Antisemiten sind allerdings strukturanalog.

6 Zur Kritik des Begriffs „Islamophobie“ siehe auch ein Interview mit mir in der Zeitschrift *MALMOE* (vgl. Schreiter/Staritz 2015).

7 Ich verdanke den Begriff ‚volle Identität‘ der Philosophin Isolde Charim. Sie weist nach, daß es sich beim Ressentiment gegen Moslems nicht, wie vielfach behauptet, um eine Art ‚neuen Antisemitismus‘ handelt. Während der Antisemit ‚dem Juden‘ vorwirft, kein ‚echter Österreicher/Deutscher‘ zu sein, schreibt der Rechtsextreme ‚dem Moslem‘, ganz im Gegenteil, ‚volle Identität‘ zu – und beneidet ihn insgeheim dafür (vgl. Charim 2011: 11-16).

Hass auf Homosexuelle

Warum der Anschlag auf das Pulse in Orlando nicht auf schwulen Selbsthass zurückzuführen ist

Patsy l'Amour laLove

Die ersten Berichte über das Attentat auf den Club *Pulse* in Orlando waren schockierend. Der Anschlag traf die Feiernden, die sich an einem Ort aufhielten, der noch am nächsten Tag in deutschen Medien zögerlich beschrieben wurde: Er „soll bei Homosexuellen beliebt sein". Der Verlauf der Berichterstattung in Deutschland zeigte, wie es um die hiesige Toleranz tatsächlich bestellt ist. Zunächst wurde der spezifische Hass auf Homosexuelle, der sich in dem Anschlag von Beginn an äußerte, verschwiegen oder teilweise verleugnet. Darauf folgte eine Abwägung, ob es sich um einen Akt der Homosexuellenfeindlichkeit oder um islamistischen Terrorismus handele.

Der Hass auf Homosexuelle ist integraler Bestandteil des Islamismus. Ebenso wie der Hass auf den hedonistischen Westen, die Freizügigkeit, das lustbetonte Nachtleben. In den Medien schlossen sich Berichte an, die sich mit dem Privatleben des Terroristen beschäftigten. Er sei bereits zu Gast im *Pulse* gewesen und nutze Grindr sowie andere schwule Dating-Apps. Gleichzeitig wurde von seinen schwulenfeindlichen Ausfällen in der Vergangenheit berichtet. Derzeit kreisen Kommentare, Berichte und Social-Media-Postings um die Frage, ob er den Angriff wohl begangen habe, weil er sich selbst als schwulen Mann hasste. So wird „schwuler Selbsthass" als Tatmotiv angeführt.

Zunächst wurde der Hass auf Homosexuelle geleugnet, dann gegen Islamismus abgewogen, nun tritt er wieder in den Vordergrund. Die entsprechende Annahme passt zu der für die scheintolerante Gesellschaft symptomatischen Berichterstattung und der Auseinandersetzung mit dem Attentat. Schließlich kann so die Schuld auf den Schwulen und sein Schwulsein ausgelagert werden. Den Motiven – Hass auf Homosexuelle und islamistischer Terror – braucht man sich nicht mehr zu widmen. Es handelt sich diesem Deutungsmuster zufolge bei dem Täter um einen Homosexuellen, der mit seiner Sexualität nicht klarkam.

Selbstverständlich ist es die Gesellschaft, die Homosexuelle mitunter dazu bringt, ihre eigene Homosexualität abzulehnen. Doch ist diese Selbstablehnung der entscheidende Faktor für einen solchen Anschlag? Ist es überhaupt relevant, ob der Attentäter nun homosexuell, heterosexuell, bisexuell oder wahnsinnig war? Sein Angriffsziel war, so viel lässt sich festhalten, kein zufälliges und sein Bezug zum islamistischen Terror ist offensichtlich.

Die Überbetonung der möglichen Schwierigkeiten des Attentäters mit seiner sexuellen Orientierung interpretiert den Angriff als Folge seines versteckten Schwulseins. Es ist auffallend, dass gerade Homosexuelle und Transgender in den Social-Media-Kanälen die These, der Täter könne aus Selbsthass gehandelt haben, nahezu dankbar aufnahmen und verbreiteten. Einige hoben hervor, dass sich im Selbsthass die Schwulenfeindlichkeit der Gesellschaft äußere, die es demnach umso mehr anzugehen gelte. Der Hass auf Homosexuelle, der den Anschlag antrieb, wird in dieser Argumentation allerdings unbemerkt in den Hintergrund gerückt.

Das Problem liegt nicht in den Schwulen selbst oder ihrem Schwulsein begründet, sondern in der gesellschaftlichen Stigmatisierung, dem Hass und dem heterosexuellen Wahnsinn, der Normalität genannt wird. Schon früh in ihrer Lebensgeschichte wird Schwulen – ebenso wie Lesben und Transgendern – ihre Andersartigkeit bewusst. Zu den Konflikten, die alle heranwachsenden Menschen durchleben, kommt bei Schwulen die Abwertung als Andere hinzu. Das Problem ist also die Bewertung von außen, die subjektiv, wenn auch in unterschiedlichem Maße, beeinflusst. Dass nach wie vor ein solches Problem, eine Feindseligkeit, besteht, kann man am besten an Coming-outs sehen. Solange diese noch einen schmerzhaften Prozess darstellen, in dem eine Angst existiert, aufgrund der eigenen Andersartigkeit nicht mehr liebenswert zu sein, ist auch die Schwulenfeindlichkeit nicht passé.

Die beschriebene Stigmatisierung, die Angst vor Ablehnung, wird mitunter von Schwulen internalisiert. Das ist kein bewusster Vorgang, sondern eine Zurichtung, die wir der Feindseligkeit und der normativen Zumutung zu verdanken haben. Diese Internalisierung aber, der Selbsthass, ist keine angemessene Erklärung für einen Anschlag, wie er sich in Orlando zutrug. „Schwuler Selbsthass" ist ein Begriff aus der Schwulenbewegung der 1970er Jahre. Er sollte provozieren, aufrütteln und besonders auf Missstände innerhalb der eigenen Subkultur hinweisen. Er drückt sich bis heute auch in der Ablehnung von Schwulen untereinander aus. Diese Ablehnung trifft immer jene, die zu unnormal, zu schwul oder zu tuntig sind. Insofern lässt sich der Selbsthass auf eine Identifikation mit dem Angreifer zurückführen.

Das Attentat im *Pulse* aber war vom Hass auf Homosexuelle eines Islamisten geprägt. Dieser Hass beinhaltet den Wunsch, dass Homosexuelle verschwinden sollen, ein Vernichtungswunsch. Ein solcher wurde in Orlando in aller Brutalität manifest. Möchte man den Aspekt der Selbstablehnung aufgreifen, so reicht bereits ein Blick hinter die schwulenfeindliche Pathologie. In ihr kommt die Ablehnung eigener Anteile am Anderen zum Tragen, an dem sie weggehasst werden sollen. Darüber hinaus ein Neid gegenüber jenen, die etwas ausleben, das man sich selbst verwehrt. Es ist so, als würde etwas in den schwulenfeindlichen Männern zutiefst verunsichert, als würde ihnen etwas weggenommen, was sie sich doch am Ende selbst verwehren. Wird daraus Schwulenfeindlichkeit, so ist dies pathologisch. Dieser Hass auf Schwule ist von schwulem Selbsthass aber deutlich zu unterscheiden.

Am 13. Juni 2016 fand in Berlin vor der US-amerikanischen Botschaft eine Trauerveranstaltung zum Gedenken an die Opfer des Anschlags in Orlando statt. Zum Abschied gaben sich zwei Männer einen Kuss und umarmten sich. Daraufhin sagte einer der Besucher der Veranstaltung: „Scheiß-Schwule!" Und wiederholte: „Du hast schon richtig verstanden: Scheiß-Schwule!

Ich finde es schrecklich, dass so viele Menschen umgebracht wurden. Aber zwei Männer, die sich umarmen, das will ich nicht sehen. Das ekelt mich an!" Er empfand also die Umarmung zweier Männer als derart widerwärtig, dass er die Trauer um die Toten störte. Weshalb aber sollte ihn das stören? Der Hass, der Ekel, mit dem er dem Besucher begegnete, muss etwas mit ihm selbst zu tun haben. Er konnte den Anblick kaum ertragen. Das Problem sind nicht die Schwulen, sondern es ist der Hass auf Schwule, die Schwulenfeindlichkeit des Mannes und der Gesellschaft, die alles andere als ausgeräumt ist.

Die Unterscheidung zwischen schwulem Selbsthass und dem Hass auf Homosexuelle ist für die Bewertung des Anschlags in Orlando von Bedeutung. Ein Grund für die Hervorhebung der möglichen Homosexualität des Täters mag sein, dass sich manche davor scheuen, den Anschlag als islamistischen Terror zu bezeichnen. Dabei besteht kein Zweifel daran, dass beispielsweise vom *Islamischen Staat* (IS) ein Tötungsauftrag erteilt wurde, den auch Einzelne ganz selbstständig erfüllen können. Eine hasserfüllte Wendung nimmt diese Bezeichnung in der bekannten Gleichsetzung etwa von Flüchtlingen mit Terroristen. Flüchtlinge pauschal als Terroristen zu bezeichnen, ist rassistisch. Wer mit Islamismus Flüchtlinge assoziiert und dies nicht reflektiert, denkt offenkundig rassistisch. Forderungen allerdings, den Begriff Islamismus zu vermeiden, wirken zuweilen wie ein unheilvoller Flirt mit dem Terrorismus, wenngleich (hoffentlich) etwas ganz anderes damit gemeint ist. Die Kritik soll sich gegen rassistische Äußerungen richten, findet jedoch in vielen Fällen den falschen Adressaten.

Der islamistische Terror ist ein politischer und lässt sich nicht mit individualpsychologischen Überlegungen zum Täter erklären. Den Anschlag auf schwulen Selbsthass zurückzuführen, ist Hohn gegenüber den Opfern und Hinterbliebenen und eine Farce angesichts der Gewalt[1].

Anmerkung

1 Dieser Text erschien als Artikel in der *Jungle World* am 23. Juni 2016.

Literaturverzeichnis

Amnesty International: Trade Union Action 2000. Saudi Arabia – End Secrecy, End Suffering. 2000.

ATME e.V.: Warum sind manche Menschen transsexuell? Auf: http://atme-ev.de/images/texte/transsexualitaet/warum%20sind%20manche%20menschen%20transsexuell_%20-%20atme.pdf

Attia, Iman: Das Konzept der „Gruppenbezogenen Menschenfeindlichkeit“. Einige kritische Anmerkungen. In: Soziologische Revue. 36 (2013). Heft 1. S. 3-9.

Ayan, Steve: „Mancher leidet am Gehirn-Übertreibungssyndrom“. Interview mit Nikolas Rose. In: Gehirn & Geist. Nr. 1. 2013.

Baron-Cohen, Simon: Vom ersten Tag anders. Das weibliche und das männliche Gehirn. München: Heyne-Verlag 2006. (London: Allen Lane 2003).

Berg, Rigmor C./Ross, Michael Wallis/Weatherburn, Peter/Schmidt, Axel Jeremiah: Structural and environmental factors are associated with internalised homonegativity in men who have sex with men: Findings from the European MSM Internet Survey (EMIS) in 38 countries. In: Social Science & Medicine. Vol. 78. 2013. S. 61-69.

Bishop, Jack/Nijm, Justin: Walk of No Shame. USA 2015. Auf: https://www.youtube.com/watch?v=68kmBoUru-k

Biskamp, Floris: Ist jihadistisch das neue schwul? In: Jungle World. Nr. 49. 2010. Auf: http://jungle-world.com/artikel/2010/49/42261.html

Bochow, Michael/Lenuweit, Stefanie/Sekuler, Todd/Schmidt, Axel Jeremiah: Schwule Männer und HIV/AIDS: Lebensstile, Sex, Schutz- und Risikoverhalten 2010. AIDS FORUM DAH. Bd. 60. Deutsche AIDS-Hilfe e.V. Berlin 2012.

Bourne, Adam/Reid, David/Hickson, Ford/Torres Rueda, Sergio/Weatherburn, Peter: The chemsex study: Drug use in sexual settings among gay & bisexual men in Lambeth, Southwark & Lewisham. London: Sigma Research, London

School of Hygiene & Tropical Medicine. 2014. Auf: www.sigmaresearch.org.uk/chemsex

Brill, Dunja: Queer Theory und kritische Subkulturforschung. Ein überfälliger Brückenschlag. In: Bulletin des Zentrums für transdisziplinäre Geschlechterforschung. 26. 2008. S. 104-125.

Britton, Ronald: Emanzipation und Über-Ich: eine klinische Studie über das Buch Hiob. In: Jahrbuch der Psychoanalyse. Nr. 51. Stuttgart-Bad Cannstatt: frommann holzboog 2005. S. 9-28.

Brizendine, Louanne: Das weibliche Gehirn. Warum Frauen anders sind als Männer, München: Goldmann Verlag 2008. (New York: Random House 2006).

Brizendine, Louanne: The Male Brain. An Essential Owner's Manual for Every Man and a Cheat Sheet for Every Woman. New York: Random House 2010.

Broscia, Ted: Study: Women reject promiscuous female peers as friends. 2013. Auf: http://news.cornell.edu/stories/2013/05/study-women-reject-promiscuous-female-peers-friends.

Büsser, Martin: For your pleasure. Fragmente einer Porno-Komparatistik. In: testcard. Beiträge zur Popgeschichte. Sex 14. 2008. Heft 17. S. 78-85.

Butler, Judith: Das Unbehagen der Geschlechter. edition suhrkamp. Neue Folge. Bd. 722. Frankfurt am Main: Suhrkamp 1991. (New York 1990).

Butler, Judith: Körper von Gewicht: Die diskursiven Grenzen des Geschlechts. Frankfurt am Main: edition suhrkamp 1997.

Charim, Isolde: Volle Identität gegen nicht-volle. In: Just, Rainer/Schor, Gabriel Ramin (Hrsg.): Vorboten der Barbarei. Hamburg: LAIKA 2011. S. 11-16.

CID – christliche internet dienst GmbH: Lutherbibel. Auf: www.bibel-online.net/buch/luther_1912/5_mose/22/

Dannecker, Martin/Reiche, Reimut: Der gewöhnliche Homosexuelle. Eine soziologische Untersuchung über männliche Homosexualität in der Bundesrepublik. Frankfurt am Main: Fischer Verlag 1974.

Dannecker, Martin: Der Homosexuelle und die Homosexualität. Hamburg: Europäische Verlagsanstalt 1991 (1978).

Dannecker, Martin: Rosa wird evangelisch. In: Konkret. Nr. 1. Januar 1985. S. 16-18.

Dannecker, Martin: Das Drama der Sexualität. Frankfurt am Main: Athenäum 1987.

Dannecker, Martin: Probleme der männlichen homosexuellen Entwicklung. In: Psyche. Nr. 12. Heft 54. Gießen: Psychosozial-Verlag 2000. S. 1251-1277.

de Beauvoir, Simone: Das andere Geschlecht. Sitte und Sexus der Frau. Hamburg: Rowohlt Verlag 1951.

De Silva, Adrian: Bewegungssoziologische Analyse der Begrifflichkeiten der deutschen Trans*-Bewegung. In: Sauer, Arn (Hrsg.): Geschlechtliche Vielfalt. Begrifflichkeiten, Definitionen und disziplinäre Zugänge zu Trans- und Intergeschlechtlichkeiten. 2015. Auf: http://www.bmfsfj.de/RedaktionBMFSFJ/Broschuerenstelle/Pdf-Anlagen/Geschlechtliche-Vielfalt,property=pdf,bereich=bmfsfj,sprache=de,rwb=true.pdf

Dennert, Gabriele/Leidinger, Christiane/Rauchut, Franziska (Hrsg.): In Bewegung bleiben. 100 Jahre Politik, Kultur und Geschichte von Lesben. Berlin: Querverlag 2007.

Dilling, Horst/Mombour, Werner/Schmidt, Martin H. (Hrsg.): Internationale Klassifikation psychischer Störungen. ICD-10 Kapitel V (F). Klinisch-diagnostische Leitlinien. Göttingen: Huber 2000.

Dorner, Trischa: Instrumentalisierung der Transsexuellen. Auf: http://www.blauenarzisse.de/index.php/anstoss/item/5230-instrumentalisierung-der-transsexuellen

Dorrzn, Lena: Streit um Geschichte. In: Outside the Box. Heft 5. 2015. S. 105.

Drewes, Jochen/Kruspe, Martin: Schwule Männer und HIV/AIDS 2013. Schutzverhalten und Risikomanagement in den Zeiten der Behandelbarkeit von HIV. DAH-Forum. 2015.

Elliott, Marc N./Kanouse, David E./Burkhart, Q./Abel, Gary A./Lyratzopoulos, Georgius/Beckett, Megan K./Schuster, Mark A./Roland, Martin: Sexual Minorities in England Have Poorer Health and Worse Health Care Experiences: A National Survey. In: Journal of General Internal Medicine. September 2014. S. 9-16.

European Agency for Fundamental Rights: Being Trans in the EU. Comparative Analysis of EU LGBT Survey Data. 2014. Auf: http://fra.europa.eu/sites/default/files/fra-2014-being-trans-eu-comparative-0_en.pdf

Faßmeyer, Tobias: Antisemitismus ist nicht gleich Rassismus. Interview mit Detlev Claussen. In: ZAG – antirassistische zeitschrift. Nr. 39. 2001. Auf: http://www.zag-berlin.de/antirassismus/archiv/39claussen.html

Fine, Cordelia: Delusions of Gender. The Real Sciences behind Sex Differences. London: Icon Books 2015.

Foucault, Michel: Der Gebrauch der Lüste. Sexualität und Wahrheit 2. Frankfurt am Main 1986.

Foucault, Michel: Der Wille zum Wissen. suhrkamp taschenbuch wissenschaft, Bd. 716. Frankfurt am Main: Suhrkamp 1983. (Paris 1976).

FRA-European Union Agency for Fundamental Rights: LGBT-Erhebung in der EU. Erhebung unter Lesben, Schwulen, Bisexuellen und Transgender-Personen in der Europäischen Union. 2013. Auf: http://fra.europa.eu/sites/default/files/eu-lgbt-survey-results-at-a-glance_de.pdf

Franzen, Jannik/Sauer, Arn: Benachteiligung von Trans*Personen, insbesondere im Arbeitsleben. Eine Expertise. Berlin: Antidiskriminierungsstelle des Bundes 2010. Auf: http://www.antidiskriminierungsstelle.de/SharedDocs/Downloads/DE/publikationen/Expertisen/Expertise_Benachteiligung_von_Trans_personen.pdf?__blob=publicationFile&v=1

Freud, Anna: Das Ich und die Abwehrmechanismen. Frankfurt am Main: Fischer Verlag 1986 (1946).

Freud, Sigmund: Drei Abhandlungen zur Sexualtheorie. 1905. In: GW V. Fischer Verlag: Frankfurt am Main 1999.

Freud, Sigmund: Triebe und Triebschicksale. 1915. In: GW X. Fischer Verlag: Frankfurt am Main 1999.

Freud, Sigmund: Jenseits des Lustprinzips. 1920. In: GW XIII. Fischer Verlag: Frankfurt am Main 1999.

Freud, Sigmund: Das Ich und das Es. 1923. In: GW XIII. Fischer Verlag: Frankfurt am Main 1999.

Freud, Sigmund: Das Unbehagen in der Kultur. 1930. In: GW XIV. Fischer Verlag: Frankfurt am Main 1999.

Frossard, Jacqueline: Die lesbische Frau als Homosexuelle und als Frau in unserer Gesellschaft. In: Psychoscope. Jg. 2002. 2. Auf: http://www.lsbk.ch/psychologische-aspekte/ - frossard

Fuchs, Wiebke/Ghattas, Dan: Studie zur Lebenssituation von Transsexuellen in Nordrhein-Westfalen. Ministerium für Gesundheit, Emanzipation, Pflege und Alter des Landes Nordrhein-Westfalen. 2012. Auf: http://www.lsvd.de/fileadmin/pics/Dokumente/TSG/Studie_NRW.pdf

Gabriel, Davina Anne: Letter to LC re: Son of Camp Trans. Auf: http://eminism.org/michigan/20000127-gabriel.txt

García Núñez, David: Trans*Swiss. Auf: www.lgbt-studien.com

García Núñez, David/Sandon, Piero/Burgermeister, Nicole/Schönbucher, Verena/Jenewein, Josef: Protektive und dysfunktionale Internalisierungsprozesse an der Geschlechtergrenze. In: Driemeyer, Wiebke/Gedrose, Benjamin/Hoyer, Armin/Rustige, Lisa (Hrsg.): Grenzverschiebungen des Sexuellen. Perspektiven einer jungen Sexualwissenschaft. Gießen: Psychosozial-Verlag 2015. S. 217-231.

Goffman, Erving: Stigma. Über Techniken der Bewältigung beschädigter Identität. Frankfurt am Main: Suhrkamp 2012. (Englewood Cliffs: New Jersey 1963).

Göth, Margret/Kohn, Ralph: Sexuelle Orientierung in Psychotherapie und Beratung. Berlin: Springer 2014.

Hacking, Ian: Was heißt „soziale Konstruktion"? Zur Konjunktur einer Kampfvokabel in den Wissenschaften. Frankfurt am Main: Fischer Verlag 1999.

Hartmann, Uwe/Becker, Hinnerk: Störungen der Geschlechtsidentität. Ursachen, Verlauf, Therapie. Wien: Springer 2002.

Hasler, Felix: Neuromythologie. Eine Streitschrift gegen die Deutungsmacht der Hirnforschung. Bielefeld: transcript 2015.

Hatzenbuehler, Mark L./Bellatorre, Anna/Lee, Yeonjin/Finch, Brian K./Muennig, Peter/Fiscella, Kevin: Structural stigma and all-cause mortality in sexual minority populations. In: Social Science & Medicine. Vol. 103. 2014. S. 33-41.

Haupt, Horst-Jörg: „Sie sind Ihr Gehirn – in einem falschen Körper!“ Exemplarische, fachliche Stellungnahme zum Urteil des Landessozialgerichts Baden-Württemberg vom 25. Januar 2012 aus neuropsychologisch-neurologisch-psychiatrischer Sicht. Auf: http://www.trans-evidence.com/Sie_sind_Ihr_Gehirn

HAW: Schwierigkeiten der Selbstfindung und Politisierung von Homosexuellen. In: Ankirchner, Horst: (Hrsg.): info. Ausgabe Nr. 4. Berlin 1972. S. 1. Archiv Schwules Museum*, Berlin, SL HAW. Struktur.

Hecking, Claus: Saudi-Arabien. Petrodollars kitten eine zerrissene Gesellschaft. 2015. Auf: http://www.zeit.de/wirtschaft/2015-01/saudi-arabien-wirtschaft-abdullah-salman

Heider, Ulrike: Vögeln ist schön. Die Sexrevolte von 1968 und was von ihr bleibt. Berlin: Rotbuch 2014.

Herek, Gregory M.: The context of anti-gay violence. Notes on cultural and psychological heterosexism. In: Journal of Interpersonal Violence. 5. 1990. S. 316-333.

Herrn, Rainer: Sex brennt. Paper ausgelegt bei der Ausstellung *Magnus Hirschfelds Institut für Sexualwissenschaft und die Bücherverbrennung* im Berliner Medizinhistorischen Museum der Charité. Mai bis September 2008.

Hirschauer, Stefan: Wie sind Frauen, wie sind Männer? Zweigeschlechtlichkeit als Wissenssystem. In: Eifert, Christiane/Epple, Angelika/Kessel, Martina (Hrsg.): Was sind Frauen? Was sind Männer? Geschlechterkonstruktionen im historischen Wandel. Frankfurt am Main: Suhrkamp 1996. S. 240-256.

Homosexuelle Aktion Westberlin (1973): Träume und Wirklichkeit. Gedanken zur Schwulenemanzipation im Kapitalismus. In: B., Volker (Hrsg.): info. Ausgabe Nr. 7. Berlin 1973. S. 28-33. Archiv Schwules Museum*, Berlin, SL HAW. Struktur.

Horkheimer, Max/Adorno, Theodor W.: Dialektik der Aufklärung. Philosophische Fragmente. Frankfurt am Main: Fischer Verlag 2006.

Internationaler Gewerkschaftsbund: Pressemitteilungen – Naher Osten. 2013. Auf: http://archive-org-2013.com/org/i/2013-01-26_1239047_64/Pressemitteilungen-Naher-Osten/

Jagose, Annamarie: Queer Theory. Eine Einführung, Berlin: Querverlag 2001.

Kay, Manuela: Der QUEER-Nebel. Warum heute niemand mehr schwul oder lesbisch sein will. In: Niendel, Bodo/Weiss, Volker (Hrsg.): Queer zur Norm. Leben jenseits einer schwulen oder lesbischen Identität. Hamburg: Männerschwarm 2012. S. 81-85.

KCSD-Orgagruppe: Aufruf. 2015. Auf: https://kcsd2015.wordpress.com/aufruf/

Kimmel, Michael S.: Masculinity as Homophobia: Fear, Shame and Silence in the Construction of Identity. In: Murphy, Peter F. (Hrsg.): Feminism and Masculinities. New York: Oxford University Press 2004. S. 182-199.

Knickmeyer, Rebecca/Baron-Cohen, Simon/Raggatt, Peter/Taylor, Kevin: Foetal Testosterone, Social Relationships and Restricted Interests in Children. In: Journal of Child Psychology and Psychiatry. 46. Nr. 2. 2005. S. 198-210.

König, Hans-Dieter: Affekte. Gießen: Psychosozial-Verlag 2014.

Krause, Eva Renate: Geschlechtsspezifische Differenzen der Hirnaktivität in der fMRT bei Normalprobanden im Vergleich mit transsexuellen Probanden. 2007. Auf: http://duepublico.uni-duisburg-essen.de/servlets/DerivateServlet/Derivate-18593/Dissertation_EvaKrause.pdf

Krystal, Henry: *Trauma and affects*. Psychoanalytic Study of the Child. In: Shapiro, Theodore/Emde Robert N. (Hrsg.): Affect: Psychoanalytic Perspectives. Madison 1992. S. 81-116.

Kuckuc, Ina: Der Kampf gegen Unterdrückung. Materialien aus der deutschen Lesbierinnenbewegung. München: Verlag Frauenoffensive 1975.

Kuhnen, Stephanie: Lesben raus! In: Siegessäule. Nr. 3. 2015. S. 16-21.

Kunstreich, Tjark/Krug, Uli: Dekonstruktion heißt Domestizierung. In: Bahamas. Nr. 26. 1998. S. 35-42.

Küpper, Beate/Zick, Andreas: Homophobie in Nordrhein-Westfalen. Sonderauswertung der Studie „Gruppenbezogene Menschenfeindlichkeit". Herausgegeben vom Ministerium für Gesundheit, Emanzipation, Pflege und Alter des Landes Nordrhein-Westfalen. 2012. Auf: http://www.arcados.com/wp-content/uploads/2012/05/Studie_Homophobie-NRW-12.pdf

l'Amour laLove, Patsy (Patrick Henze): „Die lückenlose Kette zwischen Politik und Schwul-Sein aufzeigen." Aktivismus und Debatten in der Homosexuellen Aktion Westberlin zwischen 1971 bis Juni 1973. In: Binder, Beate: Geschlecht – Sexualität. Erkundungen in Feldern politischer Praxis. Berliner Blätter. Nr. 62. 2013. S. 13-27.

Ebenfalls erschienen in: Pretzel, Andreas/Weiß, Volker (Hrsg.): Rosa Radikale. Die Schwulenbewegung der 1970er Jahre. Edition Waldschlösschen. Bd. 12. Hamburg: Männerschwarm 2012. S. 124-142.

l'Amour laLove, Patsy (Patrick Henze): „Raus aus den Klappen – Rein in die Straßen!" – Schwule Politiken in der Homosexuellen Aktion Westberlin von 1971 bis 1976. Abschlussarbeit Master of Arts, Gender Studies an der Humboldt-Universität zu Berlin. 2012b.

l'Amour laLove, Patsy (Patrick Henze): Männlichkeit als Negation. Zur Bedeutung von Schwulsein, Selbsthass und Schwulenfeindlichkeit für die Konstitution von Männlichkeit. In: Frey, Michael/Kriszio, Marianne/Jähnert, Gabriele (Hrsg.): Männlichkeiten. Kontinunität und Umbruch. Berlin: Zentrum für transdisziplinäre Geschlechterstudien 2014. S. 205-222.

l'Amour laLove, Patsy (Patrick Henze): Integration des Chaos – Marilyn Manson, Männlichkeit, Lust und Scheitern. Borrego, Britta (Hrsg.): Durchgehen oder nicht. Geschlechtersemantiken und Passing be- und hinterfragen. Leipziger Gender-Kritik. Band 8. 2016a. Im Erscheinen.

l'Amour laLove, Patsy (Patrick Henze): Emanzipation jetzt! – Zur Selbstermächtigung in der westdeutschen Schwulenbewegung der 1970er Jahre. In: Finzsch, Norbert/Velke, Marcus (Hrsg.). Queer | Gender | Historiographie. Aktuelle Tendenzen und Projekte. Münster/Berlin: LIT 2016b. S. 462-482.

Langer, Phil C.: Gesundheit schwuler Männer. Vortrag gehalten auf dem Fachtreffen des VLSP (Verband von Lesben und Schwulen in der Psychologie). Berlin 2012.

Langer, Phil C.: Zurück in die Zukunft: Zum Umgang mit Crystal Meth im Kontext von HIV. In: Projekt Information. Jg. 21. Nr. 2. 2013. S. 8-11.

Laplanche, Jean/Pontalis, Jean-Bertrand: Das Vokabular der Psychoanalyse. suhrkamp taschenbuch wissenschaft 7. Frankfurt am Main: Suhrkamp 1973.

LesMigraS: „… Nicht so greifbar und doch real". Eine quantitative und qualitative Studie zu Gewalt- und (Mehrfach-) Diskriminierungserfahrungen von lesbischen, bisexuellen Frauen und Trans* in Deutschland. 2012. Auf: http://www.lesmigras.de/ergebnisse.html

Lydia alias Detlef B.: Das D-Papier. In: Egmont (Hrsg.): info. Ausgabe Nr. 11. Berlin 1973. S. 5-7. Archiv Schwules Museum*, Berlin, SL HAW. Struktur.

Maani, Sama: Warum wir über den Islam nicht reden können. In: Ders.: Respektverweigerung. Warum wir fremde Kulturen nicht respektieren sollten – und die eigene auch nicht. Klagenfurt: Drava 2015. S. 7-25.

Marcuse, Herbert: Triebstruktur und Gesellschaft. Ein philosophischer Beitrag zu Sigmund Freud. In: Schriften. Bd. 5. Frankfurt am Main: Suhrkamp 1979. (Boston 1955).

Marcuse, Herbert: Der eindimensionale Mensch. Studien zur Ideologie der fortgeschrittenen Industriegesellschaft. Darmstadt/Neuwied: Sammlung Luchterhand 1980. (Boston 1964).

Marx, Karl/Engels, Friedrich: Werke. Bd. 1. Berlin (Ost): Dietz Verlag 1976.

Marx, Karl/Engels, Friedrich: Werke. Bd. 42. Berlin: Karl Dietz Verlag 2005.

Meyer, Erik: Trans*affirmative Beratung. In: Psychosozial. Schwerpunktthema: Geschlecht und Psychotherapie. 38. Heft 140 II. 2015a. S. 71-85.

Meyer, Erik: Trans*beratung als „dritte Säule“ in der Versorgung transidenter Menschen? In: Driemeyer, Wiebke/Gedrose, Benjamin/Hoyer, Armin/Rustige, Lisa (Hrsg.): Grenzverschiebungen des Sexuellen. Perspektiven einer jungen Sexualwissenschaft. Gießen: Psychosozial-Verlag 2015b. S. 201-216.

Meyer, Ilan H.: Minority Stress and Mental Health in Gay Men. In: Journal of Health and Social Behavior. Vol. 36. Heft 1. 1995. S. 38-56.

Meyer, Ilan H.: Why Lesbian, Gay, Bisexual, and Transgender Public Health? In: American Journal of Public Health. Vol. 91. Heft 6. 2001. S. 856-859.

Meyer, Ilan H.: Prejudice, social stress, and mental health in lesbian, gay, and bisexual populations. Conceptional issues and research evidence. In: Psychological bulletin. Vol. 129. 2003. 674-697.

Mitteilungen des Wissenschaftlich-humanitären Komitees 1926-1933. Faksimile-Nachdruck herausgegeben von Friedemann Pfäfflin. Hamburg 1985. S. 346.

Namaste, Viviane K.: Invisible Lives. The Erasure of Transsexual and Transgendered People. Chicago: The University Press of Chicago 2000.

Osanloo, Mansour: Reading Marx in Tehran. 2013. Auf: http://www.nytimes.com/2013/06/14/opinion/reading-marx-in-tehran.html?_r=1

Payar, Farhad: Massenentlassungen und Zeitverträge: Zur Situation iranischer Arbeiter. 2012. Auf: http://iranjournal.org/wirtschaft/massenentlassungen-und-zeitvertrage-zur-situation-iranischer-arbeiter

Penny, Laurie: Unsagbare Dinge. Sex, Lügen und Revolution. Hamburg: Edition Nautilus 2015.

Perincioli, Cristina: Berlin wird feministisch. Das Beste, was von der 68er Bewegung blieb. Berlin: Querverlag 2015.

Pfaller, Robert: Die Illusionen der anderen. Über das Lustprinzip in der Kultur. Frankfurt am Main: Suhrkamp 2002.

Pinl, Claudia: Stürmische Beziehungen. Lesben und Frauenbewegung. In: FrauenRat. 3. 2003. S. 2-4.

PlanetRomeo: Our Story. Auf: http://www.planetromeo.com/de/about/story/

Plöderl, Martin/Wagenmakers, Eric-Jan/Tremblay, Pierre/Ramsay, Richard/Kralovec, Karl/Fartacek, Clemens/Fartacek, Reinhold: Suicide risk and sexual orientation. A critical review. In: Archives of Sexual Behavior. 42. 2013. S. 715-727.

Plötz, Kirsten/Zacharias, Christian: Gemeinsam für Vielfalt in Niedersachsen. Erwartungen an die Landespolitik. Kongress am 2. Oktober 2015 in Hannover. Eine Zusammenfassung bisheriger Ergebnisse. Auf: http://q-nn.de/wp-content/uploads/Zusammenfassung_Vielfalt_2015.pdf

Pohlkamp, Ines: Gender Bashing. Diskriminierung und Gewalt an den Grenzen der Zweigeschlechtlichkeit. Münster: Unrast-Verlag 2015.

Praunheim, Rosa von: Nicht der Homosexuelle ist pervers, sondern die Situation, in der er lebt. 67 Minuten. BRD 1971.

Praunheim, Rosa von: Gibt es Sex nach dem Tode? Thesen zum Thema AIDS. In: Der Spiegel. Nr. 48. November 1984. S. 228-229.

Pretzel, Andreas/Weiß, Volker: Rosa Radikale. Die Schwulenbewegung der 1970er Jahre. Hamburg: Männerschwarm 2012.

Quadfasel, Lars: Lieber ohne Anfassen. In: Jungle World. Nr. 51. 2014. Auf: http://jungle-world.com/artikel/2014/51/51119.html

Radonic, Ljiljana: Psychopathologie der Normalität. Die Bedeutung der Psychoanalyse für die Kritische Theorie. In: Grigat, Stephan (Hrsg.): Feindaufklärung und Reeducation. Kritische Theorie gegen Postnazismus und Islamismus. Freiburg: ça ira 2006. S. 79-98.

Raj, Rupert: Transactivism as a Therapy: A Client Self-Empowerment Model Linking Personal and Social Agency. In: Journal of Gay & Lesbian Psychotherapy. 11. Heft 3-4. 2007. S. 77-98.

Rauchfleisch, Udo/Fossard, Jawueline/Waser, Gottfried/Wiesendanger, Kurt/Roth, Wolfgang: Gleich und doch anders. Psychotherapie und Beratung von Lesben, Schwulen, Bisexuellen und ihren Angehörigen. Stuttgart: Klett-Cotta 2002.

Rauchfleisch, Udo: Der Feind in Dir. Internalisierte Homophobie. Fortbildung für Schwule, Lesben, Trans*, Bi- und Intersexuelle, Queers (SLBT*IQ) – Interessierte und Aktive in der Gruppen- und Initiativenarbeit. Seminar im Waldschlösschen. Rheinhausen 2014a.

Rauchfleisch, Udo: Transsexualität – Transidentität. Begutachtung, Begleitung, Therapie. Göttingen: Vandenhoeck & Ruprecht 2014b.

Rauchfleisch, Udo: „Ich bin nicht homophob, aber…". 2014c. Auf: http://www.iwwit.de/blog/2014/05/ich-bin-nicht-homophob-aber

Rauchfleisch, Udo: „Wie ein Feind von innen". 2014d. Auf: http://magazin.hiv/2014/05/14/wie-ein-feind-von-innen

RotZSchwul Frankfurt: Die Persönlichkeit des Homosexuellen. In: Peter (Hrsg.): info. Ausgabe Nr. 2. Berlin 1972a. S. 3-6. Archiv Schwules Museum*, Berlin, SL HAW. Struktur.

RotZSchwul Frankfurt: Grundlagenpapier. 1972b. Archiv Schwules Museum*, Berlin, SL HAW. Diskussionspapiere, Texte und Broschüren.

Rowe, Aimee Carillo: „… Your Ancestors Come": Tracing an Abundant Present in Adelina Anthony's *La Hocicona Series*. In: GLQ: A Journal of Lesbian and Gay Studies. 19 Heft 2. 2013. S. 215-247.

Sander, Dirk: „Vulnerabilitätsfaktoren" im Kontext von HIV. In: Jochen Drewes/Holger Sweers (Hrsg.): Strukturelle Prävention und Gesundheitsförderung im Kontext von HIV. Bd. 57. Berlin: AIDS-FORUM DAH 2010. S. 95-112.

Sander, Dirk/Kruspe, Martin: „Wie geht's Euch?" Seelische Gesundheit bei schwulen und bisexuellen Männern. In: Fakten-Check. Nr. 1. Berlin: Deutsche AIDS-Hilfe e.V. 2013.

Sandon, Piero: Internalisierte Transphobie – Explorative Studie (ITES). Poster präsentiert auf der 24. wissenschaftlichen Tagung der DGfS. Hamburg 2013.

Schernikau, Ronald M.: Kleinstadtnovelle. Hamburg: Konkret Literatur Verlag 2002.

Schernikau, Ronald M.: Königin im Dreck. Texte zur Zeit. Berlin: Verbrecher Verlag 2009.

Schirmer, Uta: Jenseits einer diagnostischen Logik? Überlegungen zu (trans*-)geschlechtlicher Selbstbestimmung und kollektiven Praxen. In: Bundesstiftung Magnus Hirschfeld (Hrsg.): Forschung im Queerformat. Aktuelle Beiträge der LSBTI*-, Queer- und Genderforschung. Bielefeld: transcript Verlag 2014. S. 171-183.

Schloch, Aaron R.: Manifest des Arschlochs. Eigenverlag 2010.

Schmitz, Sigrid: Hirnforschung. Typisch Frau? Von wegen! Auf: http://www.spiegel.de/kultur/gesellschaft/hirnforschung-typisch-frau-von-wegen-a-482104.html

Schnurbein, Stefanie von: Queer Theory Gone Astray. Shamanism and the Search for a Queer Religion. In: Haschemi Yekani, Elahe/Michaelis, Beatrice (Hrsg.): Quer durch die Geisteswissenschaften. Perspektiven der Queer Theory. Berlin: Querverlag 2005. S. 99-114.

Scholz, Roswitha: Das Geschlecht des Kapitalismus: Feministische Theorien und die postmodernen Metamorphosen des Patriarchats. Bad Honnef: Horlemann 2000.

Schreiter, Nikolai/Staritz, Nikola: Der Begriff Islamophobie. Interview mit Sama Maani. In: MALMOE. 2015. Auf: http://www.malmoe.org/artikel/widersprechen/2987

Sedgwick, Eve Kosofsky: Paranoid Reading and Reparative Reading, or, You're So Paranoid You Probably Think This Essay Is about You. In: Dies.: Touching Feeling: Affect, Pedagogy, Performativity. Durham: Duke University Press 2003a. S. 123-151.

Sedgwick, Eve Kosofsky: Pedagogy of Buddhism. In: Dies.: Touching Feeling: Affect, Pedagogy, Performativity. Durham: Duke University Press 2003b. S. 153-181.

Sedgwick, Eve Kosofsky: The Weather in Proust. Herausgegeben von Jonathan Goldberg. Durham: Duke University Press 2011.

Serano, Julia: Whipping Girl. A Transsexual Woman on Sexism and the Scapegoating of Femininity. Berkeley: Seal Press 2007.

Sielert, Uwe/Timmermanns, Stefan: Expertise zur Lebenssituation schwuler und lesbischer Jugendlicher in Deutschland.

Eine Sekundäranalyse vorhandener Untersuchungen. München: Deutsches Jugendinstitut e.V. 2011.

Sievers, Rainer: Arbeitspapier der Gruppe „Politisches Engagement homosexuelle Gruppen", zur Diskussion in den beteiligten Homosexuellen Aktionsgruppen vorgeschlagen. In: Peter (Hrsg.): info. Ausgabe Nr. 2. Berlin 1972. S. 2. Archiv Schwules Museum*, Berlin, SL HAW. Struktur.

Simon, Anne-Catherine: Sophinette Becker: „Sexuelle Lust ist nie ganz harmlos". In: Die Presse. 2015. Auf: http://diepresse.com/home/science/4719480/Sophinette-Becker_Sexuelle-Lust-ist-nie-ganz-harmlos

Stall, Ron/Mills, Thomas. C./Williamson, John/Hart, Trevor/Greenwood, Greg/Paul, Jay/Pollack, Lance/Binson, Diane/Osmond, Dennis/Catania, Joseph A.: Association of co-occurring psychosocial health problems and increased vulnerability to HIV/AIDS among urban men who have sex with men. In: American Journal of Public Health. 2003. S. 939-942.

Stall, Ron/Friedman, Mark/Catania, Joseph A.: Interacting epidemics and gay men's health: A theory of syndemic production among urban gay men. In: Wolitski, Richard J./Stall, Ron/Valdiserri, Ronald O. (Hrsg.): Unequal opportunity: Health disparities affecting gay and bisexual men in the United States. New York: Oxford University Press 2008. S. 251-274.

Steffens, Melanie/Geisler, Petra: Folgen internalisierter Homonegativität. Papier entstanden beim Fachtreffen des Vereins von Lesben und Schwulen in der Psychologie im Waldschlösschen vom 10. bis 11.10.2009. Auf: http://www.vlsp.de/system/files/WSHomonegativitaet.pdf

STP. International Campaign Stop Trans Pathologization: Reflections from STP regarding the ICD revision process and publication of the DSM-5. 2013. Auf: http://www.stp2012.info/STP_Communique_August2013.pdf

Ströhlein, Markus: Pretty in Pink. In: Jungle World. Nr. 26. 2011. Auf: http://jungle-world.com/artikel/2012/26/45739.html

Stutz, Constanze: Wofür wir streiten. Rede auf dem Leipziger IDAHIT 2015. Auf: http://outside-mag.de/papers/51

terrortuntenterror: ronald m. schernikau im club2 – 1980. 2009. Auf: https://www.youtube.com/watch?v=-GLSQwUDl6I

Timmermanns, Stefan: Sehnsucht nach Wärme in kalten Zeiten. Forschungsergebnisse und Betrachtungen zur Lebenssituation schwuler Jugendlicher in Deutschland. In: Die Bundeszentrale für gesundheitliche Aufklärung (Hrsg.): Jungen. Forum Sexualaufklärung und Familienplanung. 2013. S. 23-26.

Trumann, Andrea: Feministische Theorie. Frauenbewegung und weibliche Subjektbildung im Spätkapitalismus. Stuttgart: Schmetterling 2001.

Tüffers, Uwe: Sexuelle Orientierung. In: Lothar Weißbach/ Matthias Stiehler (Hrsg.): Männergesundheitsbericht 2013. Bern: Verlag Hans Huber 2013. S. 190-193.

Ulrichs, Karl Heinrich: Inclusa. Anthropologische Studien über mannmännliche Geschlechtsliebe. Zweite Schrift über mannmännliche Liebe. Leipzig 1864.

Ulrichs, Karl Heinrich: Memnon. Die Geschlechtsnatur des mannliebenden Urnings. Siebente Schrift. Schleiz 1868.

Ulrichs, Karl Heinrich: Brief an die Schwester. Vier Briefe von Karl Heinrich Ulrichs (Numa Numantius) an seine Verwandten [1862]. In: Jahrbuch für sexuelle Zwischenstufen. 1. 1899.

Vrangalova, Zhana/Bukberg, Rachel E./Rieger, Gerulf: Birds of a feather? Not when it comes to sexual permissiveness. 2013. Auf: http://spr.sagepub.com/content/early/2013/05/16/0265407513487638.abstract

Wagenknecht, Peter: Was ist Heteronormativität? Zu Geschichte und Gehalt des Begriffs. In: Hartmann, Jutta/Klesse, Christian/Wagenknecht, Peter/Fritzsche, Bettina/Hackmann, Kristina (Hrsg.): Heteronormativität. Empirische Studien zu Geschlecht, Sexualität und Macht. Wiesbaden: VS Verlag für Sozialwissenschaften 2007. S. 17-34.

Warnecke, Tilmann: Interview mit Elmar Kraushaar. „Schwule sind unter Druck, sich als gute Schwule darzustellen." In:

Tagespiegel. 2016. Auf: http://www.tagesspiegel.de/berlin/queerspiegel/interview-mit-elmar-kraushaar-schwule-sind-unter-druck-sich-als-gute-schwule-darzustellen/13380934.html

Warner, Michael: Introduction: Fear of a Queer Planet. In: Social Text. 1991. S. 3-17.

Weber, Max: Die protestantische Ethik und der Geist des Kapitalismus. München: Beck 2010.

Weinberg, George: Society and the Healthy Homosexual. New York: St. Martin's Press 1972.

Wergin, Lotty Maria: Warum Transsexuell etwas anderes ist als Transgender. Auf: http://www.transsexuellev.de/index.php?id=56

Wiesendanger, Kurt: Heterosexismus und Homophobie. In: Psychoscope. 2. 2002. Auf: http://www.lsbk.ch/psychologische-aspekte/#wiesendanger

Wolf, Gisela: Erfahrungen und gesundheitliche Entwicklungen lesbischer Frauen im Coming-out-Prozess, Herbolzheim: Springer 2004.

Zhou, Jiang-Ning et al.: A sex difference in the human brain and its relation to transsexuality. In: Nature. 378. 1995. S. 68-70.

Zick, Andreas/Hövermann, Andreas/Krause, Daniela: Die Abwertung von Ungleichwertigen. Erklärung und Prüfung eines erweiterten Syndroms der Gruppenbezogenen Menschenfeindlichkeit. In: Heitmeyer, Wilhelm (Hrsg.): Deutsche Zustände. Berlin: Suhrkamp 2012. S. 64-86.

Zizek, Slavoj: Mehr-Genießen. Lacan in der Populärkultur. Wien: Turia + Kant 2000.

Zuehlke, Ramona: „Nichts an mir ist anders, eigentlich …". Becoming out – Die Verwirklichung lesbischer Selbst- und Lebenskonzepte im postmodernen Spannungsfeld von Individuum, Subkultur und Gesellschaft. München: Centaurus-Verlag 2003.

Autor_innen

Till Randolf Amelung, M.A. in Geschlechterforschung an der Georg-August-Universität Göttingen, freier Referent zu den Themen Transsexualität, Behinderung, Diversity und Homosexualität, Vorstandsmitglied des *Queeren Netzwerks Niedersachsen* und des *Landesverbands für transgeschlechtliche Selbstbestimmung Niedersachsen*. tillamelung.wordpress.com

Martin Dannecker, schwuler Aktivist der ersten Stunde, heute Sexualwissenschaftler und psychoanalytisch orientierter Sexualtherapeut in Berlin; lieferte das theoretische Fundament zu dem Film *Nicht der Homosexuelle ist pervers, sondern die Situation, in der er lebt*, der 1971 die Schwulenbewegung in der BRD zur Folge hatte, veröffentlichte unter anderem die bahnbrechenden Studien *Der gewöhnliche Homosexuelle* (1974) und *Homosexuelle Männer und AIDS* (1990).

Marco Ebert, hat an der Humboldt-Universität zu Berlin Gender Studies und Moderne Geschichte studiert, schreibt zurzeit an seiner Masterarbeit über die völkische Politikerin und Publizistin Lenore Kühn und ist Referent für Ökologie im *Referent_innenRat* (AStA) der HU Berlin.

fink träumt immer noch von echter Emanzipation und empfindet den Kampfruf „Ehe für alle!" als eine düstere Drohung. Er veröffentlicht in seinem Blog *der zaunfink – queere alltagsanthropologie* Analysen und Satiren über schwules/queeres Leben und heteronormativen Wahnwitz. derzaunfink.wordpress.com

Manuela Kay, emanzipierte Butch-Kampflesbe, Berlinerin, Journalistin, Autorin und Verlegerin. Ko-Geschäftsführerin des *Special Media SDL Verlags* und Mit-Herausgeberin der Zeitschriften *Siegessäule – Queer in Berlin* und Chefredakteurin und Mit-Herausgeberin von *L-MAG. Das Magazin für Lesben*. Mit-Herausgeberin beziehungsweise Autorin der Bücher *Schöner*

Kommen, Diese Liebe nehm ich mir, Out im Kino. Mit-Organisatorin und -Kuratorin des *Porn Film Festivals Berlin.*

Patsy l'Amour laLove, Polit-Tunte, Dissertation zur Schwulenbewegung der 1970er Jahre an der Humboldt-Universität zu Berlin, Organisatorin wissenschaftlicher und kultureller Veranstaltungen wie *Polymorphia – die TerrorTuntenNacht.* Engagiert sich im Archiv und Kuratorium des *Schwulen Museum** und als Referent des *LGBTI-Referats* an der HU Berlin. www.patsy-love.de

Sama Maani wuchs in Österreich, Deutschland und im Iran auf. Studium der Medizin in Wien und der Philosophie in Zürich. Lebt und arbeitet als Schriftsteller und Psychoanalytiker in Wien. Zahlreiche literarische und essayistische Publikationen in deutschsprachigen und iranischen Zeitschriften und Anthologien. 2015: *Respektverweigerung. Warum wir fremde Kulturen nicht respektieren sollten. Und die eigene auch nicht* (Drava). 2016: erscheint der Erzählband *Der Heiligenscheinorgasmus und andere Erzählungen* (Drava).

Daria Majewski, Feministin, studierte in Zürich, Leipzig, Prag und Wroclaw Westslawistik mit Schwerpunkt auf Zeitgenössischer Polnischer Prosa. Sie ist im Vorstand des Zentrums für Frauen- und Geschlechterforschung *frages e.V.*, organisiert Workshops zu interkultureller Kommunikation und ist Projektkoordinatorin des *Modellprojekts Akzeptanz für Vielfalt – gegen Homo-, Trans*- und Inter*feindlichkeit* an der *Akademie Waldschlösschen.*

Erik Meyer, kritischer Psychologe und Trans*-Aktivist, berät seit 2011 in Hamburg Menschen mit Fragen zu Geschlecht und Identität nach seinem Konzept der „Trans*affirmativen Beratung". Er ist unter anderem Gründungsmitglied des *inter_trans_wissenschaftsnetzwerk* und des *Bundesverband Trans** (BVT*) und engagiert sich im Vorstand des VLSP (*Verband für lesbische, schwule, bisexuelle, trans*, intersexuelle und queere Menschen in der Psychologie*).

Antonia Netzer, lesbische Aktivistin, hat bereits in zahlreichen Projekten mitgearbeitet, diese aufgebaut oder geleitet – vom *Queer-Referat* an der Ludwig-Maximilians-Universität München über das *Aufklärungsprojekt München* bis zum lesbisch-schwulen Jugendzentrum *Diversity*. Sie studiert Englisch, Geschichte, Sozialkunde und Ethik für das Lehramt.

Panne Pepper wuchs in den 1990er Jahren in einer süddeutschen Kleinstadt auf. Mit Anfang zwanzig ging sie nach Berlin und lernte dort, dass ihre Lust an aktiver Sexualität weder schlecht noch falsch ist. Manchmal steht sie als Teil eines schrulligen Performance-Ensembles, unter anderem bei der *Polymorphia – die TerrorTuntenNacht*, auf der Bühne.

Polly Puller (Lukas Winkler), Trümmertunte, studiert Politikwissenschaft an der Freien Universität Berlin, Referent im *Autonomen Schwulenreferat* des AStA FU Berlin, war aktiv im Aufklärungsprojekt von *ABqueer e. V.*

Rahada kombiniert klassische Fototechnologie mit modernen Porträtarbeiten. Seine visuellen Vorstellungen sieht er als Tanz zwischen Schatten und Licht. www.rahada.com

Dirk Sander, Diplom-Sozialwissenschaftler, Leiter des Fachbereichs HIV/STI-Prävention bei Schwulen und anderen MSM in der *Deutschen AIDS-Hilfe e. V.*

Dragan Simicevic wirft als Fotograf und bildender Künstler einen Blick auf seine außerordentlich melancholische Welt, eine Welt in schwarz und weiß, die mit den Kontrasten von Eros und Thanatos, Intimität und Distanz, urbanem Leben und dem Mystischen spielt. www.dragan-visualarts.com

Andrea Trumann, Sozialpädagogin und Autorin von *Feministische Theorie. Weibliche Subjektbildung im Spätkapitalismus* sowie *Kritik des Staatsfeminismus. Oder: Kinder Küche Kapitalismus*

und vieler Aufsätze zu Antisemitismus, Homophobie und Pränataldiagnostik.

Benedikt Wolf, Dissertation zu Penetrierter Männlichkeit in deutschsprachiger Erzählliteratur 1905-1969, als Fabienne du Neckar und Teil der *Bahamaas* auf Berliner Tuntenbühnen unterwegs, Engagement in der *Gesellschaft für Antiziganismusforschung*.

Das Dankeschön

Die Umsetzung von *Selbsthass & Emanzipation* wäre ohne die finanzielle Unterstützung zweier Förderer nicht denkbar gewesen. Das sind die *Hannchen-Mehrzweck-Stiftung* (http://www.hms-stiftung.de) und die *Homosexuelle Selbsthilfe e.V.* (http://www.hs-verein.de). Beide ermöglichen wichtige und spannende Projekte, die ohne ihre Hilfe nicht realisierbar wären. Auf ihrer Homepage kann man der Stiftung und dem Verein Spenden zukommen lassen, Mitglied werden beziehungsweise sich dort engagieren.

Den Prozess begleitet hat, wie bei allen meinen Arbeiten und Projekten, mein Freund Fabian Lindhorst. Er hält in allen Situationen zu mir und sieht noch in jeder Schrulligkeit das Liebenswürdige. Benedikt Wolf, Sophinette Becker und Dragan Simicevic möchte ich an dieser Stelle ein warmes Dankeschön zukommen lassen. Sie haben den Band kritisch begleitet, Artikel inhaltlich fundiert kommentiert und bei Fragen des Stils maßgeblich mitgewirkt. Jim Baker und Ilona Bubeck vom *Querverlag* waren darüber hinaus von Beginn an wertschätzend und kritisch im besten Sinne an der Realisierung dieses Buches beteiligt. Sie leisten eine oft mühsame und dabei so kreative Arbeit mit ihrem wunderbaren Verlagsprojekt. Dankeschön! Last but not least bin ich den Autor_innen zu Dank verpflichtet, die die nötige Geduld und Disziplin aufbrachten, dieses Buch gemeinsam in die Welt zu schreiben.